■ 本书受教育部高校辅导员培训和研修基地（辽宁大学）、辽宁大学马克思主义学院出版基金资助

■ 本书是2012年国家社科基金青年项目《当代世界"共产党和工人党国际会议"研究》（12CGJ001）的成果

■ 本书是辽宁省社科基金（思政专项）（L15WSZ013）"苏东剧变后资本主义国家共产党执政或参政问题研究"的成果

■ 本书是辽宁省思想政治教育青年杰出人才计划的成果

■ 本书的出版得到华中师范大学"211"工程重点学科建设项目的支持

■ 本书是中国博士后科学基金第55批面上项目一等资助（2014M550157）、中国博士后科学基金第八批特别资助（2015T80264）"塞浦路斯劳动人民进步党'革新社会主义'理论与实践"的成果

“十二五”国家重点图书出版规划项目

当代资本主义国家共产党的理论与实践研究丛书

主编　聂运麟

# 塞浦路斯劳动人民进步党
# 革新社会主义的理论与实践

● 王喜满　著

中国社会科学出版社

图书在版编目（CIP）数据

塞浦路斯劳动人民进步党革新社会主义的理论与实践／王喜满著．—北京：
中国社会科学出版社，2016.8

（当代资本主义国家共产党理论与实践研究丛书）

ISBN 978 – 7 – 5161 – 8934 – 4

Ⅰ.①塞⋯　Ⅱ.①王⋯　Ⅲ.①政党 – 研究 – 塞浦路斯　Ⅳ.①D737.564

中国版本图书馆 CIP 数据核字（2016）第 221715 号

出 版 人　赵剑英
责任编辑　任　明
特约编辑　乔继堂
责任校对　王佳玉
责任印制　何　艳

出　　版　中国社会科学出版社
社　　址　北京鼓楼西大街甲 158 号
邮　　编　100720
网　　址　http：//www.csspw.cn
发 行 部　010 – 84083685
门 市 部　010 – 84029450
经　　销　新华书店及其他书店

印刷装订　北京市兴怀印刷厂
版　　次　2016 年 8 月第 1 版
印　　次　2016 年 8 月第 1 次印刷

开　　本　710×1000　1/16
印　　张　15.5
插　　页　2
字　　数　239 千字
定　　价　58.00 元

# 总　序

　　展现在读者面前的《当代资本主义国家共产党研究丛书》，是华中师范大学科学社会主义研究所所属科学社会主义与国际共产主义运动专业（国家级重点学科）的重点学科建设项目的研究成果。《丛书》由当代世界社会主义与国际政治专业博士生的系列博士学位论文组成。论文作者是李周、丁淑杰、曹天禄、商文斌和苗光新等五位博士，他们分别完成了有关法国、美国、日本、英国和印度等五国共产党的研究。在并不太长的三年学习期间，他们从一批对自己研究的对象知之不多的青年学子，成长为一批对资本主义国家共产党有专门研究的青年学者，其中所经历的艰辛，是局外人难以知晓的。首先，他们需要攻克语言关，达到从外文书刊和网站上自由阅读、准确翻译相关资料的水平；其次，他们要广泛学习和研究现代资本主义的新发展，学习和研究有关资本主义国家的经济、政治、文化、社会和历史，特别是研究有关国家共产党的历史、理论和现状；再次，他们还需要深入学习马克思主义的基础理论，特别是马克思主义关于政党建设的历史和理论；最后，他们还必须不断提高自己的科学研究能力，使自己能够完成各个阶段的研究任务，并在最后完成博士学位论文选题的研究，等等。为了完成上述的学习和研究，他们除了三年正常的学习时间全部用在研究上以外，还利用了三年中的五个寒暑假的时间进行工作或外出调研，无论是数九寒天，还是盛夏酷暑，都能看到他们坚持在研究生宿舍的电脑桌前工作的身影，其精神令人感动。他们的辛苦终成硕果，在攻博期间，共发表专业学术论文60余篇，大部分发表在核心期刊上，其中的五篇发表在中国社会科学院的密级刊物《当代世界社会主义研究动态》上，该刊上报国家主席、副主席、中共中央政治局、中共中央书记处和国务院参阅；四篇被中共中央对外联络部研究室所采用，发表在其内部刊物《当代世界与政党资料》上；他们最大的收获是完成了自己的博士学位论文，并得到答辩委员会的一致通过，获得了同行专家的好评。现在这批博士学位论文已被中国社会科学出版社作为《当代资本主义国家共产党研究丛书》出版，这是对他们研究成果最好的肯定。

21世纪的世界社会主义运动仍处于低潮，与此同时，对资本主义国家共产党的研究也处于低潮。在这种"双低潮"的情况下，我们仍积极开展有关资本主义国家共产党的系列研究，这不仅仅是出于从事科学社会主义与国际共产主义运动专业的教学和研究的责任心，而且也是出于对这一研究的理论价值与实践意义的深刻认识。在我们看来，加强对资本主义国家共产党的研究具有非常积极的意义。

第一，苏东剧变以后，世界社会主义运动处于低潮，大家都在关注世界社会主义运动将在什么样的条件下和在什么时候能够复兴起来，甚至希望它能够进入高潮。但这种关注不能只停留在希望的层面上，而应该做扎实的工作，深入具体的国家和地区的共产主义运动的研究中去，才可能把握世界社会主义运动发展的真实脉搏，得出有根据的科学结论。发达资本主义国家曾经是世界社会主义运动的发源地，发达资本主义国家的共产党历来都是推动世界社会主义运动发展的重要力量。因此，研究资本主义国家，特别是发达资本主义国家共产党的历史、理论和实践，对了解世界社会主义运动的全局及其发展前景具有十分关键的意义。

第二，苏东剧变后，发达资本主义国家共产党的力量损失过半，由于受到左右翼政党的挤压，发展空间受到极大的限制，不少国家的共产党日益"边缘化"，成为各自国家的二流或三流政党。面对严峻的内外形势和迅速发展变化的生存环境，发达资本主义国家共产党在极端困难的条件下正在进行新的理论探索，不断调整自己的政策和策略，对党自身也正在进行多维度、深层次的艰难变革，无论是在理论活动方面还是在实践活动方面都已经发生了积极的变化。因此，认真研究发达资本主义国家共产党革新求变的理论与实践，将有助于我们深化对共产党生存发展规律的认识。

第三，发达资本主义国家共产党处在现代资本主义发展的前沿，它们对现代资本主义的经济、政治发展的认识和分析，不仅是比较实际的、及时的，而且也是比较深刻的，这对远离发达资本主义的我们去了解当代资本主义的发展，具有十分重要的参考价值。同时，发达资本主义国家的共产党从资本主义世界的现实生产力、经济基础和上层建筑的实际出发，分析资本主义社会中哪些可能是未来新社会的因素，哪些是必须予以革除的腐朽的东西，并得出自己有关什么是社会主义，如何用社会主义取代资本主义，如何建设社会主义的结论，这对还处在发展中国家行列的社会主义国家，去解决什么是社会主义以及如何建设社会主义的时代课题，无疑是具有重大的参考价值的。

第四，中国共产党在"独立自主、完全平等、互相尊重和互不干涉内部事务"的党际关系四项基本原则基础上，发展同包括共产党在内的世界上一切国家政党的党际关系，以增进同各国人民的友谊与合作，而相互了解是发展友谊与合作的基础。研究发达资本主义国家共产党的理论与实践，加深对这些党的了解，将有助于中国共产党发展与各国共产党的党际关系，增进同各国人民的友谊与合作。

应该看到，苏东剧变对资本主义国家共产党的冲击是非常严重的，有的共产党由于思想混乱而导致党的分裂；有的共产党由于社会民主主义思潮的泛滥而改名易帜；但绝大多数共产党经受住了狂风恶浪的考验，稳住了阵脚，但已元气大伤，目前正处在恢复的过程中；也有少数共产党还获得了一定的发展。但资本主义国家共产党的恢复和发展，并不是简单地表现在党员数量的增减上，而更重要的是在数量变动的同时，这些国家的党吸取了历史的经验和教训，为适应生存环境的变化，正在进行自我变革。确切地说，目前资本主义国家共产党正处在自我革新的过程之中，例如法国共产党提出了"新共产主义"理论，要在法国建设"现代化的共产党"；美国共产党对社会主义进行了全面的反思，论证了关于社会主义社会的基本特征，提出了建设"群众性的共产党"的方针；日本共产党总结了历史的经验和教训，对日本走向社会主义的道路进行了新的规划，将日共定位为既是"工人阶级的党"，又是"日本国民的党"；意大利重建共产党第五次代表大会的主题报告是"开放与革新：为变革社会而改变自己"，西班牙共产党提出"与左翼一起，建设未来"，用民主的方式实现社会主义的路线，等等。所有这些都说明发达资本主义国家的共产党正在发生重大的变化。这些变化可大致概括为六个方面。

1. 发达资本主义国家共产党正在从过去一定程度上依从苏共的理论和政策的党，逐步转变为独立自主地制定党的理论和政策的党。

2. 从过去很大程度上是教条式地对待马克思主义的党，逐步转变为比较自觉地创造性地运用马克思主义的党。

3. 从过去单纯将从事体力劳动的中下层雇佣劳动者作为主要阶级基础的党，逐步转变为将从事体力劳动和从事脑力劳动的两类雇佣劳动者都作为自己的主要阶级基础的党。

4. 从过去采取了不少"左"的斗争策略的党，转变为在策略上比较关注与中间阶层及其左翼政党之间的团结与联合的党。

5. 从权力高度集中的党内体制，逐步转变为实行高度民主的党内体制。

6. 从用传统方式工作的党，逐步转变为用现代方式工作的党。

一言以蔽之，传统的马克思主义政党正在转变为现代的马克思主义政党。

政党的自我革新，是政党发展的主要推动力，也是政党发展的客观运动规律。自近代以来，没有哪一个政党的发展壮大不是经过了自我革新之后取得的，也没有哪一个缺乏自我革新能力的政党能够逃脱最终走向衰亡的历史命运。马克思主义政党的发展史，就是一部为适应社会发展的需要而不断自我变革的历史。

资本主义国家共产党的变革不是偶然发生的，有其深刻的社会历史根源。由于世界的经济、政治、文化和社会等各个方面都发生了深刻的变化，因而在20世纪下半叶就开始出现了世界性的政党危机，这一危机在马克思主义政党中表现得尤为突出，从20世纪最后二三十年发展起来的马克思主义政党革新的历史进程，就是对这一事态发展的回应。

科学技术革命和生产力的革命，是马克思主义政党革新的物质前提和基础。自近代以来，人类社会发生了三次生产力的革命，即18世纪中叶开始的由蒸汽机和工具机推动下发生的工业革命；19世纪下半叶由电工技术革命推动的第二次生产力的革命；20世纪中叶、特别是60、70年代以来，以信息技术为中心的高新技术革命推动的第三次生产力的革命。当前，高新科学技术革命和生产力革命的发展使资本主义经济和政治的运行、整个社会的阶级结构、工人阶级的内部结构、劳资矛盾的发展等都发生了深刻的变化，这就要求马克思主义政党根据新的经济和政治状况即新的斗争环境，调整自己的战略和策略，为此党自身也必须进行自我变革，使党的思想观念、组织结构、主要功能、运行机制、活动方式等适应社会发展的变化，从而使党在新的历史条件下能够获得新的发展。

革新是马克思主义政党内在发展的要求。社会主义政党自诞生以来，其发展大致可分为三个历史阶段。19世纪中叶至20世纪初是社会主义政党发展的第一阶段。其主要代表是1869年建立的德国社会民主工党，这是在自由资本主义发展阶段，为团结、教育和组织工人阶级的队伍，为未来的社会主义革命作准备而建立的党；是在议会民主条件下发展起来的，主要是依靠议会民主进行斗争的类型的党。从20世纪初至20世纪70年代是社会主义政党发展的第二阶段。其代表是1903年建立的俄国社会民主工党（布尔什维克），后称联共（布），这是在垄断资本主义发展阶段，在战争与革命成为时代主题的条件下，为进行社会主义革命、实现无产阶级专政和建设社会主义而建立起来的党。20世纪70年代至今，是社会主义政党发展的第三阶段。这是跨国垄断资本发展的年代。尽管以联共（布）为榜样建立起来的各国共产党，在实现社会主义革命，建立无产阶级专政和建设社会主义的事业的过程中，取得了辉煌的成就，但其体制的弊病在以后的发展中也日益严重起来，如党的权力高度集中，个人崇拜，缺乏民主；思想僵化，理论教条；政策和策略"左"倾；党的领导集团缺乏开拓创新的能力和勇气；等等，所有这些都是与社会发展的要求不相适应的。苏联东欧各国共产党最终走向衰亡的事实突出地表明，在以高新科技为先导的第三次生产力革命不断发展的条件下，在世界的经济、政治、文化和社会都发生了前所未有的变化的今天，以苏共为榜样建立和发展起来的各国马克思主义政党，只有进行自我革新，才可能获得新发展，否则便是没有出路的。

马克思主义政党的革新，从根本上说是其自身内在矛盾发展的产物，它是对传统政党体制的发展和完善。也就是说，马克思主义政党的革新是对传统政党体制的辩证的否定。辩证的否定是通过事物内在的矛盾运动而进行的自身的否定，并通过自身否定实现"自己的运动"即自我发展。辩证的否定就是"扬弃"，它是包括肯定的否定，既有克服又有保留。因此，马克思主义政党的革新并不是简单地否定传统的政党体制，而是要采取分析的态度，保持并发扬其中合理的、有益的成分，如坚持马克思主义的基本原理，始终代表先进生产力发展要求，始终代表先进文化的前进方向，始终代表绝大多数人民群众的根本利益，坚持马克思主义政党在争取和建设社会主义事业中的领导作用等；舍弃其中不合理的、有弊的成分，如理论上的教条主义，权力高度集中，缺乏民主，个人崇拜，政策"左倾"等，并用经过科学论证和实践检验的合乎政党发展规律的新内容补充之。

人们关注资本主义共产党变革的性质，担心有些国家的共产党可能变成社会民主党。对此，我们不能一概而论，确实有些共产党已经社会民主党化了，如原东欧国家的共产党，并没有经过革新的过程，在很短的时间里就已经改名为社会党或社会民主党了。但对于现在仍然坚持共产主义旗帜的党来说不应该这样看，它们同社会民主党有着本质的区别。首先，社会民主党不承认马克思主义是党的指导思想，鼓吹指导思想多元论；而资本主义国家共产党则坚持马克思主义作为党的指导思想。其次，社会民主党本质上只要求改良资本主义社会，认为资本主义将永世不朽；而资本主义国家共产党则是要用社会主义、共产主义取代资本主义，在当前的条件下，他们主张用民主的和平的方法取代资本主义。再次，社会民主党主张建立所谓混合经济；而资本主义国家共产党则主张建立以公有制为主体的多种经济成分。复次，社会民主党并不要求改变资本主义国家的政权结构；而资本主义国家共产党则要求建立劳动人民的民主政权。最后，社会民主党是专门从事议会斗争的"议会党"，它和其他资产阶级政党一样是为竞选而存在的党；而对资本主义国家共产党来说，议会斗争只是他们运用的多种斗争形式之一，从本质上来说，它们是领导广大工人阶级和劳动群众为实现社会主义而斗争的"群众性政党"。

当然，政党革新是各国各类政党面对的共同课题，因此在变革过程中，不同国家、不同性质的政党，对某些带有规律性或共性的要求作出了类似的反应，或相互借鉴某些具体的做法，这是不可避免的，但这并不能改变政党的性质。

资本主义国家共产党为适应客观世界的变化和根据自己的历史的经验、教训而进行的革新，是一个长期的历史发展过程，不是一蹴而就的，其间需要经历实践的反复检验和修正，困难和挫折是不可避免的。但可以肯定的是，通过革新，马克思主义政党将在很大程度上消除自身的弊病，提高自身的素质，适应新时期争取社会主义斗争的需要，从而对世界社会主义运动的复兴起到积极的推动作用。

需要说明的是，现在出版的《当代资本主义国家共产党研究丛书》共五本，是该系列丛书中的第一批，在条件具备时，我们还将出版该系列丛书的第二批。

总的来看，这是一套经过了艰辛劳动而产生的严肃的理论著述，它比较全面地阐述了有关国家共产党的历史、理论和现状，资料翔实、论证充分、态度客观，具有系统性、理论性、原创性和探索性的特点和优点，值得广大关心世界社会主义运动和国际政治的读者一读，也可以作为从事研究工作和实际工作的同志参考。

当然，作为一批青年学者，他们的著述还有不少薄弱环节，甚至可能还存在被未来的实践证明是错误的东西。好在他们今后的学术道路还很长，对资本主义国家共产党问题的研究也才刚刚开始，不足是可以在将来得到纠正和弥补的。衷心希望他们今后会有更多、更好的有关资本主义国家共产党的研究作品问世，进一步丰富科学社会主义和国际共产主义运动的学术园地。

华中师范大学科学社会主义研究所　聂运麟

2003 年 11 月 20 日于武昌玉龙岛寓所

# 续　总　序

　　《当代资本主义国家共产党研究》丛书自 2004 年问世以来，至今已经六载。作为丛书主编，我曾经在《总序》中写道："现在出版的《当代资本主义国家共产党研究》丛书共 5 本，是该系列丛书中的第一批，在条件具备时，我们还将出版该系列丛书的第二批。"现在，出版丛书第二批的时机已经成熟，我们将从今年开始，陆续出版《当代资本主义国家共产党研究》丛书第二批，总共 15 本，其中包括以前已经出版过的 5 本。

　　究竟是哪些因素推动我们继续出版《当代资本主义国家共产党研究》丛书呢？

　　首先，2008 年夏天开始的资本主义世界的经济危机，再次将资本主义送上了历史的审判席，资本主义生产方式受到全世界人民的拷问。与此同时马克思主义关于资本主义社会基本矛盾的理论和经济危机的理论再度证明了自己的真理性，从而进一步获得了科学理论的崇高声誉。在资本主义经济危机的严重冲击下，工人阶级和劳动群众深刻感受到资本主义给自己带来的灾难和痛苦，向往着有保障、有尊严的生活；他们中的先进分子转向社会主义，从而给世界社会主义运动带来进一步复兴的希望；资本主义各国共产党和工人党的活动开始走向了活跃；马克思主义理论重新受到人们的青睐；等等。所有这一切就使我国学界对资本主义国家共产党的研究空前活跃起来，人们对资本主义各国共产党的历史、理论和实践的关注度进一步提升，这是我们继续出版《当代资本主义国家共产党研究》丛书的一个重要的历史前提。

　　其次，由于《当代资本主义国家共产党研究》丛书具有原创性的特点和优点，因此它的出版不仅受到学界的积极评价，而且也受到国外和境外学者的重视，他们直接向我们的作者索书；同时，资本主义国家共产党的研究还受到教育部社会科学司的重视和支持，2008 年，该项研究被教育部人文社会科学重大课题攻关项目专门立项。在学术团队的共同努力下，通过竞争投标的程序，我们于 2008 年获得教育部人文社会科学重大项目课题攻关项目:《当代资本主义国家共产党的理论与实践研究》。重大课题攻关项目的中标,不仅为我们团队的研究提供了必要的财力支持,更提供了强大的精神支持,成为我们进一步开展研究的巨大动力。此后,我们的研究领域进一步扩大,研究的问题不断深入,相继开展了对希腊、葡萄牙、加拿大、俄罗斯、巴西、南非、澳大利亚、尼泊尔、塞浦路斯等十国共产党的研究,并逐步产生了新一批研究成果,这是我们继续出版《当代资本主义国家共产党研究》丛书的基础性条件。

再次,为了进一步调整研究方向,整合研究队伍,使学术研究进一步适应改革开放和社会主义现代化建设发展的需要,我们于2009年将"当代世界社会主义与国际政治研究中心"正式更名为"国外马克思主义政党研究中心"。该"中心"已经形成了以教授和副教授、博士和博士研究生为主体的十多人的研究团队,制定了"中心"的十年发展规划,明确了学术研究的目标、路径、方法等诸多问题。所有这一切就使我们研究的方向更明确、特色更鲜明、力量组织更合理、研究更具持续性。这就为我们继续出版《当代资本主义国家共产党研究》丛书提供了重要的组织保证。

最后,华中师范大学社会科学研究处和政治学研究院的领导以及学校其他职能部门为我们的学术研究提供了宝贵的精神支持和实际的帮助,中国社会科学出版社为本书的出版做了大量的工作并提供了优惠条件,所有这一切都是《当代资本主义国家共产党研究》丛书得以继续出版的不可或缺的重要条件。

总之,《当代资本主义国家共产党研究》丛书的继续出版,从一个侧面反映了近十多年来世界经济政治局势的新变化,世界社会主义运动发展的新变化,中国国力的增强和对科学、文化、教育事业的重视,以及年青一代马克思主义研究人才的成长。

华中师范大学国外马克思主义政党研究中心　聂运麟

2010 年 4 月 15 日于武昌玉龙岛寓所

# 内 容 摘 要

塞浦路斯劳动人民进步党历史悠久而曲折。塞浦路斯劳动人民进步党的前身是塞浦路斯共产党。塞浦路斯共产党成立于 1926 年 8 月 15日。1941 年处于非法斗争状态的塞浦路斯共产党为了更好地开展反法西斯斗争，联合进步力量成立塞浦路斯劳动人民进步党。1944 年塞浦路斯共产党和塞浦路斯劳动人民进步党两党合并为塞浦路斯劳动人民进步党。在塞浦路斯劳动人民进步党的领导下，塞浦路斯人民取得了反殖民主义、反对帝国主义和反对法西斯主义斗争的胜利，争取到了民族自治，捍卫了劳动人民权益。

苏东剧变后，塞浦路斯劳动人民进步党在本国社会主义发展道路的探索中取得了令人瞩目的成就。塞浦路斯劳动人民进步党通过议会选举和总统选举，从一个议会外的政党，逐渐成长为议会的第一大党、塞浦路斯的执政党。2008 年 2 月，塞浦路斯劳动人民进步党总书记赫里斯托菲亚斯当选为共和国总统，塞浦路斯劳动人民进步党联合其他党派组成联合政府。直到 2013 年 2 月，塞浦路斯劳动人民进步党成为苏东剧变后欧盟国家中唯一执政的共产党。这是苏东剧变后资本主义国家中马克思主义工人政党所取得的最突出的成就。塞浦路斯劳动人民进步党之所以取得如此重要的成就，原因有很多，但最重要的是苏东剧变之后进行了社会主义的革新。

本书就是以塞浦路斯劳动人民进步党革新社会主义为题，力图在马克思列宁主义的指导下，对塞浦路斯劳动人民进步党的理论和实践进行了全面而系统的研究。全书由绪论、塞浦路斯劳动人民进步党的创立和发展、塞浦路斯劳动人民进步党革新社会主义的历史条件、理论主张、实践活动、重点译析以及前景展望等七部分组成。其主要内容如下：

一、绪论：主要论述了本书的选题缘起及意义、国内外研究现状、研究的思路和方法、主要创新之处等。

二、塞浦路斯劳动人民进步党的创立和发展。根据不同时期的历史任务，我们将塞浦路斯劳动人民进步党争取自由、民主和社会主义的斗争划分为六个阶段。反对英国殖民主义的斗争时期（1926—1940），反法西斯主义的斗争时期（1941—1945），反殖民主义斗争的新时期（1945—1959），反帝国主义和反沙文主义斗争时期（1959—1974），反法西斯、反霸和反占领时期（1974—1989），革新社会主义的斗争时期（1989 年至今）。

三、塞浦路斯劳动人民进步党革新社会主义的历史条件。革新社会主义，是塞浦路斯劳动人民进步党将马克思主义基本原理与国际形势和塞浦路斯具体国情相结合的正确选择。新科技革命和第三次生产力革命是革新社会主义的物质前提；时代主题的转换是革新社会主义的时代背景；塞浦路斯社会经济、政治的发展变化是革新社会主义的内在依据；当代世界社会主义运动和塞浦路斯劳动人民进步党面临的严峻形势是革新社会主义的直接动因；塞浦路斯劳动人民进步党的优良传统和革命精神是革新社会主义所不可或缺的主观条件。

四、塞浦路斯劳动人民进步党革新社会主义的理论主张。塞浦路斯劳动人民进步党是善于理论思考的党，其革新的社会主义理论可概括为四个方面的主要内容：关于资本主义的总体看法；关于社会主义历史和现实的辩证分析；关于塞浦路斯未来社会主义的理论分析；关于党建理论的探索等。

五、塞浦路斯劳动人民进步党革新社会主义的实践活动。塞浦路斯劳动人民进步党革新社会主义起始于应对苏东剧变后的突发形势，加强党的团结和巩固的斗争；着重表现在塞浦路斯劳动人民进步党通过议会选举和总统选举逐步走上执政舞台的成功选择上；深入体现在以联邦制方案解决塞浦路斯问题的抉择和努力中；切实反映在塞浦路斯劳动人民进步党执政五年的施政方略上；具体外化为塞浦路斯劳动人民进步党的外交活动和促进世界社会主义恢复的奋斗中。

六、塞浦路斯劳动人民进步党革新社会主义的重点评析。塞浦路斯劳动人民进步党革新社会主义的理论主张和实践活动是该党根据时代特点和本国国情进行的变革和调整。其中有不少问题应该引起我们进一步思考。主要表现在如下几点：关于当今世界主要矛盾的认识；关于通过议会选举上台执政问题的思考；关于解决塞浦路斯问题方案的再认识；关于以人为本是社会主义核心价值的观点；关于共产党在资本主义国家执政后的施政方略的思考。

七、塞浦路斯劳动人民进步党革新社会主义的前景展望。塞浦路斯劳动人民进步党在苏东剧变后进行的变革和转型，蕴含着丰富的经验，也有不少的教训。它对世界社会主义运动产生了重要影响，对中国特色社会主义建设也有不少启示。及时合理把握机遇，迎接分解各种挑战，塞浦路斯劳动人民进步党的发展前景仍十分乐观。

**关键词：**塞浦路斯劳动人民进步党；革新社会主义；资本主义

# Abstract

The Progressive Party of Cyprus Working People (AKEL) has a long and tortuous history. The predecessor of the AKEL is the Communist Party of Cyprus. And the Cyprus Communist Party was founded on August 15, 1926. In order to achieve in Anti – Fascist War, the Communist Party of Cyprus who stood at illegal state in 1926 combined with the Progressive Party of Cyprus Working People, then constituted the Progressive Party of Cyprus in 1944. Under the leadership of the Progressive Party of Cyprus Working People, the people of Cyprus struggled against colonialism, imperialism and fascism. Eventually, they won national autonomy and defended the rights of the working people.

After Drastic Change of the Soviet Union and Eastern Europe, the Progressive Party of Cyprus Working People made remarkable achievements in path of the exploration of the country's socialist development. The AKEL became the largest party by parliamentary and presidential election. In February 2008, Christofias, who was the general secretary of Progressive Party of Cyprus Working People, was elected president of the Republic of Cyprus. Then AKEL and other parties formed a coalition government until February 2013, the AKEL had became the only ruling Communist Party in the European Union after the Drastic Changes in Soviet Union and Eastern Europe. It was the most outstanding achievement for Marxist political parties in capitalist countries. There are many reasons for AKEL, but the most important one is the reform that AKEL made after the Drastic Changes in the Soviet Union and the Soviet Union.

The topic of this book is AKEL's socialist reform. AKEL tried to study theory and practice about party under the guidance of Marxism. The book consists of seven parts: introduction, the establishment and development of the AKEL, socialist historial condition of reform, theory and practice, analysis and prospect the main content as follows:

First: Introduction, the origin and significance of topic selection, research status at home and abroad, research ideas and methods, the major innovation, etc.

Second: the establishment and development of the AKEL. According to the historical tasks in defferent periods, we devide into six stages in struggle that AKEL fight for the freedom, democracy and socialism in Cyprus. Insuuection to British colonial times (1926 – 1940), the period of Anti – fascism struggle (1941 – 1945), the new period of anti – colonial struggle (1945 – 1959), the period of anti – imperialist and anti – chauvinism (1959 – 1974), the period of anti – fascist, hegemonism and anti – occupation (1974 – 1989), the period of struggle in socialist reform (1989 – present).

Third, historical conditions of socialism for AKEL to reform. Socialist innovation is a correct choice. The Progressive Party of Cyprus Working People combined the basic principle of the Marx doctrine with the international situation and the specific national condition in Cyprus. The material premise of socialist innovation are the new scientific and technological revolution and the third revolution of preductive forces. The background of socialism is the Change of time's themes. The inner foundation of socialist innovation is economic development of social and political change. AKEL and socialist movement of contemporary world which are faced with severe situations are the immediate cause of socialist innovation. The subjective factor are the AKEL's fine tradition and revolutionary spirt.

Fourth, AKEL's socialist theories and ideas in the field of socialist innovation. The AKEL is good at theoretical consideration. The socialist innovation theory can be summed up four aspects: on the overall view of capitalism, the dialectical analysis of socialist history and reality, the socialist theory of Cyprus in the future, the theory of the party building and so on.

Fifth, AKEL's practice of socialist innovation. The starting point is sudden situation since the collapse of the former Soviet Union and East Europe occurred. The Progressive Party of Cyprus Working People has focused on strengthening the party's unity and consolidation. It mostly presents in which AKEL came into power by parliamentary and presidential elections; presents in marking efforts to solve Cyprus problem in form of federalism; presents in political strategies after five years in office; presents in AKEL's diplomatic activities and struggling for socialist recovery.

Sixth, remaining comments on diplomatic activities and struggling for socialist recovery. The theoretical propositions and practical activities of socialist reform that AKEL carries out comes from times features and national conditions. Many of these problems should be deliberated further. They mainly display in: perceptions about main conflict in today's world; people – oriented is the value of socialist objective. Reflections on the policy strategy of the Communist Party when they came to office.

Seventh, AKEL's prospect in socialist innovation. AKEL has made revolution and transition since the collapse of the former Soviet Union and East Europe occured. These contain a lot of experience and lessons and have an important influence on the worldwide socialism movement and Construction of Socialism with Chinese Characteristics. AKEL should timely and reasonably grasp the opportunities and meet the challeges, and they will have a bright future.

**Key Words**: The Progressive Party of Cyprus Working People (AKEL); Innovation Socialism; Capitalism

# 目　　录

# 绪　　论

## 一　选题缘起及意义

苏东剧变使社会主义遭受重大挫折，社会主义国家锐减到五个，资本主义国家的共产党纷纷改旗易帜，"社会主义失败论""历史终结论"一时甚嚣尘上，世界社会主义运动一度陷入低谷。不过，虽然世界社会主义运动陷入低潮，仍然有许多坚持马克思列宁主义不动摇、对社会主义和共产主义不抛弃不放弃的马克思主义工人政党，它们在极其困难的情况下，积极探索适合本国国情的社会主义发展道路。社会主义中国取得了举世瞩目的成就，一些资本主义国家的共产党和工人党也通过议会选举或武装斗争获得了上台执政的机会。因此，从苏东剧变至今的30多年时间里，世界社会主义运动到底发生了哪些变化，呈现出怎样的特征，其未来的趋势又如何，这一系列问题都需要我们做出具体的回答。然而，对这样一个宏观问题的回答，必须建立在对世界各国马克思主义工人政党的详细研究之上。因此，对马克思主义工人政党展开个别研究，是我们回答这些宏观问题的前提。

之所以选择塞浦路斯劳动人民进步党作为我的研究对象，除了上述需要之外，更主要的是因为这个党自身的特点十分突出。

塞浦路斯劳动人民进步党是目前塞浦路斯最大、成立最早的政党，也是亚洲政治舞台为数不多的更改了姓名却继续坚持马列主义原则和社会主义奋斗目标的党，还是一个曾在21世纪初执政一国政权的马克思主义工人政党。在2001年和2006年议会选举中，塞浦路斯劳动人民进步党总书记赫里斯托菲亚斯均当选为议长。2008年2月，赫里斯托菲亚斯当选为共和国总统，塞浦路斯劳动人民进步党联合其他党派组成联合政府。塞浦路斯劳动人民进步党从一个议会外的政党，逐渐成长为议会的第一大党，并在2008—2013年上台执政五年。俄国《生意人报》称，"他的获胜是一个历史性事件"。法国《费加罗报》强调说，这是"欧盟诞生的首位共产党人国家元首"。美国国务院也发表声明，祝贺他当选总统，表示期待与他合作，共同反恐，促进塞浦路斯两个民族的和解与统一。欧盟委员会主席巴罗佐在贺电中称，他的当选为打破塞浦路斯问题僵局提供新的机会。2013 年 2 月，由于各种原因，塞浦路斯劳动人民进步党在总统选举中失利，成为最大反对党。虽然塞浦路斯劳动人民进步党在 2013 年没有能够继续执政，但我们不能否认塞浦路斯劳动人民进步党曾是欧盟国家中唯一执政的共产党这一事实。这是苏东剧变后发达资本主义国家中马克思主义工人政党所取得的最突出成就。由此可见，塞浦路斯劳动人民进步党是世界社会主义运动的一朵奇葩。

　　塞浦路斯劳动人民进步党（以下简称，塞劳进党）之所以在苏东剧变后取得如此巨大的成就，其主要原因就在于它对社会主义的革新。塞劳进党认为：当今世界的主要矛盾是挽救人类的可能性和人类灭亡的危险之间的矛盾；资本主义正处于国家垄断资本主义阶段，其自我调整能力在提高，但固有矛盾仍无法克服；以美国为首的帝国主义寻求塑造帝国主义新秩序；全球化是有利于大资本的过程，新自由主义猖獗盛行；全球经济危机是资本主义制度的结构性危机，当前主权债务危机的原因是多方面的，反对牺牲中下层民众利益的纾困政策。社会主义既有辉煌的历史和功绩，也有发挥它的巨大潜力不成功的地方；塞浦路斯主要矛盾决定着向社会主义转型的动力，是来自在特殊条件下结成以社会主义为方向的政治联盟，它需要广大工人阶级、雇员、农民、自主创业的商人、中产阶级、知识分子以及对社会正义与公平感兴趣的神职人员等的支持；塞浦路斯的民族问题主要是在外国的侵略、占领和干预下形成的希腊族塞人和土族塞人之间的关系，以联邦制解决塞浦路斯问题是当前的最优选择。塞劳进党认为，全民的、合作的、私营的和个体的形式都可以看作社会主义所有制的基本形式；社会主义是多党、民主、平等、公正和生态的法治社会；社会主义的核心和价值目标就是以人为本。塞劳进党的党建目标是建设一个以马列主义为指导的工人阶级和劳动者先锋队组织。党的最高目标是建设民主和人性化的社会主义社会。在当前，党的斗争目标是建立一个独立主权、不结盟和非军事化的，无外国军队、外国移民和外国基地的联邦制塞浦路斯和发达的民主社会。塞浦路斯劳动人民进步党组织结构健全，活动频繁，影响巨大。其党员人数由苏东剧变前的 1.4 万发展到现在的 1.8 万，约占塞浦路斯人口的 2%。其现任党的总书记安德罗斯·基普里亚努（Andros Kyprianou）。

外围组织有工会组织、农民组织、青年团、妇女组织和学生组织等。党的机关报是《黎明报》，党刊为《民主》周刊。拥有塞浦路斯语、土耳其语和英语三种语言网站。

因此，将塞浦路斯劳动人民进步党作为研究对象，深入挖掘塞浦路斯劳动人民进步党在苏东剧变后对本国社会主义发展道路的探索，具有重要的理论意义和现实意义。

第一，有助于丰富和发展科学社会主义理论与实践。苏东剧变后，塞浦路斯劳动人民进步党领导的社会主义运动是世界社会主义运动的重要组成部分。因此，塞浦路斯劳动人民进步党探索社会主义的理论也是世界社会主义理论的重要组成部分。塞浦路斯劳动人民进步党在2008—2013年成为执政党，这对于国际共产主义运动来说是一大胜利，因为在资本主义国家中共产党能够执政的国家少之又少。对塞浦路斯劳动人民进步党的理论主张、方针政策以及具体实践与活动进行深刻的研究，并借鉴正确的理论成果，显然会丰富和发展科学社会主义理论与实践。

第二，有助于进一步探索苏东剧变后发达资本主义国家共产党的发展规律。面对苏东剧变的消极影响和党内出现的思想混乱，塞浦路斯劳动人民进步党在党的生死关头及时地改组党中央政治局，调整党的政策和策略，最终统一了全党思想，顶住了苏东剧变的压力，并避免了党的分裂。经过党的调整和斗争，塞浦路斯劳动人民进步党不仅没有被击垮，反而扩大了在人民群众中的影响，不断发展壮大，并为国际共产主义运动的复兴做出了重大贡献。因此，对塞浦路斯劳动人民进步党进行理论和实践研究，对于我们研究资本主义国家中共产党的发展规律具有重要的现实意义。

第三，有助于我们深化对发达国家社会主义运动发展规律的认识。苏东剧变使发达资本主义国家共产党饱经震动分裂之痛，党的力量损失过半，由于受到左右翼政党的挤压，发展空间受到极大的限制。马克思主义工人政党在变革和转型中摸索前进，世界社会主义运动在低潮中艰难前行。当前，塞浦路斯已属发达资本主义国家，塞浦路斯劳动人民进步党是发达资本主义国家的共产党，它将马克思主义与本国实际相结合，对"什么是资本主义，怎样应对资本主义新变化，什么是社会主义，如何实现社会主义，什么是马克思主义，怎样正确对待马克思主义，建设什么样的党，怎样建设党"等一系列重大时代课题做出了独具特色的回答，在实践中取得了积极的成果。因此，认真研究塞浦路斯劳动人民进步党的理论与实践，将有助于我们深化对发达国家社会主义运动发展规律的认识，深化对世界社会主义运动发展规律的认识。

第四，有助于中塞两党和中塞两国人民友好合作关系的发展。塞浦路斯劳动人民进步党和中国共产党都是马克思主义工人政党。加强对塞浦路斯劳动人民进步党的研究，有利于我们在"独立自主、完全平等、互相尊重和互不干涉内部事务"的党际关系四项基本原则基础上进一步发展中国共产党和塞浦路斯劳动人民进步党之间的密切关系。同时，中国共产党和塞浦路斯劳动人民进步党均为各自国家第一大党，而且都有丰富的执政经验，而现代社会是一个政党主导的社会，塞浦路斯劳动人民进步党在塞浦路斯社会拥有很高的威望和广泛的影响，与塞浦路斯劳动人民进步党建立友好合作关系就意味着与支持塞浦路斯劳动人民进步党的塞浦路斯人民建立了友好合作关系。因此，研究塞浦路斯劳动人民进步党的理论与实践，将有助于中塞两国人民的友好与合作事业的发展。

第五，有助于进一步推动国外马克思主义学科的发展。马克思主义由二级学科升级为一级学科后，国外马克思主义研究随之升级为二级学科。作为一种新兴的学科，其学科的基本范畴和体系尚未完整地建立起来，当前的国外马克思主义研究主要局限于对西方马克思主义的研究领域，对其他马克思主义流派和思潮关注极少，而对国外共产党的马克思主义理论研究和实践活动等社会主义运动的关注就更是少之又少了，因此，研究塞浦路斯劳动人民进步党的理论与实践，将有助于完善国外马克思主义研究的进一步构建。

## 二　国内外研究现状

### （一）国外研究现状

国外关于塞浦路斯劳动人民进步党的研究成果比较丰富。其中专著类的成果主要有：托马斯 W. 亚当斯《塞浦路斯劳动人民进步党：塞浦路斯共产党》（1971）、［英］迈克尔·李、汉卡·李合著《塞浦路斯》（1977）、斯布里达奇斯《塞浦路斯简史》（1973）和安德鲁斯·帕纳尤图（Andreas Panayiotou）《塞岛的激进派：塞浦路斯左翼的出现和巩固，1920—1960》（1999）。在这些书中，有的是从历史角度介绍了塞浦路斯劳动人民进步党的发展历程，有的从党的组织、纲领和战略策略等几个方面介绍了塞浦路斯劳动人民进步党的基本情况，有的阐述了塞浦路斯共产党诞生的背景和如何巩固其地位。

国外关于研究塞浦路斯劳动人民进步党的文章相对丰富，可以归纳为四类：第一类是学术论文。吉·哈拉兰博斯文的《欧洲最强大的共产党：对塞浦路斯劳动人民进步党成功竞选的诠释》（2007）运用科学的研究方法和精确的数据，从内部因素和外部因素两方面分析了塞浦路斯劳动人民进步党竞选成功的原因。第二类是有关塞浦路斯劳动人民进步党的报刊资料。有关塞浦路斯劳动人民进步党的报刊资料主要来源于美国《纽约时报》对塞浦路斯劳动人民进步党的相关报道。该报纸主要收集 20 世纪 40 年代至 21 世纪初有关塞浦路斯劳动人民进步党的相关报刊资料。报刊资料较新，是研究塞浦路斯劳动人民进步党在现代发展的重要参考资料。第三类是相关国家的历史档案。例如，美国档案、苏联档案、英国档案、土耳其档案、塞浦路斯档案。第四类是塞浦路斯劳动人民进步党的官方网站，有很大的参考价值，对研究塞浦路斯劳动人民进步党具有重要作用。

从目前的情况来看，国外研究存在这样几个特点：（1）主要偏重对过去历史的研究，对苏东剧变以来塞浦路斯劳动人民进步党的理论与实践关注少；（2）集中于对塞浦路斯劳动人民进步党某一时期历史的分析；（3）有些研究成果带有明显的资产阶级偏见，不是从辩证唯物主义和历史唯物主义立场出发的；（4）大多研究成果以报刊档案为主要形式，缺乏系统性、完整性和连续性。

（二）国内研究现状

目前国内没有研究塞浦路斯劳动人民进步党的专著。国内关于塞浦路斯的相关专著有：何志龙著的《中东国家通史：塞浦路斯卷》（2005）主要详细介绍了塞浦路斯的发展历史，是研究塞浦路斯劳动人民进步党发展历程的重要参考。何志龙著的《列国志：塞浦路斯》（2011）对塞浦路斯的民族、风俗、节日，塞浦路斯的历史、政治、经济、军事、教育、外交等方面作了详细的介绍，有利于全面了解塞浦路斯劳动人民进步党的社会生态环境。李毅臻著的《统一之路与分裂之痛》（2007）之第九章主要介绍了塞浦路斯的分裂，两族谈判和国际调节，以及对塞岛统一的前景展望。对研究塞浦路斯的统一问题具有重要意义。

从目前掌握的材料来看，国内研究塞浦路斯劳动人民进步党的论文大体可以分为三类：一是阐述塞浦路斯劳动人民进步党的历史发展进程，主要有吴锡山《希腊共产党与塞浦路斯劳动人民进步党》（《支部建设》1998 年第 5 期）和 2011 年陕西师范大学硕士学位论文《塞浦路斯劳动人民进步党的发展历程研究》等。这些文章对塞浦路斯劳动人民进步党从艰难创立到英勇反抗英国殖民统治者、法西斯主义和国际帝国主义，再到顶住苏东剧变的巨大压力最终成为塞浦路斯第一大党并上台执政的曲折发展作了系统的论述。二是阐述塞浦路斯劳动人民进步党的理论主张，主要有张维尧《密切联系群众——塞浦路斯劳动人民进步党发展壮大的法宝》（《当代世界》2006 年第 6 期），刘春元《塞浦路斯劳动人民进步党的政策主张》（《中国社会科学报》2011 年第 10 期）等。这些文章系统地阐述了塞浦路斯劳动人民进步党基于塞浦路斯的社会经济现实密切联系群众和塞浦路斯劳动人民进步党的部分理论主张。三是对重大历史事件的分析，曹永祥的《战胜分裂的塞浦路斯劳动人民进步党》（《当代世界》1994 年第 10 期）等文章叙述了塞浦路斯劳动人民进步党摆脱苏东剧变的消极影响，并且不断发展壮大的历史；伍书湖的《塞浦路斯共产党总书记赫里斯托菲亚斯当选总统》（《当代世界》2008 年第 4 期）、李亚洲的《逆境中崛起的塞浦路斯劳动人民进步党》（《当代世界和社会主义》2009 年第 4 期）和《塞浦路斯劳动人民进步党选举成功论析》（《当代世界社会主义问题》2009 年第 4 期）等文章对塞浦路斯劳动人民进步党在 2008 年总统选举中获得成功上台执政的原因及其策略作了阐述；何志龙在 2003 年完成的博士学位论文《塞浦路斯问题研究》、陈慧芳在 2011 年完成的硕士学位论文《塞浦路斯问题与土耳其加入欧盟研究》、《塞浦路斯希族与土族冲突的由来》（《中国民族》2009 年）、《国际干涉对塞浦路斯问题的影响》（2010 年）和《论塞浦路斯统一问题》（《长治学院学报》2012 年第 2 期）等文章深刻地论述了塞浦路斯国家统一问题的内因和外国干涉的外因以及解决方案。

所有这些研究成果都是我们今天进一步研究塞浦路斯劳动人民进步党的基础。但从总体来看，国内关于塞浦路斯劳动人民进步党的研究存在着不足：研究文本总量上太少，历史文件的介绍比较多，专著和专题类研究鲜有。总的来说，研究尚缺乏连续性、系统性和整体性。

因此，我们将更加注重研究的系统性、整体性和现实性，更加注重对苏东剧变后塞浦路斯劳动人民进步党关于资本主义、社会主义、党的建设以及发展马克思列宁主义等方面的理论与策略的研究。

### 三　概念的界定

为了更好地论述著作所要阐明的问题，避免产生不必要的认识混乱，我们需要对论述中的一些关键概念详细地界定。

"塞浦路斯劳动人民进步党"：本书所指的塞浦路斯劳动人民进步党是 1926 年 8 月成立，前身是塞浦路斯共产党，距今已有 80 多年的历史，今天由安德罗斯·基普里亚努（Andros Kyprianou）任总书记的塞浦路斯劳动人民进步党。

"革新社会主义"："革新社会主义"并不是塞浦路斯劳动人民进步党将马克思主义塞浦路斯化的指导思想，而是特指苏东剧变后，塞浦路斯劳动人民进步党在社会主义方面进行了灵活的变通和革新，使社会主义这种理想和价值追求更加符合时代性和塞浦路斯现实，因此，在本书中如果没有特别说明，一般情况下是指塞浦路斯劳动人民进步党对"社会主义"的变革和革新。

"社会主义"：在塞浦路斯高举社会主义旗帜的党虽然不多，但也不只是塞浦路斯劳动人民进步党一家，还有社会民主运动党。因此，在论著中没有特别指明时，一般是指塞浦路斯劳动人民进步党所追求的"社会主义"。

### 四　研究方法

（一）研究遵循的三条基本原则

本书的研究工作遵循的第一条原则是以辩证唯物主义和历史唯物主义作为研究的指导思想。辩证唯物主义和历史唯物主义是一种具有哲学层面指导意义的科学分析方法，它给人们提供了一种正确的世界观、方法论、历史观和社会观，是我们研究人类社会各种纷繁复杂的现象和问题的最基本方法之一。这一方法有助于我们在研究塞浦路斯劳动人民进步党的理论与实践中坚持正确的方向，把握其中的规律。

本书的研究工作遵循的第二条原则是以客观性、真实性为前提，做到实事求是。现象是对事物本质的反映，但现象有真假之分，真相是对事物本质的正确反映，假象是对事物本质的歪曲反映。因此，我们在研究塞浦路斯劳动人民进步党的过程中，必须以客观性和真实性为前提去搜集资料，去粗取精，去伪存真，从而得出实事求是的科学结论。只有实事求是，我们才能正确认识塞浦路斯劳动人民进步党理论与实践的内容和本质，把握其发展的规律。

本书的研究工作遵循的第三条原则是以问题作为研究的出发点，抓住主要矛盾。我们对塞浦路斯劳动人民进步党的研究不能是"眉毛胡子一把抓"，而应该抓住其中的问题进行研究，并且要区分核心问题和次要问题，以核心问题为主线，并将其分解为各个次要问题。在将各个次要问题逐一解开的基础上才能实现对核心问题的破解。因此，以问题作为研究的出发点是我们一项重要的指导原则。

本书的研究工作遵循的第四条原则是以创新作为研究的归宿。我们对塞浦路斯劳动人民进步党的研究不是对过去研究的简单整理，也不是对塞浦路斯劳动人民进步党现状的粗线描述，而是要解决过去研究中没有解决的问题，创造性地回答我们在研究中提出的核心问题。因此，必须将创新作为我们研究的归宿。

（二）研究思路

本书研究的基本思路可以概括为：一个主题、两条主线、三个维度。

一个主题：即塞浦路斯劳动人民进步党对塞浦路斯社会主义发展道路的探索。本书对塞浦路斯劳动人民进步党理论与实践的研究，会涉及历史、理论、实践、体制、前景等一系列的问题，而问题的关键或核心，就是塞浦路斯劳动人民进步党将通过什么样的途径，把自己的国家引上社会主义的发展道路。

两条主线：即塞浦路斯劳动人民进步党的理论活动和实践活动。围绕着塞浦路斯劳动人民进步党对塞浦路斯社会主义发展道路探索的主题，我们将从塞浦路斯劳动人民进步党的理论活动与实践活动这两条主线展开研究。

　　三个维度：即从资本主义的新变化、社会主义理论与实践创新、共产党的发展与变革这三个互相区别又彼此密切联系的三个方面，展开对塞浦路斯劳动人民进步党理论与实践活动的研究。

　　具体地说，本书共由七个部分构成：

　　一、绪论：主要论述了本书的选题缘起及意义、国内外研究现状、研究的思路和方法、主要创新之处等。

　　二、塞浦路斯劳动人民进步党的创立和发展。根据不同时期的历史任务，我们将塞浦路斯劳动人民进步党争取自由、民主和社会主义的斗争划分为六个阶段。反对英国殖民主义的斗争时期（1926—1940），反法西斯主义的斗争时期（1941—1945），反殖民主义斗争的新时期（1945—1959），反帝国主义和反沙文主义斗争时期（1959—1974），反法西斯、反霸和反占领时期（1974—1989），革新社会主义的斗争时期（1989年至今）。

　　三、塞浦路斯劳动人民进步党革新社会主义的历史条件。革新社会主义，是塞浦路斯劳动人民进步党将马克思主义基本原理与国际形势和塞浦路斯具体国情相结合的正确选择。新科技革命和第三次生产力革命是革新社会主义的物质前提；时代主题的转换是革新社会主义的时代背景；塞浦路斯社会经济政治的发展变化是革新社会主义的内在依据；当代世界社会主义运动和塞浦路斯劳动人民进步党面临的严峻形势是革新社会主义的直接动因；塞浦路斯劳动人民进步党的优良传统和革命精神是革新社会主义所不可或缺的主观条件。

　　第三次科技革命在苏东剧变后迅猛发展；和平与发展的时代主题更为凸显，国家综合实力的竞争更为激烈；全球化和"反全球化"运动加速进行，金融自由化在经济全球化中的作用日益明显；资本主义占据优势，新自由主义盛行；世界政治格局中"一超多强"的局面出现新的序列易位和要素重组，欧盟一体化加速发展但困难重重；世界政党数目增多，其意识形态中性化和区域合作的趋势增强；全球性问题成为人们更加关注的焦点。世界社会主义运动在低潮中奋进，并在局部地区还出现了不少的"亮点"。

　　塞浦路斯是一个具有多重身份的国家。从经济发展水平看，它是发达资本主义国家中欠发达的国家，20世纪90年代以来，塞浦路斯经济从混合经济模式转向了新保守主义经济模式，结构性问题十分突出，当前深陷主权债务危机；从政治体制来看，它是一个总统制和民族分权的国家，1963年后就一直存在着"南塞"与"北塞"分治的政治局面，该问题的变化时常左右政局的变化；从其在世界格局中的地位来看，它是欧盟的成员国之一，但对俄罗斯等强国又有着强烈的依赖性；从社会阶级结构看，资产阶级的总数在减少，工人和其他劳动人民向第三产业转移，中产阶级和个体户以及移民增多；从社会矛盾的角度来看，其社会问题复杂，塞浦路斯本身存在着垄断资本同广大人民群众尤其是工人阶级的尖锐矛盾，但塞浦路斯又与帝国主义强国之间的矛盾也很尖锐。

四、塞浦路斯劳动人民进步党革新社会主义的理论主张。塞浦路斯劳动人民进步党是善于理论思考的党，其革新的社会主义理论可概括为四个方面的主要内容：关于资本主义的总体看法，关于社会主义历史和现实的辩证分析，关于塞浦路斯未来社会主义的理论分析，关于党建理论的探索等。

塞劳进党认为：现代资本主义正处于这个社会制度发展的特殊阶段——国家垄断资本主义。以美国为首的帝国主义寻求维持和扩大在经济、政治和军事战略领域的霸权。今天的经济全球化是为大资本服务的，尤其是发达国家的跨国公司。实质上，跨国公司的全球化是"新秩序"在经济领域的体现。欧盟是资本主义政治和经济一体化的形式。它源于增强西欧大资本扩大行动领域的能力的需要，也源于尽可能在面对资本主义世界中心——美国和日本时扩大西欧的政治和经济利益的需要。全球经济危机是资本主义制度的结构性危机。资本主义的基本矛盾是资本主义危机的根本原因。现代世界是一个复杂的多元世界，充满了对抗和矛盾。当今世界的主要矛盾是挽救人类的可能性和人类灭亡的危险之间的矛盾。解决这个问题需要全人类统一的行动。基本矛盾就是资本主义与社会主义以及资产阶级与劳工阶级之间的对抗。今天，我们用批判的方法去研究社会主义是很有必要的。社会主义制度是走出资本主义危机的替代方案。塞浦路斯劳动人民进步党基于塞浦路斯的社会经济现实，从社会转型的动力、民族问题、经济基础、民主计划、社会上层建筑、社会主义与生态环境、塞浦路斯在当代世界中的地位等方面全面阐述了其理论主张。强调建立在马克思列宁主义基础上的社会主义被认为是人类已经发现的最佳的社会制度，并且它在整个20世纪的理论与实践中得到了丰富与发展。社会主义是摆脱了剥削和压迫，并保证人的自由即恩格斯所称的"自由王国"。我们所追求的社会主义的核心和价值目标就是以人为本。

五、塞浦路斯劳动人民进步党革新社会主义的实践活动。塞浦路斯劳动人民进步党革新社会主义起始于应对苏东剧变后的突发形势，加强党的团结和巩固的斗争；着重表现在塞浦路斯劳动人民进步党通过议会选举和总统选举逐步走上执政舞台的成功选择上；深入体现在以联邦制方案解决塞浦路斯问题的抉择和努力中；切实反映在塞浦路斯劳动人民进步党执政五年的施政方略上；具体外化为塞浦路斯劳动人民进步党的外交活动和促进世界社会主义复兴的奋斗中。塞劳进党将议会斗争和群众运动相结合，将执政方略和参政方针相结合，将国内斗争与国际斗争相结合，积极开展多种形式的争取民主和社会主义的实践活动：苏东剧变后，塞劳进党通过思想和组织等斗争，实现了党的团结和巩固；通过从中央到基层执行社会联盟政策，在议会和总统选举中其总书记赫里斯托菲亚斯先后当选议会议长和国家总统；通过反新自由主义的社会政治经济政策，推行以经济民主计划为主的经济发展道路，以政治民主和自由为核心的政治发展道路，以多元统一为特征的文化发展道路，以教育、体育、卫生、环境全面协调为目标的社会发展道路；通过联邦制方案多次召集希腊族和土族领袖，推进塞浦路斯问题的最终解决；2008年国际经济危机爆发后，通过采取积极的财政政策、社会保障措施、经济振兴工程等各种活动，维护劳动者经济、政治、文化和社会权益；通过自己的群众组织和互访、召开会议等形式，加强与全球左翼政党和组织的联系，为国际共产主义运动的恢复做出了积极贡献。

六、塞浦路斯劳动人民进步党革新社会主义的重点评析。塞浦路斯劳动人民进步党革新社会主义的理论主张和实践活动是该党根据时代特点和本国国情进行的变革和调整。其中有不少问题应该引起我们进一步思考。主要表现在如下几点：关于当今世界主要矛盾的认识；关于通过议会选举上台执政问题的思考；关于解决塞浦路斯问题方案的再认识；关于以人为本是社会主义核心价值的观点；关于共产党在资本主义国家执政后的施政方略的思考。塞劳进党关于当今世界的主要矛盾是挽救人类的可能性和人类灭亡的危险之间的矛盾的看法强调了生态危机的紧迫性，但与当今时代仍然处于从资本主义向社会主义过渡的时代，时代主题是和平与发展，时代主要矛盾仍然是社会主义和资本主义的矛盾的看法是不同的；塞劳进党认为社会主义的核心价值是以人为本，这体现了社会主义的本质，符合马克思主义关于人的全面发展的社会目标；塞劳进党能够通过总统选举上台执政的主要原因不是外部的，而是来自内部，源于塞劳进党根据形势发展主动进行的变革和转型，其下台的主要原因在于其推行的反新自由主义政策和应对主权债务危机的有利于中下层群众的主张；塞劳进党执政和失政的过程没有否定，也没有肯定议会道路的正确性。

七、塞浦路斯劳动人民进步党革新社会主义的前景展望。塞浦路斯劳动人民进步党在苏东剧变后进行的变革和转型，蕴含着丰富的经验，也有不少的教训。它对世界社会主义运动产生了重要影响，对中国特色社会主义建设也有不少启示。及时合理把握机遇，迎接分解各种挑战，塞浦路斯劳动人民进步党的发展前景仍十分乐观。塞劳进党近90年的发展历程，是世界社会主义运动发展历程的一个缩影，蕴含着重要的经验与教训：马克思主义工人政党既要坚持无产阶级的国际团结，又必须坚持独立自主的原则；马克思主义工人政党既要坚持马克思主义基本原理，又要与本国的具体实践相结合；马克思主义工人政党必须将议会斗争与议会外的群众斗争紧密结合起来，采取灵活机动的斗争策略，争取民主和社会主义；马克思主义工人政党执政的根本在于以人为本，其社会政策要为民服务；马克思主义工人政党解决国家统一问题，要坚持社会主义意识形态与现实情况相结合的基本原则。

（三）研究方法

本书研究以辩证唯物主义和历史唯物主义为指导，采用史论结合法、文献查阅法、专家访谈法、会议交流法、定量分析与定性分析法、矛盾分析法、横向研究和纵向研究相结合的比较分析法等。

**五　研究的创新与不足**

（一）创新之处

（1）本书与以前研究不同的地方之一，就是我们对塞浦路斯劳动人民进步党发展历史的划分，不是简单地以时间来划分或者以重要的国际事件来划分，而是以塞浦路斯劳动人民进步党所开展的民主、民族和社会主义斗争的性质和发展阶段来划分。据此，我们将塞浦路斯劳动人民进步党的历史发展划分为六个阶段；

（2）本书在国内外研究的基础上，首次对塞浦路斯劳动人民进步党的革新社会主义理论与实践进行了全面、系统、完整的研究。

（3）本书提出并论证了塞浦路斯劳动人民进步党在当代世界社会主义运动团结和复兴中的突出贡献。

（4）本书梳理总结了塞浦路斯问题的由来，以及首次总结了塞浦路斯劳动人民进步党的解决方案。

（二）不足之处

除去研究者的学术水平、语言功底等问题之外，本书研究的最大难点是：由于缺乏对塞浦路斯劳动人民进步党的实际调研，因此对塞浦路斯劳动人民进步党理论的把握和对塞浦路斯劳动人民进步党实践活动的了解会出现明显的不足。不过，研究者将通过塞浦路斯劳动人民进步党创建的英文国际网站以及研究者与塞浦路斯劳动人民进步党建立的个人联系，来弥补这一方面的缺陷。

# 第一章 塞浦路斯劳动人民进步党的 创立和发展

塞浦路斯劳动人民进步党是在90多年艰辛的探索中不断前进的，它英勇反抗殖民统治并取得了民族解放；它多次被反动势力打入地下，但却坚贞不屈不断壮大；苏东剧变后它顶住反共产主义势力的攻击，坚持走一条和平民主的斗争道路，并成功上台执政。根据不同时期的历史任务，我们可以将塞浦路斯劳动人民进步党争取民主、自由和社会主义的斗争划分为六个阶段。

## 第一节 反英国殖民主义的斗争时期（1926—1940）

### 一 塞浦路斯共产党的成立

塞浦路斯共产党诞生于新的经济条件和社会条件下。它是随着20世纪早期资本主义的发展而逐渐形成的。在英国的殖民统治下，塞浦路斯出现了新的经济关系，工人阶级也随之出现了，并且日益壮大。而工人阶级的出现和发展是塞浦路斯共产党诞生最重要的因素。工人阶级在最残酷的剥削中生存和工作，所以消除贫困的愿望在持续升级。英国殖民主义暴政是除了地方统治阶级的统治、借贷商人和地主以外最残酷的压迫。历史需要劳动人民争取权利，提高阶级意识并组织斗争，而塞浦路斯共产党的成立满足了这种需要。

1917年俄国的十月社会主义革命对工人和革命运动的影响是推动塞浦路斯共产党建立的第二个重要因素。十月革命影响了塞浦路斯。一个自由人的社会理想是摆脱压迫和剥削，建立平等、民主和充满社会正义的社会秩序。实现这个理想社会需要动员和调动最有觉悟的工人、员工、农民和进步知识分子。这颗社会主义的种子一旦落入肥沃的土地，它就生根发芽，茁壮成长。

1926年8月15日，在利马索尔召开了塞浦路斯共产党第一次代表大会。第一届塞浦路斯共产党代表大会选举科斯特·斯基尔斯为塞浦路斯共产党的总书记，制定了党的行动纲领，本次大会的召开标志着塞浦路斯共产党正式成立。党的首要任务是反对帝国主义，摆脱英国的殖民主义统治，建立统一的希、土两族统一战线。大会通过的党纲宣称努力改善工人阶级的经济状况，维护工人阶级的利益；摆脱英国的殖民统治，实现政治独立；发展国际劳动者同盟运动，以团结其他国家的工人和农民。1931 年共产国际正式承认塞浦路斯共产党。塞浦路斯共产党是塞浦路斯出现的第一个具有社会主义意识形态外观的共产主义细胞。

**二　塞浦路斯人民反殖民主义斗争**

塞浦路斯是英国的殖民地。塞浦路斯共产党设定的目标不仅仅是反对剥削，而且是从英国殖民统治的枷锁下解放出来。因此，塞浦路斯共产党成立后的首要任务就是积极加入殖民地反英斗争，为捍卫工人阶级和其他被压迫人民的利益而不懈斗争。随着塞浦路斯共产党的建立，劳动人民开始以独立的政治身份加入殖民地反英斗争。塞浦路斯共产党还呼吁劳动人民争取经济自由，并争取在此基础上实现国家的自由，彻底打碎英国残酷的殖民统治。塞浦路斯共产党也呼吁全体人民积极参加反对英国殖民主义斗争，争取创造所有反对殖民统治包括土族塞人在内的广泛联合阵线。

1929 年塞浦路斯共产党组织了一次大规模的游行示威活动。示威游行是由 600 名石棉矿工组成，他们集体辞职，要求公司缩短工作时间和提高工人工资。同年，塞浦路斯工人集体抗议，强烈要求当局取消外国人控制矿产资源。但由于英国殖民主义势力的残酷镇压，工人阶级力量的弱小，抗议最终失败。虽然此次工人运动失败了，但却标志着塞浦路斯工人阶级登上了历史舞台，从此掀开了反抗英国殖民统治的新篇章。

1931 年 4 月 28 日，塞浦路斯希腊族人对英国殖民总督强行实施的增税提案进行了反抗，并展开了对英国殖民当局的斗争。这是塞浦路斯希腊族人自发的第一次大规模的反抗英国殖民统治的斗争，充分体现了塞浦路斯人民的觉醒。在斗争期间，塞浦路斯共产党坚定地支持民族主义的暴动，并努力组成反殖民主义的统一战线。党尝试与民族主义阵营团结起来，同时也努力与土族塞人团体采取共同行动。斗争受到英国殖民当局的残酷镇压，1933 年塞浦路斯共产党及其组织也因此被英国殖民当局宣布非法，党的领导人也被流放到国外，塞浦路斯共产党几百名领导人和党员或者被关进监狱受尽折磨，或者被流放到隔离的村庄，党的刊物也被禁止。党组织陷于瘫痪，塞浦路斯共产党被迫转入地下。

对于刚刚成立不久的塞浦路斯共产党来说，这是一个巨大的打击，然而英国殖民当局并没有消灭塞浦路斯共产党。相反，在英国殖民统治时期，与许多所谓的"具有民族思想的"对英国妥协或与其合作的右翼领袖相比，塞浦路斯共产党是唯一进行反殖民主义斗争的有组织的政治力量。1937 年，塞浦路斯共产党领导人塞尔瓦斯对党进行重新改组，整顿和发展工人运动，逐步恢复和扩大了党的力量，继续领导反英殖民主义斗争。

塞浦路斯共产党国际主义的光辉一页是塞浦路斯共产党人参加了西班牙内战（1936—1939）。有些英国和其他国家的塞浦路斯移民也是共产主义者，他们自愿参加到反对法西斯的侵略并为自由而战的国际团体中。塞浦路斯共产党人在实际中履行了无产阶级国际主义和反法西斯的职责。在他们之中，有未来的塞浦路斯劳动人民进步党总书记厄泽卡斯·帕帕奥努（Ezekias Papaioannou）。大约 20 名为自由而战的反法西斯战士战死在西班牙内战的战场上。

可以说，塞浦路斯共产党人始终坚定信念，坚持社会主义思想不动摇，积极号召工人阶级投身革命，勇敢地面对所有困难和艰苦，即使在国内外反动的条件下也高举党的光荣旗帜。在艰难困苦中，塞浦路斯共产党始终为工人阶级和塞浦路斯人民谋利益。

# 第二节　反法西斯主义的斗争时期（1941—1945）

### 一　塞浦路斯劳动人民进步党成立

第二次世界大战爆发后，塞浦路斯共产党起初仍然处于非法活动状态。但是反法西斯人民战争创造了新的环境。英国殖民当局为应对世界大战而对塞浦路斯的独裁措施明显减少，此时塞浦路斯共产党正确地预见到采取合法活动的新条件已经出现，所以决定利用这些新条件与资产阶级中的进步力量一起建立一个新政党。1941 年 4 月 14 日，在斯卡拉举办了一个有关塞浦路斯劳动人民进步党①成立的会议。大会宣布新政党体现的是"民主的、反法西斯主义的与反希特勒的②"有机结合。1941 年 10 月 5 日，第一次代表大会顺利召开，塞浦路斯劳动人民进步党从宣布政治和意识形态立场的第一天开始就联合其他力量共同反对希特勒的法西斯主义。塞浦路斯共产党以非法形式以及塞浦路斯劳动人民进步党以合法形式开展了三年的平行活动。1944 年，由于两个政党同时存在是没有必要的，所以塞浦路斯共产党与塞浦路斯劳动人民进步党合并为塞浦路斯劳动人民进步党。

### 二　反法西斯主义斗争

自从塞浦路斯劳动人民进步党成立到第二次世界大战结束，塞浦路斯劳动人民进步党始终处于塞浦路斯人民反法西斯斗争的最前线。塞浦路斯劳动人民进步党反法西斯斗争的高潮是，1943 年党决定号召领导人和党员自愿参加军队抵抗希特勒法西斯主义，使塞浦路斯从希特勒的暴政下解放出来，使受镇压的国家解放出来。中央委员会的 11 个成员和将近 800 名党员参军，他们为反法西斯斗争做出了伟大贡献。塞浦路斯劳动人民进步党的党员也在欧洲和中东地区进行了不同斗争。

战争结束后，殖民主义者拒绝释放塞浦路斯自愿参军者，所以塞浦路斯劳动人民进步党领导了复员斗争，并且在复员的斗争中，塞浦路斯劳动人民进步党党员英勇献身，有几百名塞浦路斯劳动人民进步党党员被拘禁于塞浦路斯和埃及的集中营。经过塞浦路斯劳动人民进步党党员的斗争，最终英国被迫同意塞浦路斯士兵复员。回到塞浦路斯以后，他们通过各种活动不断加强本党力量，扩大党的影响力，使党成长为一支强大的政治社会力量。塞浦路斯劳动人民进步党影响力的迅速发展已经证明塞浦路斯社会需要像塞浦路斯劳动人民进步党这样的政党。

塞浦路斯劳动人民进步党在塞浦路斯进行的反法西斯主义斗争也是世界反法西斯主义斗争的重要组成部分，为世界反法西斯主义斗争的胜

---

① AKEL：The Progressive Party of Cyprus Working People，which is referred to as Communist Party of Cyprus.

② AKEL is Founded Antifascist Struggle，http：//www. akel. org. cy.

利作出了巨大贡献，同时也使党提高了军事实力，并发展壮大。

## 第三节  反殖民主义斗争的新时期（1945—1959）

### 一  反殖民主义的地上斗争

1945—1954 年这十年不仅是政治斗争激烈和反殖民主义斗争发展的十年，同时，也是阶级斗争非常激烈的十年。塞浦路斯劳动人民进步党与左翼政党的组织始终冲在战争的最前线。

第二次世界大战结束之后，英国殖民主义者不但没有履行对塞浦路斯人民的承诺，而且还拒绝给予塞浦路斯人民民族自决权。1945 年 3 月 25 日人民群众在勒夫康尼库村进行示威游行时遭到英殖民地警察的开枪射击，导致两名人民战士和一名 8 岁的学生丧生。1945 年 7 月 13 日，英国殖民当局禁止了泛塞浦路斯工会委员会（PSE）的活动，逮捕了 18 名领导并被判处 12—18 个月监禁。塞浦路斯人民没有其他的选择，只能继续进行反殖民主义斗争。

第二次世界大战以后，塞浦路斯出现了两股力量。一个是以埃那切党为中心的代表右翼和统治阶级势力的极端的民族主义和狂热的反共产主义势力，一个是以塞浦路斯劳动人民进步党为核心的劳动人民和中产阶级中进步人士的联合。埃那切党在所谓的塞浦路斯—英国的友谊和反对英国的斗争两者之间摇摆不定。这种态度在塞浦路斯内战和战后的氛围中被强化。而且他们拒绝与左翼建立统一战线的思想。右翼与左翼之间的对抗在市长选举和当地议员的选举中也是非常激烈的，但在这些选举中左翼政党取得很大成功。

以塞浦路斯劳动人民进步党为代表的左翼政党把塞浦路斯人民的斗争看作与反殖民主义、反帝国主义斗争相联合的斗争。塞浦路斯劳动人民进步党将争取自由的斗争和争取民主的斗争结合在一起。它反对土族塞人的民族沙文主义，始终坚定地在合作和相互尊敬的基础上团结所有反殖民主义的力量。

塞浦路斯劳动人民进步党从未想要垄断反殖民主义斗争，也从不质疑任何政治力量的爱国主义。人民力量的分裂是由于权力的领导政策所导致的，这种分裂客观上有助于英国殖民主义者，且会弱化塞浦路斯人民争取自由的斗争。1945 年，塞浦路斯劳动人民进步党和泛塞浦路斯劳动者联盟（PEO）相互合作，共同组织劳动人民开展反对殖民主义的经济斗争和政治斗争，这些斗争对于塞浦路斯劳动人民来说，今天仍然在受益。

1948 年煤矿工人、金属制造工和建筑工人的大罢工构成了这些斗争的高潮。这些罢工很特殊，在激烈程度、时间和英雄精神上都是史无前例的，而且也作出了很大牺牲。1948 年在广大人民的支持下，劳动人民发动了大规模的阶级斗争。尽管殖民政府、教堂领导以及右翼联盟联合起来反抗，但劳动人民仍然取得了胜利。1948 年的阶级斗争以及之前和之后的斗争使希族塞人和土族塞人情同手足，为两族人民的友谊与合作奠定了基础。1948 年仍然是一个塞浦路斯劳动人民社会斗争的里程碑。

1949 年 8 月，塞浦路斯劳动人民进步党召开六大，党报《民主主义者》主编埃泽基阿斯·巴巴约安努当选为总书记，从此便开启了党的新阶段。1954 年塞浦路斯劳动人民进步党召开八大，此次会议确定了党的新路线，之后党同各进步团体组成"解放斗争联合阵线"，积极开展广泛而有效的斗争以摆脱英国的殖民统治。

塞浦路斯劳动人民进步党在考虑了塞浦路斯的环境和现实之后做出了正确估计：认为斗争的适当形式是人民政治斗争。在此方式的框架下，它不断地动员人民示威游行、群众活动、政治罢工等。针对塞浦路斯问题，需要在国内和国际阵线采取多种灵活措施。1949 年，通过左翼政党、安理会和联合国大会的公民投票，塞浦路斯问题第一次提交联合国，并达成一致看法："我们谴责英国。"塞浦路斯劳动人民进步党坚决要求建立一个自治政权。然而，英国不会希望建立一个真正的自治政府。塞浦路斯劳动人民进步党尊重大多数人民的意愿促进对自决的需求，采取措施并积极地为 1950 年的公民投票工作。然而，与此同时，它与土族塞人接触时重申了塞浦路斯劳动人民进步党也将始终以各种方式保卫他们的利益。

**二　反殖民主义的地下斗争**

1955 年 4 月 1 日，塞浦路斯族人的第一个武装组织"埃欧卡"炸

毁了英国的军事设施。这一事件标志着武装组织"埃欧卡"反对英国
殖民统治的军事行动的开始，也标志着塞浦路斯希腊族人第二次反英国
殖民当局的开始。"埃欧卡"武装组织不断地进行武装斗争虽然显示了
强烈的爱国主义和自我牺牲精神，但它导致了塞浦路斯局势不断恶化，
使塞浦路斯问题陷入僵局。塞浦路斯劳动人民进步党以塞浦路斯人民的
利益为出发点，不同意武装斗争的策略。1955 年 8 月塞浦路斯劳动人
民进步党打算以和平集会的方式来反对"埃欧卡"武装组织的武装袭
击。塞浦路斯劳动人民进步党在伦敦三方会谈前曾经表示，如果民族主
义者同意合作，塞浦路斯劳动人民进步党将会修改和平集会的内容和时
间。但遗憾的是，马卡里奥斯并没有重视塞浦路斯劳动人民进步党的建
议。1955 年，塞浦路斯劳动人民进步党如期召开了和平会议。但 1955
年 12 月 14 日，"埃欧卡"武装组织在塞岛展开的全面武装袭击，引起
塞岛一片混乱，英国殖民当局便开始取缔"埃欧卡"武装组织，同时
塞浦路斯劳动人民进步党和所有左翼组织也被取缔。严峻的形势使党再
一次被迫转入地下。党的总书记巴巴约安努也于 1956 年被捕入狱。直
到 1959 年 12 月 4 日，即在签订《苏黎世—伦敦协定》之后的十个月，
塞浦路斯取消紧急状态，党随即便恢复了合法地位，并在议会选举中获
得五个席位。英国殖民当局的残酷镇压和采取的恐怖主义措施并没有摧
毁塞浦路斯劳动人民进步党，反而使党发展壮大，与劳动人民联系更
密切。

## 第四节　反帝国主义和反沙文主义斗争时期
## （1959—1974）

### 一　《苏黎世—伦敦协定》

1959 年 2 月 19 日，塞浦路斯、土耳其、塞浦路斯希腊族和土耳其
族在伦敦举行会议。《苏黎世—伦敦协定》虽规定一年后塞浦路斯成立
独立共和国，但它会使帝国主义在岛上存在下去，使塞浦路斯处于权力
监控之下，所以塞浦路斯劳动人民进步党反对苏黎世协定。同时，塞浦
路斯劳动人民进步党建议马卡里奥斯不要签订协议，而是继续团结人民
为独立而战。不幸的是，塞浦路斯劳动人民进步党的建议被拒绝了。为

了适应《苏黎世—伦敦协定》造成的新形势，塞浦路斯劳动人民进步党认为新阶段的主要任务是争取塞浦路斯完全独立以及从《苏黎世—伦敦协定》的消极影响下逐渐解放出来。

### 二　反帝国主义阴谋

1960 年 8 月，塞浦路斯宣布独立，该党支持政府的独立政策，为维护国家的独立和领土完整进行不懈的努力。塞浦路斯共和国从一开始就面临着许多困难和难题。美国政府企图扼杀独立不结盟的塞浦路斯，企图将塞浦路斯分割给塞浦路斯和土耳其——安卡拉和北大西洋公约组织的领土扩张主义计划将塞浦路斯转变成一个东部地中海的大西洋联盟的不会沉没的航空母舰，这对塞浦路斯的独立构成威胁。塞浦路斯劳动人民进步党作为国内一支重要政治力量为捍卫塞浦路斯的独立、主权和不结盟政策而斗争。1964—1974 年这十年就是对抗帝国主义阴谋的十年，是保卫塞浦路斯独立和团结的十年。塞浦路斯劳动人民进步党通过全面的群众动员成功地抵制了北大西洋公约组织的计划。

### 三　反沙文主义的斗争

针对国内希、土两族间的矛盾尖锐的状况，塞浦路斯劳动人民进步党提出了民族和解，恢复和加强希、土两族间的信任、友谊和合作的主张，得到两族广大人民的欢迎。即使在塞浦路斯劳动人民进步党的危机时刻，它也没有停止通过对话去解决有关两个团体的问题。党从一开始就是一个反抗民族沙文主义的战士。塞浦路斯劳动人民进步党中央委员会和泛塞浦路斯劳动者联盟中的土耳其族成员德维斯·阿里·卡瓦泽古鲁（Dervis Ali Kavazoglou）就为两族的友谊与合作献出了宝贵生命。他的牺牲为两族和解、建设塞浦路斯共同家园以及所有塞浦路斯人民树立了良好榜样。

## 第五节　反法西斯、反霸和反占领时期（1974—1989）

### 一　北塞土耳其共和国

塞浦路斯共和国总统马卡里奥斯欲将塞浦路斯转变成一个既不受塞浦路斯操纵，也不受土耳其制约，而是由塞浦路斯多民族——塞浦路斯族人领导的，真正独立、自由、统一的共和国，他不赞成"意诺西斯①"。1974 年 7 月 15 日，塞浦路斯军政府为推翻马卡里奥斯而发动了塞浦路斯政变，7 月 20 日凌晨，土耳其开始实施"和平行动"计划，入侵塞浦路斯，占领塞浦路斯总面积的 37%，实现了分割塞浦路斯面积 1/3 的目标，并建立了"北塞土耳其共和国"，塞浦路斯问题成了世人瞩目的问题。塞浦路斯共和国的独立和统一已荡然无存。

1974 年塞浦路斯发生的危机，是美、苏超级大国在地中海东部地区争夺的直接后果。美国在该地区的整体战略，就是确保塞浦路斯和土耳其构筑的北约东南翼的稳定，遏制颇具战略价值的塞浦路斯的共产主义势力，防止苏联向塞浦路斯渗透，竭力避免因塞浦路斯问题引起盟国希腊与土耳其关系的紧张甚至战争。美国对塞浦路斯、希腊和土耳其政策的任何变化总是以此战略目的为轴心。土耳其入侵塞浦路斯与苏联的唆使和支持有很大关系。塞浦路斯政变推翻了与苏联保持密切关系的马克里奥斯政府，岛上的共产主义势力必然受到遏制，苏联苦心经营多年企图在地中海东部寻找一个立足点的图谋也将彻底破灭，尤其是如果政变当局逐步推行与希腊合并的政策，北约在地中海东部的力量就将会大大加强，苏联绝对不想看到这一结局。

## 二　反法西斯主义与反霸斗争

对于塞浦路斯军政府发动的政变，塞浦路斯劳动人民进步党也作出反应。塞浦路斯劳动人民进步党适时提出塞浦路斯问题高于社会阶级矛盾，土耳其的入侵、占领和外国干涉是这一问题的症结。塞浦路斯劳动人民进步党为寻求一个和平、公正、双方都能接受的塞浦路斯问题解决方案，为建立一个独立的、领土完整的、统一的、联邦制的、不结盟的、非军事化的、没有外国军队和基地的塞浦路斯而奋斗。1974 年 7 月 15 日塞浦路斯劳动人民进步党的党员与干部首先参加了保卫民主，抵制外国怂恿的法西斯主义政变的斗争。几千名塞浦路斯劳动人民进步党员和左翼人士被塞浦路斯军政府和埃欧卡武装组织逮捕并投进监狱，一些被处决。

---

① 意诺西斯：塞浦路斯语，意思是塞浦路斯与希腊合并。

### 三　反占领斗争

1974 年 7 月 20 日后，塞浦路斯劳动人民进步党又号召保卫家园、反对土耳其占领的斗争。塞浦路斯劳动人民进步党员与干部再一次冲到保卫塞浦路斯独立斗争的前线，他们中的大部分人从监狱出来后立刻投入战争前线。自从 1974 年 7 月后塞浦路斯的人民运动就包含了反占领的内容。鉴于塞浦路斯的条件、环境、力量对比，后来的反占领斗争采取了和平与政治的方式。考察了 1974 年以后的新情况，塞浦路斯劳动人民进步党得出结论：为了避免分裂和对抗土耳其扩张主义计划，塞浦路斯问题的解决方式是联邦制。1974 年 11 月党中央委员会就向总统马克里奥斯表达了这一立场。此后塞浦路斯劳动人民进步党一直坚定地支持联邦制的解决方案。

### 四　议会斗争

与此同时，塞浦路斯劳动人民进步党还积极参加议会选举，通过政治渠道，为争取民主和社会主义而奋斗。在 1976 年新一届议会选举中，塞浦路斯劳动人民进步党获得了 9 个席位。1981 年升至 12 席。1986 年市政选举中，获得 18 个市中 9 个市长席位。在 1988 年 2 月的总统选举中，党与代表小资产阶级的政党合作，使无党派人士瓦西里乌当选为总统，阻止了极右势力大会党掌权。

## 第六节　革新社会主义的斗争时期（1989 年至今）

### 一　苏东剧变与十七大

1989 年以来，东欧剧变、苏联解体也对塞浦路斯劳动人民进步党造成了消极影响，党内一些人攻击党中央墨守成规，不合改革浪潮，要求党重新评价过去，批判已故总书记巴巴约安努，改变现行的路线和政策，效法东欧各党，走民主社会主义道路。以赫里斯托菲亚斯总书记为首的党的领导核心，坚决抵制分裂势力的冲击。1989 年 12 月，塞浦路斯劳动人民进步党召开中央全会，要求加强党的团结。党中央呼吁全党干部和党员、党的朋友和支持者紧密团结在党的周围，像保护自己眼球那样保护党的团结。扩大党内民主主要在民主集中制的基础上进行。1990 年 1 月，塞浦路斯劳动人民进步党召开中央会议，决定撤销凡蒂斯和齐亚蒂迪斯政治局委员、中央委员的职务，对政治局委员丁格里斯和10多名中央委员给予严重警告处分，补选4名政治局委员和2名候补委员，从而确保了党的中央决策机关的团结。随后，在全党范围内进行了一次深入的马列主义思想教育，让广大党员了解党内危机的真相，使广大党员明白，改革要根据本国情况，不能盲目照搬其他党的做法，从而稳定了党员思想，提高了广大党员的觉悟。

1990年10月，党的十七大胜利召开，大会重申了党坚持马列主义原则不变，坚持社会主义方向不变，坚持为劳动人民谋福利的宗旨不变。党坚持马列主义和无产阶级性质，以在塞浦路斯建设社会主义社会为自己的奋斗目标，提出社会主义具有巨大优越性，只有社会主义才能代表人类的未来。党的十七大的胜利召开，表明了以赫里斯托菲亚斯为首的塞浦路斯劳动人民进步党经受住了考验，成功统一了全党思想，增强了党的凝聚力和战斗力，战胜了党内分裂，顶住了苏东剧变的巨大压力。

20世纪90年代初，国际共产主义运动虽处于低谷，但在第十七届代表大会的正确指导下，塞浦路斯劳动人民进步党的力量并没有削弱，而是在逆境中提高了党的社会地位，扩大了在广大人民中的影响，使党不断发展壮大。

1991年10月，塞浦路斯劳动人民进步党邀请76个国家的共产党和社会党在尼科西亚召开题为"作为意识形态的社会主义和21世纪前夕左派力量的作用"的理论研讨会。塞浦路斯劳动人民进步党认为，应该在肯定社会主义模式为全世界创造过伟大成就的前提下，总结过去的经验教训。在坚持党的基本原则的前提下，不断扩大意识形态的视野，科学地对待马恩列的遗产。

1995年十八大，塞浦路斯劳动人民进步党修改党章，再次重申上述原则立场。2000年十九大、2005年二十大、2010年二十一大以及2015年二十二大也坚持该立场不变。

1996年，塞浦路斯劳动人民进步党在议会选举中的支持率为30.6%，在59个议席中获得了19个议席，成为塞浦路斯第二大党。1997年5月，为庆祝塞浦路斯劳动人民进步党建党70周年，党在拉那卡召开了国际左翼政党会议。中东和地中海地区的27个主要国家的37

个共产党、社会党和工人党出席了本次会议。本次会议是在苏联解体后世界上最大的一次左翼政党的国际会议。本次会议表明中东和地中海的共产党在经历了苏东剧变的阵痛之后，仍然坚持马克思列宁主义，并探索适合本国发展的社会主义道路。

**二 选举斗争新成就**

进入21世纪以来，塞浦路斯劳动人民进步党迅速发展。2001年议会选举中塞浦路斯劳动人民进步党获得35%的支持率，从第二大党跃升为议会第一大党，塞浦路斯劳动人民进步党总书记赫里斯托菲亚斯当选为议会议长。2003年，塞浦路斯劳动人民进步党联合其他中间势力赢得了总统选举，并首次入阁参政。此时塞浦路斯劳动人民进步党在真正意义上从幕后走到台前，正式具有了参政资格。在2006年议会选举中，塞浦路斯劳动人民进步党获得了31.16%的选票，仍然是议会第一大党，总书记赫里斯托菲亚斯连任议长一职。2008年2月24日，塞浦路斯劳动人民进步党总书记赫里斯托菲亚斯以53.4%的选票，成功当选为塞浦路斯总统。赫里斯托菲亚斯成功当选为共和国总统开启了塞浦路斯历史的新纪元。2013年，由于经济危机和一些突发事件，赫里斯托菲亚斯没有竞选连任，失去执政地位。

20世纪90年代至今，塞浦路斯劳动人民进步党迅速发展，取得了令人瞩目的成就。而这些成就是塞浦路斯劳动人民进步党进行理论探索和实践活动的结果。苏东剧变以来，塞浦路斯劳动人民进步党对塞浦路斯社会主义的发展道路进行积极大胆的探索与创新，并进行了大量的实践活动，初步形成了具有塞浦路斯特色的社会主义理论，即革新的社会主义理论。

# 第二章 塞浦路斯劳动人民进步党革新社会主义的历史条件

革新社会主义，是塞浦路斯劳动人民进步党充分发挥革命优点和传统，不断将马克思主义基本原理与时代特征和塞浦路斯具体国情相结合的产物。第三次科技革命和生产力的革命是革新社会主义的物质前提；时代主题的转换是革新社会主义的时代背景；塞浦路斯社会经济政治的发展变化、特征及社会矛盾等是革新社会主义的内在依据；当初世界社会主义运动和塞浦路斯劳动人民进步党面临的严峻形势是革新社会主义的直接需求；塞浦路斯劳动人民进步党的优良传统和革命精神是革新社会主义所不可或缺的主观条件。

## 第一节 第三次科技革命和生产力的革命

第三次科技革命在苏东剧变后迅猛发展；和平与发展的时代主题更为凸显，国家综合实力的竞争更为激烈；全球化和"反全球化"运动加速进行，金融自由化在经济全球化中的作用日益明显；资本主义占据优势，新自由主义盛行；世界政治格局中"一超多强"的局面出现新的序列易位和要素重组，欧盟一体化加速发展但困难重重；世界政党数目增多，其意识形态中性化和区域合作的趋势增强；全球性问题成为人们更加关注的焦点。

### 一 第三次科技革命和生产力革命

第二次世界大战以后，尤其是20世纪五六十年代以来，以核能、电子计算机技术和空间技术的发明和应用为主要标志的新科技革命开始兴起，并推动了生产力的第三次革命。

与以蒸汽技术为标志的产业革命和以电力技术为标志的科技革命不同，新科技革命的特点主要在于科学革命和技术革命的同步进行、互相促进；新材料技术、新能源技术、激光技术、海洋技术、信息技术、生物工程技术等高新技术如雨后春笋般地涌现，形成了群体化的发展趋势；人类知识爆炸性增长，人类智力极大解放；科技成果迅速向生产领域转化，科学、技术和生产的一体化趋势明显增强。新科技革命又称作"第三次科技革命"。

新科技革命的兴起，引起了社会生产力及其他各个方面的重大变革，使生产力发生了第三次革命。所谓生产力革命是指生产力结构和运行的全面变化①。前两次革命分别发生在 18 世纪 60 年代和 19 世纪 70 年代，第一次生产力革命是由工业革命推动的，第二次生产力革命是由电工技术革命推动的。第三次生产力革命在结构方面的主要表现是：就劳动资料来说，由电脑控制的自动化机器逐渐取代了传统的由"三机"系统构成的机器；就劳动对象而言，人工合成材料的问世，新资源的开发利用，尤其是信息资源这一非物质资源的广泛应用，从根本上改变了劳动对象的物质范围；就劳动者来看，脑力劳动者在劳动力结构中占的比例日益攀升，劳动者的素质显著提高。生产力构成因素的重大变革使社会生产力的运行呈现出新的特点，主要表现在以下几个方面。第一，科学技术已经成为推动社会生产力发展的决定性力量；第二，生产力的自动化、智能化、专业化和国际化广泛发展；第三，以新兴产业为代表的第三产业在社会产业结构中的地位逐步攀升，在自身成为生产力新增长点的同时，极大地改变了传统产业结构，其中信息产业成为国民经济中增长最快的一个产业，对其他产业的影响也越来越大；第四，市场机制和国家宏观调控在生产力的发展中发挥着不可替代的作用；第五，现代生产力的发展对生产关系、上层建筑和人们生活方式产生了巨大的影响，如资本社会化趋势加强，劳资关系缓和；社会结构由金字塔形向纺锤形或橄榄形过渡；国家管理经济和社会的职能加强，行政权力膨胀和权力法制化同时并存；人们的生活方式从节约式的消费方式向过度消费、超前消费和负债消费的方向转变；等等。

## 二　经济全球化和政治多极化

在新科技革命和第三次生产力革命的带动下，经济全球化与经济区域化飞速发展。经济全球化主要表现为生产经营全球化、贸易全球化、

---

①　[民主德国] 于尔根·库钦斯基：《生产力的第四次革命：理论与对比》，商务印书馆1984 年版，第 223 页。

投资全球化和金融全球化。在新自由主义和"第三条道路"理念的引导下，资本主义世界体系在经济全球化过程中得到不断拓展和加强。正如美国学者杰弗里·弗里登所说的："全球资本主义又一次繁荣鼎盛。正如 1914 年以前的情况一样，资本主义在全球推行；全世界走的是资本主义道路。"① 不过，在资本主义全球化的同时，金融危机和经济危机也跟着全球化了。世界经济的另一个特点是经济区域化加速发展。"当今世界上各种类型和层次的区域经济贸易集团和组织达 100 多个，其成员包括世界上大多数国家，分别体现了不同层次的经济区域化趋势，其中 70% 以上是 20 世纪 90 年代以后建立的。在各种类型和层次的区域经济贸易集团和组织中，欧盟、北美自由贸易区和亚太经合组织是影响最大的三个区域组织。"②

世界政治格局多极化也是新科技革命和第三次生产力革命蓬勃发展的结果。这一趋势在 20 世纪七八十年代就初现端倪，在资本主义世界形成了美、日、欧三足鼎立的局面，而社会主义阵营中的离心倾向也在加强，主要表现为"欧洲共产主义"的盛行，中国与苏联的对立和对抗，在广大的亚非拉地区，第三世界国家联合开展反对国际旧秩序的斗争也不断加强。苏东剧变后多极化趋势更是加速发展，形成了"一超多强"的新形势。

新科技革命和第三次生产力革命及其带来的一系列新变化，对塞浦路斯劳动人民进步党走向社会主义的发展道路提出了一系列需要解决的新问题，如关于时代特征问题、关于资本主义经济社会的新变化和未来社会新因素问题、关于资本主义政治的新变化、关于资本主义社会阶级结构新变化与党的阶级基础的问题、关于全球化问题、关于计划经济与市场经济的关系问题，以及社会主义革命策略问题，等等。所有这些问题都是塞浦路斯劳动人民进步党在探索社会主义发展道路中必须做出理论回答的问题。

---

① ［美］杰弗里·弗里登：《20 世纪全球资本主义的兴衰》，杨宇光等译，上海人民出版社 2009 年版，第 436 页。

② 聂运麟等：《历史的丰碑与艰难的探索》，福建人民出版社 2006 年版，第 470 页。

## 第二节 时代主题的转换

20 世纪上半叶，时代的主题是"战争与革命"；20 世纪下半叶尤其是 20 世纪 70 年代以来，世界形势发生了重大变化，"和平与发展"成为新的时代主题。革新社会主义就成为一种必然趋势。

### 一 和平与发展的时代主题

十月革命开辟了从资本主义向社会主义过渡的伟大历史时代，帝国主义战争与无产阶级革命、民族解放运动交错发展，战争与革命成为时代的主题。然而，20 世纪下半叶尤其是 20 世纪 70 年代以来，世界形势发生了深刻变化：美苏两国受核武器和大规模杀伤性常规武器的制约，谁都不敢首先发动战争。世界和平力量的增长速度超过了战争力量的增长，包括中国在内的第三世界国家以及苏美和其他发达国家人民经过战争的洗礼不希望再次卷入战争。新科技革命蓬勃发展，使经济和科技在世界竞争中的地位日益突出，世界各国都不得不认真对待。资本主义国家在第三次科技革命推动下，形成了你中有我、我中有你的相互依存格局，相互之间的利益冲突能够保持在可以控制的范围内。随着旧殖民体系的瓦解，新兴民族国家强烈要求发展民族经济。在这种情况下，引起帝国主义战争和无产阶级革命的条件均不成熟，争取和平、促进发展就成为世界各国人民最迫切的要求和最关心的事情。

### 二 新的机遇和思路

时代主题的转换对社会主义发展道路提出了新的挑战，变革传统社会主义观点成为一种必然。对于传统社会主义观点来说，暴力革命是实现社会主义的主要形式。在战争与革命的 20 世纪上半叶，通过暴力革命夺取政权，建立无产阶级专政有彪炳史册的榜样。但是，20 世纪六七十年代以来，时代主题发生的重大转型，使得暴力革命夺取政权，建立无产阶级专政变得日益艰难，因此，适时考虑通过和平民主的方式在议会和总统选举中夺取政权，就成为一种可能。因此，时代主题的变化要求必须变革旧观念，以新的发展理论和策略去适应时代主题的转换后的新要求。

时代主题的转换既对社会主义提出了挑战，同时又为革新社会主义理论提供了新的机遇。时代主题的转换为革新社会主义理论创造了相对宽松的国际环境。20世纪中叶，特别是70年代以后，维护世界和平的力量进一步发展壮大，总的形势比较缓和。尤其是苏东剧变后，冷战思维式微，人们开始以新的视角去包容社会主义与资本主义之间的对抗，加强社会主义与资本主义制度之间的趋同点。因此，这对于资本主义国家中的共产党来说，减少对抗性思维，加强包容性、协同性的政策调整，就有了良好的环境和乐观的前景。这样有利的国际环境在过去也是没有过的。塞浦路斯劳动人民进步党革新社会主义的理论和实践就是在这样的良好的外部环境中产生发展起来的。

## 第三节　塞浦路斯经济政治的发展变化

塞浦路斯是一个具有多重身份的国家。从经济发展水平看，它是发达资本主义国家中欠发达的国家，20世纪90年代以来，塞浦路斯经济从混合经济模式转向了新保守主义经济模式，结构性问题十分突出，当前深陷主权债务危机；从政治体制来看，它是一个总统制和民族分权的国家，1963年后就一直存在着"南塞"与"北塞"分治的政治局面，该问题的变化时常左右政局的变化；从其在世界格局中的地位来看，它是欧盟的成员国之一，但对英国、俄罗斯等强国又有着强烈的依赖性；从社会阶级结构看，资产阶级的总数在减少，工人和其他劳动人民向第三产业转移，中产阶级和个体户以及移民增多；从社会矛盾的角度来看，其社会问题复杂，塞浦路斯本身存在着垄断资本同广大人民群众尤其是工人阶级的尖锐矛盾，还有土族和希腊族之间的民族矛盾，以及塞浦路斯和土耳其、希腊等国的矛盾，同时塞浦路斯又与帝国主义强国之间存在着严重矛盾。塞浦路斯社会经济政治的这些特点为塞浦路斯劳动人民进步党革新社会主义理论提供了重要的依据。

### 一　塞浦路斯经济的发展变化及特点

独立之初，由于岛国的特点和长期的殖民统治，使塞浦路斯形成了以农产品和矿产品出口为主，基本无工业的严重依附性经济结构。其特征一是以农业为主，全国绝大多数人口是靠天吃饭的农民，农业劳动力占总劳动力的40%，由于长期受浇灌不足和耕地分割田块太小而不利于机械化生产的影响，农业生产率相当低，生产的粮食不能自给。二是工业落后，只有简单的食品、饮料、服饰加工、采掘和传统手工业，而且规模小，工人少，没有形成国民经济的支柱性工业产业。整个经济主要靠出口农产品和矿产品换取外汇，用以进口日用工业品。独立之初虽受民族冲突困扰，塞政府实施的两个发展国民经济五年计划，使国家基本摆脱了依附性经济结构。然而，1974 年的土耳其入侵，使刚刚步入全面发展之路的塞浦路斯遭受灭顶之灾，经济濒临崩溃边缘。塞政府连续制订并实施了四个"紧急经济行动计划"，仅仅 20 多年，不仅恢复和发展了经济，而且创造了经济发展之奇迹。

20 世纪 90 年代，塞浦路斯经济经历了变革和转型，从混合经济模式转向了新保守主义经济模式。民主大会党政府在 20 世纪 90 年代中期自觉地放弃了塞浦路斯独立以来直到 1993 年的社会经济发展的混合经济模式。代替混合经济的发展模式是新保守主义经济模式。这一发展模式是由促进经济全球化的跨国公司和国际金融中心所推动的，它是基于以下原则：神圣化的自由市场，其法律和个人主动性以及消除国家干预经济生活的任何政策；逐渐取消国家的社会角色；采取反人民的经济政策侧重于数字和指数，旨在通过税收和削减福利增加国家收入；不惜任何代价与欧洲政策融合，不论是否会造成社会不平衡；取消塞浦路斯产品的海关保护却不附带生产部门的扶持政策；价格自由化却并未取消寡头；利率自由化却不能保障住房、教育和其他贷款；在以欧洲协调的名义下不愿支持而且还破坏合作化运动；选择性采纳欧洲共同体，有时政府歪曲地介绍塞浦路斯对欧盟的义务，其目的是促进大资本的利益。

由此可见，20 世纪 90 年代以来的塞浦路斯社会经济是由外部因素和内部因素共同决定的。伴随着新保守主义资本主义模式的经济全球化，它已经影响了塞浦路斯社会经济环境。同时，塞浦路斯社会，作为全球资本主义社会经济制度的有机组成部分，受到了社会和经济变革的巨大影响，导致了经济结构和阶级结构的改变。经济全球化促进和加强了竞争和野蛮市场的极端资本主义的发展模式，引起私有化政策、经济"自由化"、弹性工时、劳动力成本低等。这种模式得到当地大资本的支持，并已经被民主大会党政府批准为正式的国家政策。政府建立了理想的"自由市场"及其法律，并以此为加入的借口，与欧洲共同体保持和谐，尽力满足《马斯特里赫特条约》的标准，其宗旨是实施利于高阶层而损害低阶层的社会经济政策。这项政策也使塞浦路斯经济在民主大会党政府之前经历的健康稳定发展埋下隐患。

伴随着经济发展模式的变革和转型，20世纪90年代塞浦路斯经济体现了以下特征和趋势：

第一，塞浦路斯的经济的发展速度仍然高于全球的平均增长水平。截至2008年，塞浦路斯的经济发展速度年均增长达到4%，略高于20世纪90年代的全球平均增长水平，远高于21世纪头十年的全球平均增长水平。

第二，尽管其有特殊性，但塞浦路斯经济是全球资本主义的内在的不可分割的一部分。塞浦路斯经济进一步融合进全球经济尤其是欧洲经济的过程加速完成。现在，塞浦路斯的经济比以往更加依赖于欧洲经济。全球化对塞浦路斯经济造成了强大的外在压力。塞浦路斯经济的小规模性和开放性是扩大和加强它对欧盟依赖性以及决定其未来方向的主要原因。

第三，塞浦路斯经济遵循着发达国家的发展趋势，这种趋势就是服务部门的重要性超过其他经济部门。同时，资本集中和资本集聚获得了加强，尤其是在塞浦路斯证券交易的启动和运转。民主大会党政府的失败和不愿使生产部门（制造业、建筑业和农业）现代化已经导致了三个部门产生严重的矛盾。这次失败的后果是加剧了经济的结构性问题。短短十年间，塞浦路斯经济发展迅速转向第三产业，如旅游、贸易、金融和其他服务业等。一方面，是服务业的片面发展，尤其是旅游业，其收入占到国内生产总值的50%多；另一方面，政府却忽视生产部门（工业和农业部门）的现代化，尤其是基础工业。农业收入占国内生产总值的3%，工业收入占国内生产总值的15%。

第四，公共赤字和债务是长期存在的结构性问题，破坏了经济稳定。长期以来，公共赤字和债务已经占到塞浦路斯国内生产总值的65%。民主大会党政府不仅未能控制赤字，而且还不断增设国家机构和扩大政府公务开支，从而将问题传递给后代，造成了目前的僵局。必须通过国家的现代化、公平的税收制度和控制开支才能控制赤字。

第五，塞浦路斯经济的持续增长在过去的五年已停止，并发生严重的经济危机和债务危机。危机是资本主义制度的结构性危机，是这一时期民主大会党政府推行经济结构变革和加速融入欧盟经济的结果。

**二　塞浦路斯政治的发展变化与特征**

第一，塞浦路斯的政治结构。

1959年2月，英国、希腊、土耳其签订《苏黎世—伦敦协定》，希腊、土耳其、塞浦路斯三国签订《联盟条约》。希腊、土耳其、英国三国保证塞浦路斯的独立。1960年8月16日，塞浦路斯宣布独立，成立塞浦路斯共和国，组成两族联合政府。1963年年底，两族因制宪问题发生严重流血冲突。1974年7月，希腊右翼军人政权在塞浦路斯策动政变，土耳其以此为由出兵。1975年2月，土耳其族宣布建立塞浦路斯土族邦。1983年，土耳其族宣布成立北塞浦路斯土耳其共和国（北部的37%），但不获国际承认。2004年4月24日，举行全民公决，科菲·安南的塞浦路斯统一方案结果无效。同年5月1日，塞浦路斯共和国（希腊族区，有效统治的区域为该岛63%的面积）单独加入欧盟，成为欧盟正式成员国。

1960年公布的宪法规定，塞浦路斯政体是总统共和国制，总统为国家元首兼政府首脑，代表国家行使各项职权，任期五年。总统由希族人担任，土族人任副总统，行政权属总统、副总统，他们对行政方面的重大决定均有最后否决权。总统、副总统对议会通过的法案拥有否决权。2013年2月，民主大会党主席阿纳斯塔西亚迪斯当选总统，并组建以民大党为核心、民主党和欧洲党参与的三党联合政府。

塞浦路斯议会实行一院制，议会每五年选举一次，独立之初，议会共有50个席位，其中希族35席，土族15席。1964年两族冲突爆发后，土族议员退出议会。1985年通过宪法修正案。议席增至80个，其中希族56席，土族24席（土族长期以来另立议会，共50个席位，由土族各党派通过选举产生）。现议会2011年5月选出，为塞第10届议会，议长为社会民主运动党主席雅纳基斯·奥米卢，任期五年。议会56个议席分配情况如下：民主大会党（右翼）20席，劳动人民进步党（左翼）19席，民主党（中右）9席，社会民主运动党5席，欧洲党2席，绿党1席。

塞浦路斯政府实行总统内阁制。总统是国家元首、政府首脑。尼科斯·阿纳斯塔西亚迪斯在 2013 年 2 月总统选举中获胜，成为塞第七任总统。议会和内阁分立，内阁部长不能同时为议员。总统有权否决议会通过的有关外交、国防和安全方面的法律，但对议会通过的其他法律和决定，总统只可延缓实施，把法律退回议会，由议会在 15 天内再审议。如议会仍坚持原来的意见，总统必须公开颁布。总统可亲自到议会发表讲演或致函议会，亦可通过各部长向议会转达其意见。各部长可向议会各专门委员会作出咨询。各部长宪法上没有必须出席议会或专门委员会听证的义务，但一般当议长和专门委员会主席要求他们这样做时无人拒绝。总统出国时，由议长代理总统。议会在其任期届满之前可以自行解散，但在作出解散决定前必须规定大选的时间。大选的时间不能晚于议会解散后的 30—40 天。选举实行比例制。新议会选出后的第一次会议必须在大选后的 15 天举行。年满 18 岁的公民都有选举权和被选举权，全国各地在同一天进行直接秘密投票，选举产生议会。

塞浦路斯司法机构有最高法院、刑事法院、区级法院、宗教法院（希族）和家庭事务法院（土族）。最高司法理事会由共和国总检察长和最高法院院长及法官组成。

塞浦路斯设置独立官员和机构。根据宪法，塞浦路斯设有一些独立的官职和机构，不属于任何部门管辖。主要官员有：总检察长、总审计长、央行行长、巡视官（1991 年设立）；主要机构有：公共服务委员会（the Public Service Commission）、教育服务委员会（the Education Service Commission）和计划局（the Planning Bureau）。

第二，塞浦路斯的政党类型和关系。

1. 民主大会党（Democratic Rally）：议会第一大党，执政党。1976年 7 月 4 日成立。约有党员 1 万人，多系银行家、工商企业家、律师、医生和高级职员等。该党主张对内发展西方民主，对外同希腊等西方国家及欧盟大力发展政治、经济和文化等关系，主张通过谈判解决塞问题。主席阿维罗夫·奈奥菲多（Averof Neofyto）。

在国内许多问题上与塞浦路斯劳动人民进步党政见不一致，彼此经常互相指责。塞浦路斯劳动人民进步党认为民主大会党是一股极右势力，是塞浦路斯亲西方的代理人，民主大会党则认为塞浦路斯劳动人民进步党是斯大林主义者，是一股顽固力量。在总统竞选中，各自阻止对方候选人上台，两党关系较为紧张。该党主席格拉夫科斯·克莱里季斯（Glafkos Ioannou Kliridis）于 1993 年当选国家总统，并于 1998 年获得连任。该党目前是塞议会第一大党，也是最大的执政党。

2. 劳动人民进步党（The Working People's Progressive Party）：议会第二大党，在野党。1926 年 8 月成立，前身为塞浦路斯共产党。1941 年改组并改现名。现有党员 1.4 万人。该党主张各党派合作制定解决塞问题的共同路线和策略。2008 年 7 月，该党在议会审议《里斯本条约》时投反对票。总书记安德罗斯·基普里亚努（Andros Kyprianou）。

3. 民主党（Democratic Party）：执政党。1976 年 7 月 11 日成立。约有党员 8000 人，成员多系中小企业主、职员、自由职业者和富裕农民等。基本目标是实现国家统一和完全独立，争取国家的进步和经济发展。主张维护塞的独立、主权、领土完整、统一和不结盟。坚持土耳其从塞撤军和根据联合国决议寻求解决塞问题。主席马里奥斯·卡洛扬（Marios Karoyian）。

塞浦路斯劳动人民进步党曾与该党进行过合作，1978 年支持民主党主席斯皮罗斯·基普里亚努（Andros Kyprianou）当选总统。1982 年 4 月，塞浦路斯劳动人民进步党与该党签署了两党合作的最低纲领。在 1983 年 2 月的总统竞选中，支持基普里亚努连任总统。1984 年 12 月，两党因对解决塞浦路斯问题的立场有重大分歧，合作破裂。2003 年，塞浦路斯劳动人民进步党、社会民主运动党与民主党联合，该党主席塔索斯·帕帕佐普洛斯在总统大选中胜出，三党开始联合执政。2008 年，塞浦路斯劳动人民进步党主席季米特里斯·赫里斯托菲亚斯在总统大选中胜出，三党继续联合执政。

4. 社会民主运动（Social Democratic Movement）：在野党。社会民主运动党前身为 1970 年 5 月成立的塞浦路斯社会党。党员约 3000 人。该党目标是促进民族和社会的发展，对内主张机会均等、消灭人剥削人的制度，在人民控制生产资料和资源的基础上建设社会主义；对外反对美国和北约对塞的控制，主张积极发展与不结盟国家、社会主义国家和阿拉伯国家的关系。该党曾于 1998 年参政，1999 年由于克莱里季斯总统决定不在塞南部部署俄制地空导弹而退出政府，与中央重组运动（Movement for the Regrouping of the Centre）合并后易名，但很快分裂。

主席雅纳基斯·奥米卢（Yiannadis Omirou）。1978 年塞浦路斯劳动人民进步党与该党联合支持民主党主席斯皮罗斯·基普里亚努当选总统，三党联合执政，2008 年，三党继续联合执政。

5. 欧洲党（European Party）：2005 年 6 月成立。由欧洲民主党、新视野党和一位独立人士联合组成，主席迪米特里斯·希路瑞斯（Demetris Syllouris）。

土族主要政党：（1）共和土族党（Republican Turkish Party）：1970 年成立，主席麦赫迈特·塔拉特（Mehmet Talat）。（2）民族团结党（National Unity Party）：1975 年成立，主席德尔维什·埃尔奥卢（Dervic Eroglu）。（3）民主党（Democratic Party）：1993 年成立，主席塞达尔·登克塔什（Sedar Denktas）。（4）族社解放党（Communal Liberation Party）：1976 年成立，主席穆斯塔法·阿肯基（Mustafa Akinci）。（5）和平民主运动（Peace and Democracy Movement）：主席穆斯塔法·阿肯基（Mustafa Akinci）。（6）改革党（Reform Party）：2006 年成立，主席图尔加伊·阿夫基（Turgay Avci）。（7）新塞浦路斯党（New Cyprus Party）：1989 年成立，主席阿尔帕伊·杜尔杜兰（Alpay Durduran）。

第三，从 20 世纪 80 年代尤其是 90 年代以来，塞浦路斯的社会阶级结构和阶级关系发生了新变化。这体现在以下几方面：

20 世纪 90 年代以来，民主大会党推行经济结构转型，从混合经济模式转向新自由主义经济发展模式。与此相伴随的是，劳动人口从传统工业（建筑业、制造业、农业经济）转向服务业。其中，工人阶级就业和生活压力越来越大。民主大会党推行的新自由主义政策对工人阶级充满攻击性：政府作出系统的努力使公共利益机构私有化，政府单方面的、专横的决定削减"生活津贴"制度，单方面与"欧洲共同体"妥协，向低、中等收入水平等征收重税。同时，雇主奉行削减工人工资和津贴的政策，在引进所谓的灵活就业形式、季节性就业和国内就业解除管理制度的幌子下，积极破坏和削弱工人集体协议和工会运动的作用。

同时，大规模的移民临时工的就业现象特别是没有证件的移民已经成为工人、工会运动和社会的主要问题之一。失业率不断增长和过度开发现象以及把移民工人作为廉价的替代劳动力，从而把压力施加于国内工人是更加明显的。

农民随着农业自由化、减少关税等不利条件压力统一倍增。不公平的进口竞争，使塞浦路斯农产品竞争力下降，同时由于干旱和其他灾害使生产成本增加，农业收入大幅减少，农业债务却不断攀升。在当地信用社的农业债务从 1991 年的 6600 万美元上升到 1995 年的 1.17 亿美元甚至 1999 年达到 1.42 亿美元。农业部对国民生产总值的贡献下降到 4.5%。

中间阶层包括自由职业者、手工业者、店主、司机、商人和专业人士，他们经受了大资本的压力和竞争。因为这一事实，他们的经济和政治利益在更大程度上与有薪水的员工而不是那些大资本不谋而合。

塞浦路斯的青年一代生活的社会制度中，利益被美化，竞争趋于激烈，个人主义和自私情结"扼杀"了社会团结，一部分青年转变为以自我为中心的社会元素。边缘化，无权利，并远离集体参与和行动，清楚地表明了他们的处境。这是一个制造"虚假意识"的制度，在这个制度下，通过幻想对年轻人进行动员。官方数据显示 2010 年以后的失业率已经达到 5%。应当指出，大量的失业者并没有在就业局登记，也并不在官方数据之内。如果他们包括在内，失业率将会更高，超过 5%，或者将达到 1.3 万名失业者。失业率的增加是生产部门经济萎缩的结果。另一个因素是官方政策和政府遵循外国解决工人问题的做法。显而易见，政府未能制订和实施培训计划，也未能引进促进年轻毕业生就业的机制。

塞浦路斯妇女的地位与过去相比明显上升，但实现妇女获得平等参与社会的权利的路程依然漫长。今天，妇女在塞浦路斯社会生活的各个领域，包括政治、经济、社会、家庭和文化领域都发挥着重要作用。尽管妇女积极参与国家的政治、经济和生活，但她们在塞浦路斯社会中占据的地位与她们的贡献和发挥的作用不相符。她们缺席决策中心和政策起草中心。

根据官方数据，7 万塞浦路斯人民或 1/10 的岛上人口生活在社会可接受的贫困水平。塞浦路斯 37% 的领土是由阿提拉占领，并造成了大量难民。

塞浦路斯经济政治的发展变化是塞浦路斯劳动人民进步党重新认识塞浦路斯的社会性质、发展阶段、社会矛盾和阶级斗争状况，科学制定革命的战略和策略，确定社会主义革命的性质、任务、方式方法、阶级力量的配置和革命发展阶段的基本依据。

## 第四节　世界社会主义运动和塞浦路斯劳动人民进步党面临的严峻形势

革新社会主义是社会主义运动自身发展的要求。20 世纪 80 年代末90 年代初，社会主义运动遭受到的严重挫折，同时塞浦路斯劳动人民进步党党内出现了分裂危机，迫切要求塞浦路斯劳动人民进步党进行理论创新，采取新的斗争策略，把塞浦路斯社会主义运动引向健康的发展道路。

### 一　苏东剧变后世界社会主义的严重挫折

苏东剧变是 20 世纪世界历史上最重大的历史事件之一。1989 年在世界历史上以"东欧年"而闻名，从这一年的 9 月波兰政府改换门庭开始，东欧其他七个社会主义国家如多米诺骨牌一样，相继发生了更换国家性质和政体形式的"政治地震"，其速度之迅猛、程度之激烈、影响之深远都是人们的想象所难以企及的。更为严重的是，时隔一年，苏联这个世界诞生最早、力量最强、规模最大的社会主义共和国也发生了"震级"更高的"政治剧变"。一个在世界上存在了 69 年的、由 15 个加盟共和国组成的苏维埃社会主义共和国联盟在一年多的时间内分崩离析，取而代之的是波罗的海三国①和由 12 个独立国家组成的联合体②。从此，苏联作为国际法主体和地缘政治现实已不复存在了。20 世纪 80年代末到 90 年代初东欧和苏联发生的改易旗帜、更换门庭的根本性变革在世界历史上被称为"苏东剧变"。

苏东剧变改变的不仅仅是苏联和东欧地区的社会主义制度，整个世界社会主义运动都因此遭受到严重挫折，一时跌入了第二次世界大战以

---

①　波罗的海三国为立陶宛、拉脱维亚、爱沙尼亚。

②　独联体现在的成员国有：俄罗斯联邦、白俄罗斯共和国、乌克兰、摩尔多瓦共和国、亚美尼亚共和国、阿塞拜疆共和国、塔吉克共和国、吉尔吉斯斯坦共和国、哈萨克斯坦共和国、乌兹别克斯坦共和国。2005 年 8 月，土库曼斯坦宣布退出独联体，2008 年 8 月 14 日，格鲁吉亚宣布退出独联体，2009 年 8 月 18 日正式退出。

来的最低谷。苏东剧变后的短短几年中，社会主义国家由原来的 15 个减少到 5 个，原苏东地区的 9 个社会主义国家的共产党失去执政地位，变成了由非共产党执政、非社会主义取向的近 30 个主权国家。坚持社会主义的越、朝、古、老、中等国家在 20 世纪 90 年代初面临着发达资本主义国家的封锁、遏制和打压，举步维艰。发达资本主义国家共产党力量也急剧下降，党内普遍出现退党现象，有的党发生分裂，有的党改变了党的名称、性质，有的党已解散消失，有的党甚至被当局禁止活动。以发达国家集中的欧洲为例，其共产党由苏东剧变前的 35 个减少到 21 个，党员总数由 260 多万减少到不足 100 万。北美和大洋洲的共产党也出现了分裂和改易旗帜的情况，亚洲的日本共产党更是由 1989 年 50 多万党员减少到 20 多万。在广大的发展中国家，共产党也受到苏东剧变的强烈冲击，有的党思想混乱，有的党组织分裂，有的党甚至被剿灭。在遭受如此打击的情况下，各种资本主义力量、反共势力以及社会民主党在国际国内制造反共浪潮有"黑云压城城欲摧"之势。

## 二　塞浦路斯劳动人民进步党内的严峻形势

临近东欧社会主义国家的塞浦路斯也受到了波及，塞浦路斯劳动人民进步党在党内外面临着十分严峻的形势。在党外，塞浦路斯劳动人民进步党遭到资产阶级及其组织的言语攻击和恶意破坏，以及社会民主主义的暗中渗透；在党内，出现了严重的思想分歧，并迅速演变成"分裂活动"，1990 年 7 月，丁格里斯等分裂派分子另立"民主社会主义革新运动"，丁格里斯任主席，但该组织影响较小，90% 以上的党的基层组织和党员仍站在党中央一边。

面对世界社会主义运动和塞浦路斯社会主义运动的空前深刻的危机，塞浦路斯劳动人民进步党冷静地应对，认真反思了世界社会主义运动和塞浦路斯社会主义运动发展的历史经验和教训，深刻认识到苏联模式的严重弊病和传统社会主义理论的严重缺陷，从而觉悟到必须对党原有的理论和政策进行新的调整，并与时俱进地创新党的理论和策略，将塞浦路斯社会主义运动引向健康发展的道路，否则塞浦路斯的社会主义运动将是没有希望的。革新社会主义正是在这种严峻形势下马克思主义政党理论自觉的表现。

## 第五节　塞浦路斯劳动人民进步党的优良革命传统和革命精神

### 一　优良传统

塞浦路斯劳动人民进步党的优良传统具体表现在以下两个方面：

第一，自觉将马克思列宁主义的基本原理运用于塞浦路斯的实际。在 80 多年的艰苦奋斗历程中，塞浦路斯劳动人民进步党运用马克思主义的立场、观点和方法联系时代特征和塞浦路斯实际，解决了塞浦路斯革命过程中遇到的一系列实际问题，领导塞浦路斯人民多次开展了反殖民主义斗争并最终取得了胜利，在第二次世界大战期间勇敢领导了反法西斯主义的斗争。实践证明，将马克思列宁主义与塞浦路斯实践相结合的优良传统是塞浦路斯劳动人民进步党探索社会主义发展道路的根本原则。

第二，和工农群众密切联系在一起。人民群众是社会实践的主体，是历史的创造者。塞浦路斯劳动人民进步党十分注重党群关系，始终同广大人民群众团结战斗在一起。塞浦路斯劳动人民进步党是工人阶级有组织的先锋队，党始终与工人阶级战斗在一起；1995 年塞浦路斯劳动人民进步党十八大上专门就农民问题和妇女问题进行了讨论；2000 年塞浦路斯劳动人民进步党十九大上专题研讨了工人运动和社会运动的结合问题；2005 年塞浦路斯劳动人民进步党二十大就塞浦路斯青年和移民、难民问题进行了研讨，开启了党与青年关系的新篇章；2010 年塞浦路斯劳动人民进步党重点就妇女问题进行了研讨。正是在同包括工人、农民和青年在内的广大人民群众密切联系在一起，塞浦路斯劳动人民进步党才能够战胜一个个困难，取得一系列重大的胜利。因此，密切联系群众是塞浦路斯劳动人民进步党探索社会主义发展道路上的一大法宝。

### 二　革命精神

塞浦路斯劳动人民进步党在 80 多年的争取自由、民主和社会主义的斗争实践中，形成了自己特有的、世代相传的优良革命精神，其实质就是对马克思主义和社会主义的坚定信念和对工人阶级和广大民众的高度责任感。塞浦路斯劳动人民进步党的革命精神可以概括为以下三个方面的内容：第一，革命信念坚定。在塞浦路斯劳动人民进步党 80 多年的历史上，塞浦路斯劳动人民进步党一刻也没有放弃过马克思列宁主义思想的指导，一刻也没有动摇过社会主义和共产主义信仰，一刻也没有抛弃过无产阶级国际主义原则，从没有也永远不会签署向国内外资产阶级示意"悔改"的声明，从没有也永远不会有向改良主义和机会主义寻求妥协的意愿。第二，革命英雄主义精神。从 1926 年 8 月 15 日那一天开始，塞浦路斯劳动人民进步党就领导和组织工人和广大人民群众，先后开展了反对殖民主义、反对法西斯统治、反对帝国主义干涉、反对土耳其占领、反对沙文主义、反对资产阶级政权的各种斗争，并取得了重大成就。塞浦路斯劳动人民进步党也为此付出了惨重的代价，尽管如此，塞浦路斯劳动人民进步党人从来没有因为怕苦、怕累、怕死而退步，而是展现出一种勇于战斗、无坚不摧的革命精神。第三，革命乐观主义。尽管塞浦路斯劳动人民进步党历史上 1/5 的时间里被迫处于地下斗争状态，尽管塞浦路斯劳动人民进步党历史上发生了严重的挫折，但这些都消磨不掉塞浦路斯劳动人民进步党人的革命意志、反而使它越战越勇、百折不挠，为实现社会主义和共产主义而不懈奋斗。

　　塞浦路斯劳动人民进步党把马克思列宁主义基本原理联系实际、密切联系群众的优良传统，以及坚定的革命信念、革命英雄主义和革命乐观主义的精神已经融入党的生命和血液之中。正是在这些优良革命传统的指引下，塞浦路斯劳动人民进步党才在遭到残酷镇压、外来侵略等各种情况下，坚持不懈、矢志不移、毫不气馁地探索社会主义发展道路，因此，塞浦路斯劳动人民进步党优良的革命传统是革新社会主义所不可或缺的主观条件。

# 第三章 塞浦路斯劳动人民进步党革新社会主义的理论主张

苏东剧变后，塞浦路斯劳动人民进步党将马克思主义的基本原理与塞浦路斯的实际相结合，创造性地走出了一条适合于塞浦路斯的民主与社会主义发展道路，形成了新的理论体系。这一理论体系回答了在新的历史条件下如何正确对待马克思主义、如何看待资本主义新变化、塞浦路斯如何实现社会主义和建设社会主义、塞浦路斯劳动人民进步党如何加强和完善党的自身建设等一系列问题。

## 第一节 塞浦路斯劳动人民进步党对资本主义的总体认识

### 一 关于资本主义发展阶段的看法

塞浦路斯劳动人民进步党认为，现代资本主义正处于这个社会制度发展的特殊阶段——国家垄断资本主义。它鼓吹今天的国家垄断资本主义是一种加速前进的制度，自诩现代资本主义尤其是发达资本主义国家有能力从各种矛盾困境中走出来，甚至能够决定其他国家的命运。资本主义历史性地再调整过程在其社会经济体制的发展中成为一种新的现象，是伟大的十月社会主义革命和20世纪二三十年代资本主义经济大萧条之后现代资本主义的一个鲜明特点。这种新特点就是能够在保留资本主义基本制度的同时，又能够跳出窠臼，不拘泥于一些旧的过时的形式。这种现象存在的原因在于：（1）资本主义自身的弱点以及新的社会制度社会主义的出现对资本主义施加了一定的压力，同时增强了劳动人民的斗争能力；（2）工人阶级为改善生活水平及提高工作条件而进行的斗争；（3）充分利用科技革命的成果导致生产力出现难以置信的快速发展；（4）资本主义国家新的作用和功能；（5）资本主义国际组织和相互信任的建立；等等。

然而，资本主义在调整自己努力克服自身的矛盾的同时却面临着一个僵局。无论是社会矛盾还是其他方面的矛盾，无论是旧的矛盾还是新的矛盾，它都无法解决。尽管资本主义没有放弃它的意识形态和世界政策，资产阶级的经济学家和理论学家们依然认为资本主义是唯一能提供高水平的生活和自由的制度，但这些人忘记了不论是在发达资本主义国家还是在发展中资本主义国家中，除了富人和暴利商人外，还生活着很多失业的、忍饥挨饿的，甚至是无家可归的人。这些人都是资本主义制度的产物。现代发达资本主义的一个重要现象就是 1/3 的人口构成了社会最贫穷的一部分。因此，阶级矛盾和阶级斗争在发达资本主义国家中并未消失。而且，资本主义社会存在的种族、民族、性别歧视以及对人民群众基本人权的剥夺的事实也不应该被故意忽视。我们不应该忘记的还有，对第三世界长达几十年的开采和掠夺是资本主义发展的一个基本因素这样一个事实。很明显，资本主义没有克服固有的危机也不能给人类面临的矛盾找到一个出路。

**二 关于帝国主义新秩序的看法**

塞浦路斯劳动人民进步党把帝国主义新秩序定义为：以美国为首的帝国主义寻求维持和扩大在经济、政治和军事战略领域的霸权。国际政治领域盛行的不是国际法和国际关系的互相尊重，而是列强主要是美国及其盟友的特权。第二次世界大战形成的不干涉其他国家内部事务原则和主权国家原则以及尊重领土完整原则，今天已经被在"捍卫人类权利和民主"的名义下进行肆意的公开干预所替代。当前，帝国主义的手段不断翻新，有时通过破坏国际法和实施双重标准的政策和做法，依靠侵略和战争来建设帝国主义新秩序；有时通过控制进行推广，通过所谓的主义替代联合国，如"先发制人"战略；在某些情况下，通过一定的所谓的"维和"和新的"人道主义使命①"进行推广；还通过国际关系的不断军事化，升级军备竞赛企图不断扩大势力范围，扩大美国和北约的军事基地，挑起种族或宗教摩擦和支持腐败的司法制度进行推广；还通过所谓的"天鹅绒"革命和"颜色"革命，遏制人权自由，并通过实施反恐法律进行推广。同时，帝国主义之间的斗争也在发展着，竞争也涉及盟国或者联盟内国家。人民自主选择发展道路的权利也因西方势力的

---

① Theses of the C. C. of AKEL for the 20th Congress，http：//www. akel. org. cy.

干预而被提出质疑。美国及其盟友控制联合国已经发展到新阶段,这必将削弱国际组织,对世界和平与稳定也构成威胁。帝国主义新秩序根本不能保证和平、自由和社会公平。对于进步势力来说唯一正确的选择是坚决抵抗帝国主义新秩序和争取恢复国际法在国际关系中的作用。

国际恐怖主义甚嚣尘上并被帝国主义作为实现其新秩序的手段之一。恐怖主义被看作争夺国家权力和发动民族解放与社会斗争的手段,而民主化不能通过实行武力威胁而取得。美国及其盟友想要维持并扩大其在世界各个角落的政治、经济和战略霸权。2001 年"9·11"恐怖袭击使其以防御性战争为借口加强帝国主义政策。这一政策的最具代表性的例子就是阿富汗、伊拉克和利比亚战争。此外,企图通过民主化的外衣用各种手段推翻所有这些与美国不友好的国家。帝国主义以打击恐怖主义为借口,制定和强加臭名昭著的法律,限制人权和政治自由,侵犯公民的个人信息,并在打击恐怖主义的名义下企图使他们的罪行和政策"合法化"。没有恐怖主义他们就图谋恐怖主义。塞浦路斯劳动人民进步党谴责以任何形式给无辜的人带来灾难的恐怖主义。恐怖主义并没有推动人民斗争,恰恰相反,却给帝国主义的侵略斗争带来了借口。塞浦路斯劳动人民进步党认为打击恐怖主义是一项集体任务,应在联合国的主持下采取共同行动。打击恐怖主义必须消除其产生的根源,如由于帝国主义本身引起的、困扰着整个世界的贫穷、饥饿、疾病、剥削、不公正、不平等和压迫。打击恐怖主义必须尊重国际法、每个国家的主权和领土完整以及人民尊严。

一方面是所谓的世界新秩序不断巩固他的国际立场,然而,同时国际舞台上的其他方面的发展也具有重要意义,不应该被忽视。"新秩序"在世界各地遇到了阻力。中国正逐渐成为一个经济大国,其国际影响也不断提高。俄罗斯的影响不断加强,是超级大国。在拉丁美洲,革命正在发展。

帝国主义的对立面是共产党和工人党的进步运动。苏联解体和东欧剧变后,进步运动在不利条件下继续进行活动。在我们的时代,进步运动具有意识形态和政治性质,在某些情况下,它也延伸到党内。因此,进步运动继续关注思想政治凝聚力的缺乏,因为凝聚力会影响效率。右翼和社会民主主义培养了虚无主义,这利用了之前社会主义国家的错误和扭曲，所以必须予以打击。不幸的是，甚至一些共产主义政党和左翼政党通过批评和自我批评也支持这一进程，这等于放弃了他们的性质。

塞浦路斯劳动人民进步党向为争取民族独立、民主、社会进步和社会主义而奋斗的进步党和进步运动致以温暖的问候。塞浦路斯劳动人民进步党始终坚持的立场是，继续为国际和地区的共产党、工人党和其他进步党最大可能的合作、协调以及团结而奋斗，以采取共同行动和政策，无论何时都应该以尊重一个特定政党的性质为基础。我们不赞成任何企图坚持排外思想、家长作风和监管运动，干涉其他政党的内部事务和采取可能损害左翼政党之间团结的草率举措。当然，这并不否定每个政党对有关左翼政党的现实持有重要观点的权利，当然是在互相尊重的框架内。

### 三　关于全球化和新自由主义的看法

全球化是人类发展的自然过程，但跨国公司和大国实施的全球化对其他国家尤其是"第三世界"造成了破坏。几百万人民陷入饥饿和贫穷。新自由主义反人民的经济模式和饱受赞扬的市场经济只为跨国公司的利益服务，不断抨击劳动人民的成就、削减国家福利、失业急剧增加以及其他事件使劳动人民的经济形势恶化，甚至在发达国家也是如此。显而易见，资本主义不断地产生社会不平等和不公正，它不可能从自身固有的矛盾中解放出来。劳动人民已经开始意识到新自由主义的僵局和假象，并已经开始反抗。

因此，今天的经济全球化是为大资本服务的，尤其是发达国家的跨国公司。实质上，跨国公司的全球化是"新秩序"在经济领域的体现。我们应该谴责所谓的世界新秩序和跨国公司的全球化，我们谴责战争，谴责干涉和违反国际法。我们要求北约解体，它没有任何存在的理由。我们毫无保留地表达了那些为自由、独立、民主和社会进步而奋斗的人民的团结。

恐惧和替代经济模式的力量已经导致资本集中并在全世界实施了保守的资本主义模式，即新自由主义。这一资本主义模式不仅能够损害劳动人民利益和国家社会福利，也会增加失业和贫穷。至于发展中国家和贫穷国家，他们承受着新自由主义的巨大后果。他们被迫满足西方发达国家的要求，接受国际货币基金组织、世界银行和世界贸易组织强加给他们的条款。资本主义制度的本质特征不公正和不平等不仅体现在国内，也延伸到国际社会。美国及其盟友发动的阿富汗和伊拉克战争使真正的国际反战运动建立起来。反全球化运动和反战运动为挑战新自由主义和新秩序带来了希望。然而，这些运动仍然处于发展的初期阶段。

新自由主义全球化的后果已经导致了许多反应，主要是在 2001 年于巴西的阿雷格里港创建了世界第一届社会论坛，反对世界贸易组织和八国集团的游行示威，以及通常所谓"反全球化运动"。左翼政党和进步社会力量的责任是在国际、欧洲和国内进一步发展与社会论坛的合作，使他们获得适当的以阶级为基础的方向，并在抵制推行未经人民同意的国际经济模式中发挥重要作用。

在国际社会和欧洲加强左翼政党和进步政党的合作与协作，使左翼政党能够抵制世界新秩序和新自由主义全球化，能够采取有利于世界各族人民，尤其是中低收入的阶层的变革。塞浦路斯劳动人民进步党将继续为这一目标而工作并采取措施。

### 四　关于欧盟的看法

1. 关于欧盟性质的看法

塞浦路斯劳动人民进步党认为，欧盟是资本主义政治和经济一体化的形式。它源于增强西欧大资本扩大行动领域的能力的需要，也源于尽可能在面对资本主义世界中心——美国和日本时扩大西欧的政治和经济利益的需要。

今天，新自由主义主宰着欧盟，建立在《里斯本条约》基础上的欧盟越来越依赖于北约。欧盟与我们的愿望和欧盟的左翼政党的一贯原则相距甚远，与建立一个民族、劳动人民团结，社会公正与和平的欧洲的愿望相距甚远。塞浦路斯劳动人民进步党将继续致力于这一愿望。它将继续保卫欧洲劳动人民的权利，反对欧洲议会和左翼团体中的新自由主义。塞浦路斯劳动人民进步党不会赞同欧盟的教条式立场。在劳动人民和群众动员的压力下，欧盟内部出现了积极发展。总统赫里斯托菲亚斯对欧洲议会和部长理事会的干涉使在一些情况下作出的决定具有积极作用。塞浦路斯劳动人民进步党将继续在其社会经济标准的基础上研究欧盟政策。我们将继续评估那些来自欧盟的积极因素。同时，我们将继续与所有反对我们价值观的力量做斗争，并提交建设性的建议。塞浦路斯劳动人民进步党将继续发展与欧盟的机构和政治社会力量的关系。塞浦路斯劳动人民进步党参与欧盟事务的主要目的在于促进塞浦路斯的发展。欧盟的两个成员国法国和荷兰强烈抵制新自由主义。我们把对欧盟宪法的投票结果看作抵制新自由主义社会经济政策，在过去几年已经在这些国家实施，努力使这些政策制度化。现在我们的责任是继续与欧洲其他进步力量一起为人民的利益制定另一个公约。

2. 关于塞浦路斯加入欧盟的看法

1995 年，关于塞浦路斯加入欧盟的条件，塞浦路斯劳动人民进步党在第十八次代表大会的决议中强调："塞浦路斯加入欧盟的前提条件是欧盟帮助解决塞浦路斯问题，塞浦路斯人民的社会和经济发展权利得到捍卫，在此基础上，塞浦路斯劳动人民进步党将支持塞浦路斯加入欧盟。"

1995—2000 年发生了两个重要事件。第一个重要事件是 1995 年的卢森堡决定，塞浦路斯开始就加入欧盟进行谈判，塞浦路斯举行关于土耳其关税联盟的投票。第二个重要事件是 1999 年 12 月的赫尔辛基决定，因为这个决议，土耳其成为加入欧盟的候选国家。根据赫尔辛基决定，塞浦路斯问题的解决方案不再是加入欧盟的前提条件。两个决定的共同特点是土耳其获得了关税联盟，并且成为加入欧盟的候选国，但它却未对解决塞浦路斯问题付出一点贡献。这样的情况是可以避免的。正如第十八次代表大会所提到的："希族塞人方面对联合国秘书长的初步行动保持一致，并展示出了建设性的态度。如果在联合国的主导下，还不能解决塞浦路斯问题，土耳其的不妥协立场将会崩塌。这是塞浦路斯加入欧盟最确定的方式。这也将避免我方成为这一事业牺牲者的危险。"①

然而，克莱里季斯政府不稳定政策将塞浦路斯问题不能解决的责任归咎于希族塞人方面和国际社会关于塞浦路斯问题的僵局。这一情况不符合事实，从登克塔什和土耳其阻碍解决塞浦路斯问题时起，他们就是最大的责任方，也是他们阻碍了塞浦路斯加入欧盟的进程。

---

① POLITICAL RESOLUTION OF THE 18th CONGRESS OF AKEL, http：//www. akel. org. cy.

　　关于土耳其成为候选国，塞浦路斯劳动人民进步党始终相信它必须与解决塞浦路斯问题所取得的成就联系起来。自从 1990 年开始，欧盟委员会就决定将土耳其加入欧盟的事业与塞浦路斯问题的进展联系起来。关于如果土耳其被给予候选国，它将会对塞浦路斯问题更具有建设性的争论事实已经证明是毫无根据的。土耳其被给予关税联盟也引起了同样的争论。看看事情的进展就知道了，土耳其正式宣布放弃联邦的解决方案，并坚持邦联的解决方案，直到今天它仍然坚持这一立场。

　　加入欧盟是安卡拉的战略目标，基于这一原因，塞浦路斯劳动人民进步党坚持将在塞浦路斯问题上的进展作为土耳其加入欧盟的先决条件。具体地说，必须给予两个前提条件。

　　第一，欧盟不应该陷入赫尔辛基决定的误解，不管塞浦路斯问题的解决把塞浦路斯作为正式成员。第二，加入不应该仅仅涉及自由区，应该涉及整个塞浦路斯共和国，不管是否部分地区仍然是土耳其的占领区。只有在这样的条件下土耳其才会面临联邦解决方案或者是在入盟之前为联邦解决方案而进行合作，这是最理想的结果；或者入盟之后占领区视为欧盟的区域。

　　以上提及的目标是实现入盟事业和解决塞浦路斯问题的催化剂，它在本质上使塞浦路斯政府重新评估优先权，在安理会决议和高级协议的基础上努力解决塞浦路斯问题。

　　塞浦路斯劳动人民进步党不同意只有自由区加入，也不同意为了入盟而接受一个糟糕的解决方案。我们确信自由区的加入仅仅意味着分裂，而一个糟糕的解决方案不会因为加入欧盟而得到改善。正如第十八次代表大会所强调的："加入进程的政治方面和它对解决塞浦路斯问题斗争的贡献对塞浦路斯劳动人民进步党来说仍然是首要问题。对我党来说它是对任何入盟协议的最终立场，将作为其基本准则，主要看这一协议是否有助于在这些原则的基础上找到解决塞浦路斯问题的公正的可行的方案。我们会毫不犹豫的反对我们认为偏离方向的协议。"[1]

---

　　① POLITICAL RESOLUTION OF THE 18th CONGRESS OF AKEL, http://www. akel. org. cy.

### 3. 关于塞浦路斯入盟后的分析

塞浦路斯共和国及其所有领土加入欧盟从 2004 年 5 月 1 日起实现。但这也是在入盟之前发生系列活动的主要原因，这甚至导致塞浦路斯举行独立的公民投票。因此，欧洲确实在围绕解决塞浦路斯问题上有所帮助。然而对塞浦路斯劳动人民进步党所警告的有关解决方案的内容却没有起到帮助作用。十八次代表大会已经提出塞浦路斯劳动人民进步党关于塞浦路斯加入欧盟问题的立场："欧盟的目的并不是调整解决方案以适应共同体，无论如何都将走向重要的分歧——有时违反欧盟的传统观念和做法——但是将继续支持联合国作出的每次努力与这些努力所达成的协议。"①

因此，正如塞浦路斯劳动人民进步党所作出的精确的预测，加入欧盟对于灵活性具有决定性的意义，然而这却与解决塞浦路斯问题的内容无关。结果我们被迫抵制安南计划，因为它并没有作任何修改，而且塞浦路斯在加入欧盟之时并没有获得统一。

尽管我们在加入欧盟之前所作的努力并没有取得成功，塞浦路斯劳动人民进步党仍然坚定地致力于解决塞浦路斯问题。正如中央委员会关于加入欧盟的声明指出："后者不能以任何方式取代我们在两区两族联邦的框架下实现国家和人民的和平统一的目标。"②

塞浦路斯以正式成员的身份加入欧盟，它应该继续被看作解决问题的驱动力量。发达国家加入欧盟之前解决问题的动力不应该停止，而应该在以后的事件中得到保障。在加入欧盟之后任何培养放松和嚣张的现象的可能尝试都是破坏性的，应当避免。各界提出有关加入欧盟使两区两族联邦解决方案的战略目标不可行的争论削弱了解决问题的动力。塞浦路斯劳动人民进步党将坚决反对任何此类的企图，因为这不利于解决问题和实现统一。

应该继续利用土耳其加入欧盟以解决塞浦路斯问题。在开始的入盟谈判中，土耳其已经有义务与十个成员国签署海关联盟的延伸协议，包

① POLITICAL RESOLUTION OF THE 18th CONGRESS OF AKEL, http://www. akel. org. cy.

② Statement of Central committee of AKEL, http://www. akel. org. cy.

括塞浦路斯共和国。这样的发展并没有获得证实认可。然而，它与贸易协定无关而是一种先进的关系，随着时间的推移将事实上承认发展动力。在解决塞浦路斯问题中继续利用土耳其的欧盟路线是非常重要的，即使这一路线在批准宪法条约的困难中会遇到问题。

尽管入盟与实现祖国和人民的统一不一致，但发展的动力和土耳其的入盟路线有帮助作用，如果合理利用，就会有助于实现塞浦路斯问题的解决。塞浦路斯劳动人民进步党利用并将继续利用所有的论坛以促进塞浦路斯问题的解决。

在塞浦路斯加入欧盟之后，塞浦路斯劳动人民进步党作为正式成员参加欧洲左翼联盟团体（北欧绿色左派）的欧洲议会，而且它也参加欧洲委员会的联合左翼的议会。通过在这些团体中的活动，塞浦路斯劳动人民进步党致力于开创一个更加民主和社会公正的欧洲，同时也推行关于塞浦路斯问题的立场。

关于建立欧洲左翼政党，塞浦路斯劳动人民进步党从一开始就支持并参与其中，并认为政党能够满足欧洲左翼政党之间的协作与团结的需要。然而，塞浦路斯劳动人民进步党在建立政党的条件成熟之前出现了许多草率的行动。塞浦路斯劳动人民进步党认为需要扩大欧洲政党的团结，这也是为什么每一次行动都要慎重和沉着冷静。

但是，2014年经济危机发生后，塞劳进党召开非常代表大会专门批判了欧盟给塞浦路斯人民带来的危害。塞浦路斯共和国正式加入欧盟已经十年了。人民渐渐地明白了《布鲁塞尔决议》以及塞浦路斯在欧盟当前的局势带给塞浦路斯人民的影响。被强加的反人民的决议得到了塞浦路斯共和国政府的支持，这给塞浦路斯人民的心中留下更深的伤痛。

欧盟是资本主义一体化的先进组织。在此基础上，欧盟的一体化加剧了全球资本主义危机爆发的可能性。欧盟通过的系列决议，是制度化的新自由主义，起到了损害国家的作用，加强对工人权利和公共财富的破坏，提高了跨国公司和大国的利益。另外，欧盟与国际货币基金组织的制度化合作加剧了欧盟政策反人民性，同时也损害了许多小成员国的利益。

就外交政策来说，欧盟国际关系军事化是基于所谓的将先发制人的战略法律化实现的，欧盟与北约加强联系，建立共同的目标以及在第三世界国家强制建立新的世界秩序。欧盟百万欧元的预算用于武装计划和军事任务，同时其他方面的支出被大幅削减遏制。

在这些条件之下，塞浦路斯劳动人民进步党继续坚持与其他共产党、左翼、进步党合作。塞劳进党努力阻止新自由主义废除工人阶级所得，但在恶性竞争的旗帜下垄断形势恶化，中小企业倒闭，支持弱势群体的政策被遏制，失业率和贫困率上升。政府必须采取措施反对欧盟机构体实施的反对国家主权的行为。

塞浦路斯人民就是这些政策的受害者，他们致力于为保护自身生活而斗争。塞浦路斯劳动人民共产党认为即将进行的欧洲议会选举就是个很好的机会，塞劳进党将把这个消息公布于塞浦路斯国内外。塞劳进党将会一直努力致力于维护塞人民和欧盟人民的利益。

4. 关于欧洲宪法的看法

塞浦路斯劳动人民进步党经过广泛的党际对话，在众议院对拟议的欧洲宪法投了反对票。其反对欧洲宪法的原因如下：宪法实施新保守主义；瓦解社会；在所谓安全的名义下限制公民的政治权利；在打击恐怖主义的名义下限制个人自由；依赖外国和北约的国防政策；违反国际法使国际关系军事化；间接使欧洲服从美国；持续降低欧洲议会的欧盟唯一民主选举机构这一立法角色；民主赤字持续存在，基本权利宪章没有约束力；在"否定"票之后欧盟领导层不接受该条约重新进行谈判的不民主行为已经证实其在实质上不代表人民。

塞浦路斯劳动人民进步党认为，需要去创造一个不一样的欧洲，一个和平、民主和社会公正的欧洲。塞浦路斯劳动人民进步党愿与整个欧洲的左翼力量一起继续为创造不一样的欧洲而奋斗。

**五　关于全球经济危机的看法**

全球经济危机是资本主义制度的结构性危机。资本主义的基本矛盾是资本主义危机的根本原因。资本主义发展生产力并使生产最大化。然而同时，它将财富和权力集中在拥有生产资料的少数人手中，尤其是跨国公司。同时，新自由主义也是其原因之一。塞浦路斯劳动人民进步党认为，"新自由主义反人民的经济模式和吹捧的市场经济只为跨国公司的利益服务。它不断损害劳动人民的利益、削减国家福利、使失业急剧增加以及劳动人民的生活水平逐渐下降，甚至发达国家也遭受同样的破坏"。① 至于发展中国家和贫穷国家，他们承受着新自由主义的消极后果。他们被迫接受西方发达国家通过国际货币基金组织、世界银行和贸易组织强加给他们的条款，进一步推进开放。资本主义制度的本质特征即不公正和不平等不仅体现在国内，也延伸到国际。因此，在全球范围内实施的新自由主义已经导致了目前前所未有的经济危机，无论其广度还是强度都是前所未有的。世界上的劳动人民都为危机付出了沉重代价，数百万人失业。而且资产阶级政府正在寻求通过增加劳动人民的负担来克服危机。所以塞浦路斯劳动人民进步党认为，左翼政党和进步社会力量的责任就是在国际、欧洲和国内进一步发展与社会论坛的合作，使他们在抵制未经人民同意的国际经济模式中发挥重要作用。同时，阶级斗争在全球正在加强。世界上数百万的劳动人民为捍卫他们的权力而奋斗。世界经济危机的解决更需要社会主义思想，需要没有剥削和追逐利益的社会，也需要从剥削中解放出来，并且需要社会团结。

全世界人民正在为他们的正当事业和权利斗争，为反对资本主义、新自由主义和跨国公司的无政府状态而斗争，为社会正义和社会主义而斗争。世界经济危机动摇了资本主义的基础，然而，这并不意味着剥削制度即将结束。控制人民意识的宣传机制作用很大。需要许多有组织的斗争，因此，真正的自由和社会正义的太阳将会升起。以阶级为基础的力量和国际工人以及共产主义运动的职责就是处于这些斗争的最前线，通过其政策团结更广泛的力量和群众。

塞浦路斯劳动人民进步党代表在第 12 次共产党和工人党国际会议上指出，现在绝大多数经济学家和政治家认为目前的经济危机只作为一种货币现象，当然会对"实体经济"产生负面影响。他们认为所需要的基本措施是调节货币，监管金融领域。这种理论认为金融领域相对于"实体经济"是中立的。

塞浦路斯把世界经济危机的影响拖延了将近一年。必须指出的是，这场危机对塞浦路斯就业和生产的影响不能与欧洲联盟其他国家相比。塞浦路斯失业率增加了 2.5%，同时国内生产总值创造了下滑约 1.7%

---

① Theses of the C. C. of AKEL for the 20th Congress, http：//www. akel. org. cy.

的纪录。在过去一段时期，塞劳进党一直都在积极地防止雇主解雇工人和雇员或防止解除对劳动关系的管制，并在政治层面进行干预，以应对危机。

赫里斯托菲亚斯政府实行了为人民服务的社会和经济政策，并实施了具体措施，以实现两个目标：一方面努力减轻危机对劳动人民的影响，另一方面，刺激经济和刺激增长。其方法是增加公共投资，其中包括针对低收入家庭的庞大的住房计划。此外，它杜绝任何强化私有化和削减生活津贴的企图。它还特别强调提高退休人员和急需公共援助的其他群体等弱势群体的购买力。政府正在采取相应的措施来增加旅游业的就业机会，因为旅游业也受到了危机的影响。

2013 年后这场危机及其反人民的政策和措施正在支配着经济和社会领域，而且帝国主义企图进一步巩固和扩大在政治、军事和地缘政治领域的霸权。这里指的是前几天刚刚在里斯本召开的北约首脑会议（2013 年 11 月 19—20 日），在这次会议上北约 2020 年新战略概念获得批准。其作为代表帝国主义地缘战略和经济利益的世界警察的作用得到进一步巩固。很显然，北约正在通过进一步削弱联合国和国际法来实现这个目标。

此外，我们正面临着欧洲联盟的军事化。在制定欧洲防务和安全政策十年后，在开始执行里斯本条约一年后，欧盟现在已有许多法律，并正在通过各种方式强化其帝国主义的性质，特别是建立了各种机构，以壮大欧盟的军备，正如他们所说，这将为欧盟提供"发挥其全球作用的必要工具"。

### 六　关于塞浦路斯经济危机的看法

受全球资本主义经济危机和欧债危机的影响，2012 年 6 月，塞浦路斯爆发了自 1974 年以来最严重的经济危机。危机爆发前后，塞浦路斯劳动人民进步党始终站在劳动人民的立场上，采取了一系列挽救措施，但由于其没有抓住具体问题具体分析这一马克思主义"活"的灵魂，以及塞国内外政治力量的政治博弈等原因，导致危机没能得到有效控制。

为加入欧盟，塞浦路斯共和国从 1998 年开始，就根据欧盟的要求进行政策调整，并于 2004 年和 2008 年分别加入欧盟和欧元区。加入欧盟后，塞浦路斯选择了独特的发展道路，即把塞浦路斯打造成欧洲的"避税天堂"，通过实施一系列优惠政策，成功地吸引了来自世界各地的投资，塞浦路斯银行总资产急剧膨胀，银行业一跃成为塞浦路斯的支柱性产业。为充分利用外资，塞浦路斯政府进行高风险投资，其中购买了大量塞浦路斯债券，这就为后来的经济危机埋下了隐患。

1. 塞浦路斯经济危机的发生发展过程

受全球资本主义经济危机和欧债危机的影响，从 2010 年开始，塞浦路斯经济增长急速下降，并逐步出现负增长，但这一局面并没有得到扭转，最终酿成了经济危机。根据危机程度，可以将其分为三个阶段。

第一阶段：酝酿和爆发阶段，即 2010 年 6 月到 2012 年 6 月。2010年 6 月，塞浦路斯主权债务危机爆发，并迅速席卷整个欧洲，到 2011年 5 月传染至塞浦路斯，使塞浦路斯持有的塞浦路斯债券大幅度贬值，塞银行业对塞浦路斯的敞口达到 280 亿欧元，而塞浦路斯"减记"事件，更是使塞浦路斯直接损失 50 亿欧元，最终造成塞浦路斯财政亏空，银行系统瘫痪，市场融资困难。2012 年 6 月，塞浦路斯政府向欧盟和国际货币基金组织提出救助申请，标志着塞浦路斯经济危机全面爆发。

第二阶段：恶化阶段，即 2012 年 7 月到 2013 年 2 月。塞浦路斯政府提出救助申请后，欧盟出于政治、经济等方面的原因并没有立即启动欧洲稳定机制，双方而是陷入了长达八个月的谈判旋涡中。在这期间，塞浦路斯经济每况愈下，形势进一步恶化。

第三阶段：复苏阶段，即 2013 年 3 月至今。阿纳斯塔夏季斯上台执政后，很快接受了"三驾马车"提出的苛刻条件，达成救助协议，并逐步实施协议规定的措施，展开"救赎"行动，塞浦路斯经济也开始进入复苏阶段。

2. 塞浦路斯劳动人民进步党对危机原因的分析

塞浦路斯经济危机残忍地反映出塞浦路斯经济中存在的重大问题，而且对塞浦路斯劳动人民进步党来说，更是一把"利剑"，不仅严重考验着其执政能力，并最终导致其下台。虽身为"局中人"，但塞浦路斯劳动人民进步党对危机的分析和判断还是比较客观的。

第一，全球资本主义经济危机和欧债危机是造成塞浦路斯经济危机的直接原因。在经济全球化背景下，各国经济日益联系在一起，任何一国的经济波动都有可能波及全世界。2008 年美国爆发金融危机，使本来就不景气的全球经济，特别是发达资本主义国家的经济遭受重创，而2010 年塞浦路斯主权债务危机引发的欧债危机对欧洲国家来说，更是雪上加霜。由于历史原因，塞浦路斯共和国（以下简称塞）与塞浦路斯的关系非常密切，塞浦路斯的经济直接与塞浦路斯经济挂钩。由此，塞浦路斯主权债务危机的爆发以及塞浦路斯经济的持续低迷，直接诱发了塞经济危机。也正是这个原因，塞浦路斯劳动人民进步党认为，塞经济危机不是由赫里斯托菲亚斯政府造成的，是由资本主义固有矛盾引起的，是资本主义制度本身的产物。

第二，塞浦路斯经济中长期存在的结构性问题是造成塞经济危机的根本原因。塞浦路斯劳动人民进步党总书记安德罗斯·基普里亚努曾在2011 年 11 月的一次讲话中指出，"虽然我国经济有着坚实的基础，但由于长期存在的结构性问题等原因，必须采取措施应对经济危机。"①就是说，他承认塞浦路斯经济中长期存在的结构性问题是造成危机的内在原因之一。加入欧盟后，为把自身打造成"避税天堂"，塞政府选择了以虚拟经济为主导的发展模式，大力发展金融业、旅游业等虚拟经济，相对忽视了农、工业等实体经济的发展。据相关资料显示，到2012 年年底，塞浦路斯经济结构中第一产业仅占 2.3%，第二产业占15.4%，第三产业却高达 82.3%。这种离开实体经济的支撑盲目发展虚拟经济的模式，"纵然可以取得一时的繁荣，但易形成的风险的过度累积，进而引发严重的经济危机。"②

第三，塞浦路斯相关部门和欧盟的监管不力是造成塞经济危机的重要原因。塞浦路斯劳动人民进步党认为，塞银监会和欧盟的监管不力以及他们的一些错误决定不仅造成塞银行业资金的巨大缺口，而且还导致塞对欧洲稳定机制的过分依赖。其实，塞国相关机构的监管不力是与存款保险制度分不开的。早在 2000 年，塞国就建立了存款保险制度，但由于其国内生产总值小，存款保险制度不可能对所有的银行存款提供担保。然而。塞银监会却没有重视这一现状，而是过分"依赖存款保险

---

① Speech of the Generd selretary of C. C. of AKEL, http：//www. akelory. cy.

② 陈雨果：《塞浦路斯经济金融危机的成因及警示》，《青海金融》2013 年第 7 期。

体制来约束和管理银行，从而放松对银行业的监管，对于商业银行的高风险运作行为、违规操作、国际资本流动等疏于管理和审查，"① 致使塞银行业暴露于巨大的风险敞口中。同时，欧盟对塞银行的监管不力也间接助长了这次危机。正如德国《明镜周刊》所说，所有一切都是在一大堆监管者的眼皮底下发生，"监管太松"是一大错误。

第四，塞国内外利益集团的纷争是塞经济危机不断加剧的主要原因。危机期间，塞浦路斯劳动人民进步党领导人曾在讲话中多次呼吁各政治力量保持克制和负起责任，抛开选举考虑，正视危机的真正原因，谴责欧盟不是一个"和平、民主、公正的欧盟，人民的欧盟"。这些讲话表明，塞浦路斯劳动人民进步党认为，塞国党派之争及欧盟内部利益集团之争加剧了塞经济危机。这些纷争表现在三个方面。首先，执政联盟的分裂。2008 年塞浦路斯劳动人民进步党选举成功后，组建了以塞劳进党为核心，民主党和社会民主运动参与的执政联盟，但由于政见分歧，社会民主运动和民主党相继推出执政联盟，导致塞浦路斯劳动人民进步党的各种改革方案难以获得议会多数支持。其次，执政党与在野党之争。由于阶级立场、政见的不同以及为争夺政权，在野党特别是主要反对党民主大会党置危机于不顾，多次否决塞劳进党的提案，使其难以实施。最后，欧盟与俄罗斯的政治博弈。据塞浦路斯银行统计，在塞浦路斯的 700 亿欧元存款中，近 200 亿欧元是俄罗斯人的存款。因此，塞提出救助申请后，欧盟迟迟不愿意启动欧洲稳定基金，就是不愿意为俄罗斯人"埋单"。

本人认为，塞浦路斯劳动人民进步党只是指出了危机发生的客观原因，并没有指出主观原因。2013 年 3 月以前，身为执政党，塞浦路斯劳动人民进步党的一些错误决定也是造成塞经济危机的重要原因。例如，当塞浦路斯决定减记债务时，塞浦路斯劳动人民进步党并没有申请豁免，也没有向外部求助，错过了救援的最佳时机。因此，塞经济危机是主客观原因共同作用的结果。

3. 塞浦路斯劳动人民进步党对塞浦路斯经济危机特征的分析

从塞浦路斯劳动人民进步党的一些讲话中可以总结出，塞浦路斯劳

---

① 郭春松：《塞浦路斯银行危机及启示》，《中国金融》2013 年第 10 期。

动人民进步党认为此次危机呈现出两大特征。

第一，危机程度深，影响范围广。此次经济危机造成塞银行系统瘫痪，旅游业、建筑业等行业持续萎缩，中小企业破产，失业人口急剧增加，人民生活水平严重下降，甚至一度威胁到国家的存亡，是1974年以来塞经历的最严重的经济危机。另外，危机还影响到欧盟内部的团结，给欧洲的一体化进程蒙上一层阴影。

第二，经济危机政治化。危机被国内外政治势力所利用，不仅成为在野党争权夺利的工具，而且还成为欧盟与俄罗斯政治博弈的舞台，塞浦路斯不幸成为他们的政治牺牲品。

4. 塞浦路斯劳动人民进步党对塞浦路斯经济危机性质的分析

塞浦路斯劳动人民进步党只是认为此次经济危机是全球资本主义经济危机和欧债危机的延续，并没有明确指出其性质。

马克思在《资本论》中根据金融危机的表现形式将其分为两种类型：第一类是作为生产和商业危机先导阶段的金融危机，实质是商品生产过剩危机，表现为生产和商业停滞等；第二类是发生在金融系统内部的独立的金融危机，实质是虚拟资本商品过剩危机，表现为虚拟资本的价格暴跌等。塞经济危机首先是由塞浦路斯债务危机引发塞浦路斯银行系统的崩溃，使依靠虚拟资本膨胀所支撑的高风险投资难以维持，因此，塞此次危机属于第二类性质的危机。

5. 塞浦路斯劳动人民进步党应对经济危机的措施

危机前后，塞浦路斯劳动人民进步党根据危机的程度，分别采取不同的应对措施。

第一阶段，从欧债危机爆发到2012年5月，塞浦路斯劳动人民进步党坚持独立应对经济危机。塞浦路斯劳动人民进步党第二十一次代表大会指出，尽管世界经济危机带来了困难，但赫里斯托菲亚斯政府的亲民计划正在被实施，也取得了一些成绩。一个非常重要的工作已经并将继续改变塞浦路斯的现实并提高人民的生活质量。赫里斯托菲亚斯政府已经处理和解决塞浦路斯社会长期存在的问题；扩大福利国家坚决支持需要国家和社会援助的阶层，进行根本性的变革以促进社会现代化和渐进改革以及引进革新，直到几年前这些对于塞浦路斯来说都是不可想象的。赫里斯托菲亚斯政府正在解决水资源问题，解决农业债务问题，支持饲养禽畜农民，维护社会保障基金的可持续性，改善公共交通，出台对贫困线以下低收入的养老金领取者的支持计划，建立复活节奖金，提高对难民和学生的福利，这些都是具体的例子。

赫里斯托菲亚斯政府执政以来，社会福利增加30%。除了一些具体的措施，赫政府已经制定并实施了全方位的住房政策，制订移民政策和阿卡马斯问题的解决方案，正在促进公共管理的现代化和行政程序的简单化、已经为塞浦路斯的现代城市和发展空间规划和管制建立了良好基础。地方自治的改革也构成了根本性变革。在教育领域赫政府实行了教育改革。第一次为能源领域建立良好基础，推广能源政策。在环境领域，可持续发展和建立固体废物综合管理单位、建设覆盖所有市区和地方社区的绿地是赫政府的主要举措。国民警卫队的法制管理正在统一和现代化。

塞浦路斯劳动人民进步党第二十一次代表大会强调政府工作从来没有遇到反对派如此强烈的消极立场和其他势力不断施加的障碍和困难。尽管存在这些困难，大会呼吁政府继续实施方案和政策。大会坚定地支持政府的工作，同时希望政府对工作进行全面系统地规划时实现大众化。政府工作的规划和大众化是消除对反对派和其他势力的虚无主义的最有力的回击。塞浦路斯劳动人民进步党也已经在规划和大众化中发挥重要作用，这说明他也维护政府的工作。

塞浦路斯劳动人民进步党通过分析和干预，建议和提案，继续协助政府实施各项政府计划。塞浦路斯劳动人民进步党中央委员会咨询局呼吁通过具体政策、措施和行动加强其工作，并向政府提交。

因为塞浦路斯积极参与世界经济，所以世界经济危机自然也影响了塞浦路斯。旅游部门和建设部门是主要受影响的部门。危机对许多其他世界国家的影响小得多，尤其是欧洲。这是由于塞浦路斯经济缺乏稳健性和强大的管理架构；也由于民主联盟党和其他势力施加压力，但深陷危机的国家并没有采取新自由主义政策。塞浦路斯劳动人民进步党与以阶级为基础的工会运动一直是冲击新自由主义的最强大壁垒，也证明了党是服务于劳动人民和国家。

塞浦路斯劳动人民进步党第二十一次代表大会欢迎赫里斯托菲亚斯政府以负责任的方式处理危机。他通过三项措施使国家经济增长到5.1

亿欧元。正如欧洲委员会指出的，这些措施很及时，并且方向正确。国际机构判断塞浦路斯经济比其他欧洲国家受到的影响程度轻，这是因为赫里斯托菲亚斯政府采取了措施。这些措施已经发挥了重要作用，人们已经看到了经济复苏的最初迹象。塞劳进党主张，应该采取更多措施，例如，根据利润提高企业税和根据财产多少提高大额房产税，反对小党的狭隘利益和反对反对派和其他势力在选举前采取完全消极立场。

危机主要影响劳动人民，尤其是那些失业者。塞浦路斯劳动人民进步党并没有因经济的复苏而自满，它将继续奋斗直到消除危机。塞劳进党政策的基本思想是：危机的负担不能强加在劳动人民身上。资本家也必须承担相应的部分，实际上是大部分。

塞浦路斯劳动人民进步党第二十一次代表大会欢迎政府对杜绝暴利做出的努力。显而易见，即使在所谓的自由市场的框架内也必须实施保护消费者的措施。放宽市场理论与其他新自由主义理论已被现实本身所否定。大会欢迎政府对加强保护竞争委员会和消费者利益服务，以及在商务部建立观察平台以监管价格。大会呼吁国家机关在打击暴利中要更加果断地监管和调控市场，并及时地采取适当措施。塞浦路斯劳动人民进步党支持人民，并组织消费者和工会运动反对暴利。

塞浦路斯劳动人民进步党第二十一次代表大会对塞浦路斯社会滋生的腐败现象，交织的既得利益和有组织犯罪表示担忧。显然这些现象不仅与黑社会有关，也与经济利益有关。大会呼吁国家和社会坚决消除腐败、交织的既得利益和与组织犯罪。作为塞浦路斯劳动人民进步党，我们将通过提交提案努力实现这一目标。

第二阶段2012年6月，当危机一触即发政府又无力解决时，开始求助于"三驾马车"，随后与"三驾马车"展开长期谈判。首先，赫里斯托菲亚斯政府采取了幅度较小的紧缩性财政政策。赫里斯托菲亚斯政府一方面实施财政整顿计划，削减财政支出，如降低公务员工资、承诺五年内削减5000名公务员，取消多元化养老金等；另一方面实施一揽子计划，打击偷税漏税行为，增加国民收入。从2011年8月开始，将增值税由15%增至17%，将年收入6万欧元以上的个人所得税由30%增至35%，存款利息税由10%调升至15%。同时还相继增收不动产税、奢侈品税、面积超过300平方米的房产税，向俄罗斯贷款25亿欧元满足融资需要等。还有就是，通过一些新的优惠措施吸引新投资，促进实体经济的发展。如为海外投资者发放多次入境的签证、为风险公司提供法律保障、加快发行地契和建筑许可证等。其次，完善社会保障机制，增强社会凝聚力。给社会弱势群体提供长期的基金援助；给失业人员提供失业救济金；为中小企业建立担保基金；呼吁国内政治力量摒弃分歧、同心协力，通过社会对话寻求共识的解决方案；呼吁全国人民根据自己的经济能力为国家度过危机贡献力量等。再次，向"三驾马车"申请救助。赫里斯托菲亚斯政府采取的"自救"对策并没有达到预期的效果，塞经济形势持续恶化。此时，政府接受财政部的建议，向欧盟和国家货币基金组织提出救助申请，希望借助欧洲稳定基金和国际贷款对国内银行进行重组。但令塞浦路斯政府失望的是，"三驾马车"并没有像救助希腊那样立即启动欧洲稳定基金，而是与塞浦路斯展开长期谈判。但由于双方在如何降低债务率、未来谁应该偿还债务等关键问题上分歧明显，导致谈判始终未果。同时，俄罗斯也出于各方面考虑，拒绝向塞再次贷款。这样，塞政府寄希望于欧盟和国际贷款的计划以失败告终。

第三阶段，2013 年 3 月塞浦路斯劳动人民进步党下台后，坚决反对新政府与"三驾马车"达成的救助协议，提出退出欧元区的替代方案。对经济危机的不力应对，直接导致塞浦路斯劳动人民进步党在2013 年 3 月的大选中失利。新政府上台后，迫于国内严峻的经济形势，不得不重启与"三驾马车"的救助谈判，并且被迫接受了"三驾马车"提出的救助协议备忘录，实行严厉的紧缩性财政政策，大幅度削减工资和养老金，以"强盗"的形式没收部分银行存款，进行银行解散和重组，将国有资产私有化等。很明显，这些措施与塞浦路斯劳动人民进步党先前的政策完全相反，引起塞浦路斯劳动人民进步党的强烈反对。塞浦路斯劳动人民进步党认为，备忘录的实施将导致大量中小企业破产，失业率急升，贫困人口增加，经济陷入恶性循环之中，因此，必须停止备忘录。同时，塞浦路斯劳动人民进步党基于欧盟其他国家的经验和对欧盟未来的预测，在 2013 年 3 月份的政治提案中，提出了退出欧元区的方案，具体内容如下：欧洲条约只是规定了退出欧盟的机制，并没有规定退出欧元区的机制；欧盟所做的一项研究表明，既可以通过强迫的方式，也可以通过有序的方式以及修改条约来退出欧元区；既可以根据国际法原则和主权平等原则退出欧元区，也可以通过终止欧洲货币联盟条约退出欧元区；退出欧元区同时意味着退出欧盟，这是欧盟内外成员国一体化的产物；与各政党结束对话后，塞浦路斯共和国不得不将各政党对话的目标作为谈判的目标，很显然，政府和各政党在此事上的立场是一致的；通过与欧盟进行政治谈判，有序的退出欧元区是塞浦路斯所期望的。但到目前为止，这一提案并未被阿纳斯塔夏季斯政府接受。

　　客观上讲，塞浦路斯劳动人民进步党作为一支马克思主义政党，在危机面前始终站在工人阶级和劳动人民的立场上，坚决的维护广大人民群众的利益，真正贯彻了为劳动人民服务的宗旨。但它并没有用发展的眼光来看待危机，也没有利用一切从实际出发、具体问题具体分析的原则去应对危机，而是过度地追求民众支持率，这就造成了对马克思主义的教条化。因此，只有将马克思主义基本原理与本国实际相结合，灵活地发展和运用马克思主义，一支马克思主义政党才能有所作为。

## 第二节　塞浦路斯劳动人民进步党对社会主义的整体评价

　　人类沿着一条既艰辛又矛盾的道路迈进了 21 世纪。当今世界在各个领域都发生了翻天覆地的变化：生产方式的，自然环境的变化，人类意识的变化等，但也存在着很多复杂的矛盾，除了和平与战争的矛盾，资本主义与社会主义两种制度的矛盾，资产阶级与劳工阶级的矛盾外，新的矛盾诸如人类与其周围环境的矛盾，发达国家与发展中国家的矛盾，世界上三分之二的穷人与三分之一的富人之间的矛盾都一并呈现出来了，所有这些矛盾不可避免地考问我们：这个世界是什么样的？社会主义的地位是什么？社会主义的未来又会是怎样的呢？

### 一　塞浦路斯劳动人民进步党对当今世界及其矛盾的分析

　　塞劳进党认为，现代世界是一个复杂的多元世界，充满了对抗和矛盾。当今世界的主要矛盾是挽救人类的可能性和人类灭亡的危险之间的矛盾。解决这个问题需要全人类统一的行动。基本矛盾就是资本主义与社会主义以及资产阶级与劳工阶级之间的对抗。解决此矛盾势必要花费相当长的时间，因为目前这两种社会经济制度在和平、合作与竞争的精神下共处。当今世界资本主义国家尤其是帝国主义强国之间的矛盾将继续存在。发达资本主义国家和第三世界的矛盾是十分明显的，而且这种矛盾会日益尖锐。第三世界国家之间的矛盾也是存在的，并且对世界和平与稳定构成了严重的威胁。所有这些矛盾，世界的相互依存和复杂性都将在科学技术革命的巨大进步中进一步强化。在这种情形下，基于政治经济平等基础上的国家间关系的重新审查、界定和建构就是急需的。正是由于这个原因，革命性的重组就构成了人类前进运动的一个新阶段，这需要我们运用现代的批判性新思维来重新审视资本主义和社会主义的历史地位。

　　同时，在当前统一和相互依存的世界中，对抗性矛盾凸显出国际主义和加强反帝国主义的重要性。国际主义和反帝国主义的团结构成了反对冷战、反对争霸战争，争取和平与进步的重要武器。而帝国主义势力的反动政策就是通过新殖民主义，种族主义和新法西斯主义加大对劳动人民的剥削，镇压民族解放运动。现在需要的不是破坏国际主义和反帝国主义的团结，而是要通过各种形式来加强它们。塞浦路斯劳动人民进步党一直忠实于国际团结和不干预的原则，积极支持工人阶级的联合行动，反帝国主义斗争，以及世界社会主义运动。塞浦路斯劳动人民进步党将本着同世界工人阶级加强国际团结的精神，不断扩大自己的工人阶级基础，为反对帝国主义，殖民主义，新殖民主义和种族主义而不懈奋斗。

　　二　塞浦路斯劳动人民进步党对社会主义历史的辩证看法

　　塞浦路斯劳动人民进步党认为，今天，我们用批判的方法去研究社会主义是很有必要的。伟大的十月社会主义革命是人类历史上重大的历史事件，它开启了人类历史的新纪元。人类从此迈进了社会主义时代。十月社会主义革命使受压迫和剥削的劳动人民看到了一个自由的社会主义社会，社会主义国家在改善人民生活方面的成功深刻地影响了资本主义国家的阶级斗争。第二次世界大战期间，苏联为打败法西斯作出了决定性的贡献。世界民族解放运动也得到了社会主义国家的帮助与支持。社会主义对世界和平与进步所作的贡献是不能被忽视，更不能被否定的。

当然，社会主义在发挥它所拥有的巨大潜力方面也不是完全成功的。现实社会主义国家没有完全实现社会主义革命的既定目标。除了客观困难之外，主要是在苏联和其他社会主义国家出现了比较严重的社会矛盾。在列宁去世以后，特别是斯大林主义盛行的时期，这一情况在理论和实践中的表现就是不断扭曲列宁主义的社会主义观。特别是社会主义计划管理模式逐渐产生了不小的危机和挫折。因此我们需要一种革命性的社会主义理念。戈尔巴乔夫在苏联为此进行了社会主义改革。改革的目的是恢复列宁主义的社会主义观和人道主义的社会主义，结束对社会主义理念的歪曲，教条主义以及官僚主义。戈氏改革谴责以社会主义的名义犯下的罪过却试图以公开的方式找到解决当代问题的办法。改革将尊重人权、民主和公开性作为社会主义理念创新的主要方面。但这种改革在实践中以失败告终。

### 三　关于世界社会主义运动的当前看法

（一）社会主义制度是走出资本主义危机的替代方案

目前的危机在 2008 年夏季开始于美国的抵押贷款市场，并迅速蔓延至整个世界，这并不是偶然的。现在绝大多数经济学家和政治家认为目前的经济危机只作为一种货币现象，当然会对"实体经济"产生负面影响。他们认为所需要的基本措施是调节货币，监管金融领域。这种理论认为金融领域相对于"实体经济"是中立的。而实际上，当前世界正在经历的经济危机是资本主义制度在其帝国主义阶段的危机。我们不知道这场危机是否会比 1920—1933 年的危机更加严重，我们也无法预测这场危机会持续一年、两年甚至十年。但是我们能够确定的是，这场危机是新自由主义的资本积累制度的危机。这一制度的核心是市场完全自由化，其中当然包括金融市场，这一制度具有其系统性的弱点。关于自由和纯粹竞争的"无形之手"将导致平衡与繁荣的神话又一次破产了。

这场经济危机引起了严重的社会后果。这场危机已经加剧和加速了最糟糕的就业和社会状况。失业率迅速增加，收入不平等日益扩大，社会福利的放松管制和减少使弱势群体面临着前所未有的风险，在劳动力市场上工人们充满着不确定感，特别是年轻和年老的工人。这次危机对妇女、移民和残疾人等弱势群体的影响尤其严重。

经济危机也是一个政治问题。寡头资本家正在世界各地进行动员。各种救援计划得以设计和实施。塞劳进党认为，在过去 30 年里，当需要增加社会开支时，国库总是空的。现在突然之间政府都可以调动数千亿欧元和美元来拯救倒闭的银行。有趣的是，他们甚至完全违反了自己关于减少国家干预经济的学说，并着手对银行国有化，就像在美国和英国那样。我们能够得出的结论是寡头资本家的利润是私人的，而他们的损失则成为社会的！

经济危机是资本主义制度的结构性危机。资本主义正在迅速地发展社会生产力和社会化生产。虽然数十亿人正在进行生产，遗憾的是财富和权力集中在少数人手中，他们通过建立和运营跨国企业集团控制了生产资料。这种基本的矛盾是资本主义经济危机真正的根源。在全球范围内强加新自由主义的保守模式导致了当前经济危机的规模和范围前所未有。危机使世界各地的劳动人民付出沉重的代价。数百万个就业机会正在丧失。在应对危机的名义下，劳动人民的权利和利益受到了遏制，而劳资关系也受到了损害。不幸的是寻求克服危机的各国政府企图使劳动人民承受危机的所有负担。因此，阶级斗争日趋激烈。世界各地成千上万的劳动人民都在努力捍卫自己的权利。在欧洲最近的例子是法国劳动人民和无数人民行动起来反对提高退休年龄，希腊劳动人民和无数人民行动起来反对《备忘录》（Memorandum）和劳动人民承受的巨大负担。西班牙组织了一个总罢工，英国举行了示威游行，葡萄牙也发动了大规模群众运动，以最近的总罢工为其高潮。这些群众运动突出了劳动人民的强有力的反应。他们断然驳斥了资本主义和不受约束的市场的辩护士，因为这些辩护士承诺为所有人提供一个繁荣的社会，并认为我们已经达到了历史和阶级斗争的终结。世界经济危机再次突出了社会主义的思想，再次证明我们需要建立一个以消灭剥削、实现社会正义和社会团结为基础的社会。

这场危机的原因与资本主义制度本身的性质相关。世界经济危机再次暴露了资本主义的非人道性质。人类的未来不能是这样一种制度，其首要目标是以损害工人为代价不断地集中财富和实现利润最大化。因此，消灭这种剥削制度就成为我们运动的战略目标。我们将用社会主义制度来代替这种制度。

（二）发动工人运动，采取联合行动是当前世界社会主义的紧迫任务

现在有许多政客说，危机是灾难性的，但同时它也提供了一个机会。当然，他们所说的"机会"是提高劳动力市场的灵活性，减少实际工资，减少国家干预，削减更多的社会开支。因此，一切可以照旧。但是，塞劳进党认为，危机确实产生了一个"机会"。危机为发动工人运动提供了机会，尤其是以阶级为导向的工人运动。这场危机有可能增强工人的阶级意识。这当然不会自动发生。社会和工作条件的恶化总是产生挫折感，但是，这种挫折感并不总是能够变成工人阶级的联合斗争，以捍卫和加强工人的权利，并提高他们的生活水平。如何引导工人们这种日益增长的沮丧和失望感，把它变成工人们协调的、有组织的斗争，这是我们的运动所面临的最重要的挑战。

塞劳进党认为，为了扩大我们的运动，我们必须在资本主义帝国主义阶段的制度性危机的背景下，加强对劳工运动的思想干预，对危机进行阶级的分析；加强对各领域工作和斗争的干预，包括工作场所、企业、党支部以及国家和国际层次；在基层一级加强联合行动；提出一些要求，以解决当今的问题以及工人和其家庭所面临的挑战，并为之斗争；有一个明确和现实的立场，目的是应对那种使劳动人民承担危机后果的阴谋；坚决地反对北约，要求解散北约，并关闭外国领土上的所有军事基地；全面禁止核武器，全面推进核裁军；急剧减少军费开支和武器，其途径是把这些资源重新用于和平目的，例如教育和卫生，并开发用于和平目的、促进人类发展和保护地球环境的技术。

对于塞党来说，未来斗争的道路与共产党、工人党和进步政党在区域和国际层面的联合相互促进。塞党的目标应该是尽可能地采取联合行动，并制定联合的政策，其基础是尊重每个政党的特点。

塞党将继续以国际法为基础、在联合国框架内和平解决塞浦路斯问题，重新统一国家，建立一个单一的国家。塞党正在努力改变自己的国家，把它变成一个与地中海东部地区遭受巨大痛苦的各个国家和人民和平共处的桥梁。

塞党还继续抵制任何企图将共产主义同于法西斯主义、使我们的思想和标志非法化的阴谋，因为正在进行中的这种行为是实行反民主和反

人民计划的预兆。

塞党将继续支持以阶级为基础的国际工会运动、世界工会联合会、世界和平理事会、国际民主妇女联合会和世界民主青年联合会。在这一点上，我们赞扬第17届世界青年和学生节，2015年它在南非召开。它将向国际青年和学生运动开放大门，同时我们向南非共产党的同志表示感谢，他们为这个会议的召开创造了机会。

塞党将继续坚持声援和支持正在挣扎中的人民的一贯立场。我们将继续组织和参与各种会议，目的是加强我们的联合行动和为了捍卫各国人民的权利而斗争，并深化我们的理解与合作。

（三）关于共产党和工人党国际会议团结问题

针对共产党和工人党国际会议出现的分歧，塞劳进党认为，是否要达到共识，或至少工作组中大多数达成共识？在我们看来，答案还是肯定的。这样的决定必须基于客观标准。我们同意工作组不应该在论坛中出现冲突，不是因为不存在不同的答案，而是因为他们可以通过行动在国际会议上表明自己的立场。我们有责任维护国际会议。这并不损害我们的双边活动或其他国际倡议，也不会损害我们的本质。

在塞党看来，当前的形势还要求这种共识能生效。我们需要共同合作来分享在各自国家的经验，保持和加强参与计划的机构，即使此刻我们没有在某些问题上有相同的评价。例如，援助备忘录在欧盟的实施对工人阶级、贫困阶层、小企业产生的影响是很重要的，因此我们应该交换意见和经验，将备忘录政策的实施与资本主义发展的高级阶段的实行相联系，我们应该确切地表示，我们应共同反对这种制度及其所有非人道的表现。我们应该通过联合提案，不是将这种情况视为一个既成事实，而是通过分析表达出我们的替代性方案，还有我们必须通过社会主义才能最终摆脱苦难和剥削的。我们不仅是抵抗力量，我们还是为人民和工人阶级开拓视角的力量。在我们看来，我们需要采取这样的举措。

社会主义代表的是对由少数寡头控制的剥削和利润最大化制度的反对势力。我们抵制他们自私的政策和制度。但塞党必须而且将继续保持建立一个先进发达、平等正义的社会主义的信念，尽管大资本歇斯底里地反共，发动公开或变相的战争。

### 四　关于中国特色社会主义的看法

塞浦路斯劳动人民进步党领导人在多个场合表示他们对中国特色社会主义的赞赏之意。2009 年 9 月 8 日，正在中国访问的塞浦路斯劳动人民进步党总书记基普里亚努接受中方记者联合采访时表示：我们应当正视 60 年来中国发生了很大的变化，国家实力增强，人民生活水平大幅度提高，根本原因在于中国共产党的领导，在于中国共产党一直坚持的为人民服务的原则。2012 年 2 月底，塞浦路斯劳动人民进步党政治局委员、组织书记赫里斯托斯·阿莱古访问中国时表示，要学习中国走出一条具有塞浦路斯特色的社会主义道路。塞浦路斯劳动人民进步党总书记安德罗斯·基普里亚努在 2012 年 5 月访问中国接受采访时再次表示："现阶段人类已经处于一个历史关键点，经济危机不仅给全球经济带来各种问题，还影响了国际格局的变化。中国是个大国，无论从政治还是经济上，国际影响都在不断扩大。我肯定所有人会对中共十八大报告感兴趣，因为十八大报告将直接勾画出中国和中国人民的未来，以及中国共产党对国内国际事务的看法。我们诚挚祝愿中共十八大成功召开。我们也确信中国能为世界和平、安全和稳定发挥越来越大的作用。"[1]

塞劳进党十分注重发展中塞双边贸易，从 2004 年到 2013 年，双边贸易持续增长，只是近年来塞浦路斯爆发银行业危机，金融市场大幅震荡，经济滑坡势头加剧，市场需求继续萎缩，中塞双边贸易面临较大压力。据中国海关统计，2004 年中国与塞浦路斯实现进出口贸易额为1.51 亿欧元，最高的是 2010 年塞劳进党执政时期的 10.34 亿欧元，2013 年为 7.66 亿欧元，与 2012 年相比下降 18.89%。其中我国对塞出口 7.26 亿欧元，同比下降 14.89%；自塞进口 3986.80 万欧元，同比下降 56.27%；贸易顺差 6.86 亿欧元，同比下降 9.94%。从图表可见，塞劳进党执政的 2008—2013 年的五年，是中塞双边贸易大发展的时期。另外，根据塞浦路斯统计局数据，2013 年中国既是塞第九大进口来源地，也是其第九大出口目的地，近年来我国在塞贸易伙伴国中的排名相

---

① 钱颖超：《"共产党人的前途是光明的"——专访塞浦路斯劳进党总书记安德罗斯·基普里亚努》，《当代世界》2012 年第 5 期。

对稳定。

2004—2013年中塞贸易走势图

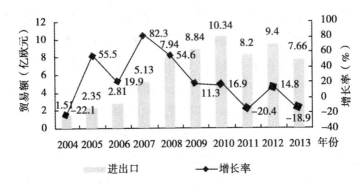

**2013 年塞浦路斯前十二大进口来源地**

| 排名 | 国别 | 进口额<br>（亿欧元） | 同比增长<br>（％） | 占比<br>（％） | 2012 年<br>排名 |
|---|---|---|---|---|---|
| 1 | 希腊 | 11.20 | −7.93 | 23.58 | 1 |
| 2 | 以色列 | 6.49 | −3.73 | 13.65 | 2 |
| 3 | 意大利 | 3.35 | −28.95 | 7.05 | 3 |
| 4 | 德国 | 3.16 | −21.17 | 6.65 | 5 |
| 5 | 英国 | 3.09 | −25.86 | 6.51 | 4 |
| 6 | 法国 | 2.99 | −11.58 | 6.30 | 7 |
| 7 | 荷兰 | 2.96 | −22.67 | 6.23 | 6 |
| 8 | 西班牙 | 2.08 | −3.12 | 4.38 | 9 |
| 9 | 中国 | 2.02 | −21.86 | 4.26 | 8 |
| 10 | 比利时 | 1.75 | 25.75 | 3.69 | 10 |
| 11 | 俄罗斯 | 0.53 | −5.35 | 1.11 | 13 |
| 12 | 美国 | 0.43 | −41.47 | 0.90 | 12 |

**2013 年塞浦路斯前十二大出口国家和地区**

| 排名 | 国别 | 出口额<br>（亿欧元） | 同比增长<br>（％） | 占比<br>（％） | 2010 年<br>排名 |
|---|---|---|---|---|---|
| 1 | 希腊 | 2.69 | −6.84 | 17.63 | 1 |
| 2 | 英国 | 2.09 | 63.33 | 13.74 | 2 |

续表

| 排名 | 国别 | 出口额<br>（亿欧元） | 同比增长<br>（％） | 占比<br>（％） | 2010 年<br>排名 |
|---|---|---|---|---|---|
| 3 | 美国 | 0.54 | 19.08 | 3.53 | 3 |
| 4 | 以色列 | 0.52 | 56.06 | 3.43 | 6 |
| 5 | 德国 | 0.41 | 26.48 | 2.68 | 7 |
| 6 | 埃及 | 0.34 | 88.71 | 2.25 | 13 |
| 7 | 中国 | 0.33 | 16.67 | 2.16 | 8 |
| 8 | 澳门 | 0.33 | ∞ | 2.15 | 111 |
| 9 | 意大利 | 0.29 | -26.31 | 1.92 | 4 |
| 10 | 萨尔瓦多 | 0.25 | ∞ | 1.61 | 170 |
| 11 | 俄罗斯 | 0.24 | 24.52 | 1.59 | 11 |
| 12 | 阿联酋 | 0.24 | -4.94 | 1.56 | 9 |

资料来源：塞浦路斯统计局。

## 第三节　塞浦路斯劳动人民进步党对塞浦路斯未来社会主义的分析

塞浦路斯劳动人民进步党基于塞浦路斯的社会经济现实，从社会转型的动力、民族问题、经济基础、民主计划、社会上层建筑、社会主义与生态环境、塞浦路斯在当代世界中的地位等方面全面阐述了其理论主张。

### 一　塞浦路斯的资本主义经济及社会结构

直到现在塞浦路斯仍是一个欠发达的农业国家。它是在继承了相对落后与欠发达的经济基础上宣布进入独立的国家状态的。但独立之后 30 年以来尤其是近 20 年来塞浦路斯所取得的经济社会进步是显著的：经济的高速增长以及不断扩大和巩固国家的经济物质基础和技术基础。经济规模不断扩大，新的产业如雨后春笋般出现，科技革命的成就成为生产方式不可分离的一部分，劳动生产率飞速提高。工业在物质生产部门一马当先，而服务业则在就业和国民生产总值所占的份额首屈一指。塞浦路斯在国际劳动分工中地位也得到加强。资本主义企业不断扩大其规模和活动，垄断资本也参与到中小型企业的生产中来。最终，一方面，劳动力水平得到提升从而适应了生产力的发展；另一方面，人民生活水平显著提高。基于以上变化，塞浦路斯可以被认为是一个发展中的中等发达资本主义国家，但同时，随着资本主义的发展，塞浦路斯的矛盾也日益突出。如收入的分配与再分配愈加不公平，收入差距越来越大，很大程度上经济依靠国外贷款。一方面是毫无计划的经济发展；另一方面在社会发展中出现了大量社会问题，比如大学生失业的问题，农村发展缓慢问题、生态环境恶化问题等。需要特别指出的是，尽管人们的生活水平有所提高，但这并非资产阶级送给人们的礼物，主要是由于劳动人民在塞进步党的组织指导下通过艰苦斗争换来的。

　　塞浦路斯资本主义发展的结果是形成了一个鲜明的社会阶级结构。对工人阶级运动的正确评价及其目标与责任的正确界定主要依赖于我们是否有能力从主观上认清当前的社会阶级结构。工薪人员的大量增加是当前社会阶级结构中十分显著的变化。这增加了工人阶级在整个国家人口中的比重。塞浦路斯的工薪人员多年来一直处于上升趋势，目前已经占到就业人口的70%。因此，工人阶级是塞浦路斯人数最多的阶级。它包括不占有生产资料仅靠出卖劳动力而获取工资和薪水的人，也包括那些有一定的收入基础和地位的中产阶级。资产阶级不是同质的阶级，它分为小资产阶级，中等资产阶级和垄断资产阶级。资本主义企业大多数是中小型的，但大资产阶级企业在利润分配中享有最大份额。塞浦路斯的资产阶级在就业人口中只占5%—6%。农民阶级处于一个下降的趋势，他们在就业人口中只占约13%，大多数是穷人和比较贫穷的人。中产阶级由自主创业的商人及工薪阶层组成。他们促进了生产力的发展，但没有形成一个同质阶级，他们中的大多数属于工人阶级，其中一些属于资产阶级。他们构成20%—30%的就业人口。知识分子在资产阶级、工人阶级和中产阶级中都存在。其中，带薪的知识分子加入到工人阶级的倾向愈加明显，他们在塞浦路斯的就业人口中占10%—13%。

　　塞浦路斯资本主义的发展及社会结构的变化是塞浦路斯现实生活的基本元素。塞浦路斯劳动人民进步党相信，依靠其具有优良传统的人民，将爱国主义和国际主义结合在一起，新的社会主义大厦一定能够建成。因此，我们要统一行动，反对外国干涉和法西斯主义，加强塞浦路斯族塞人以及土族塞人的合作，巩固民主和法制，保卫人民的权利。

## 二 社会转型的动力

塞浦路斯同其他任何地方一样，社会转型的动力来自在特殊条件下结成的以社会主义为方向的政治联盟。实现社会主义需要通过日常的斗争获得全国大多数人民在政治上的支持，需要与各种社会主义性质的政治势力进行合作与联盟。这就需要我们联合广大工人阶级、雇员、农民、自主创业的商人、中产阶级、知识分子以及对社会正义与公平感兴趣的神职人员等，并从他们每一个人的切身利益出发获得人民的支持。因此，在建立社会主义的过程中我们必须经历很多过渡阶段，每一步都要解决大量的具体问题。在每一个过渡阶段，一定的社会和政治联盟将根据要实现的目标开展行动。塞浦路斯族和土耳其族以及亚美尼亚民族，拉丁人和马龙人都是民族运动的动力源泉。一个国家面临的问题必须公正解决。一个公正的解决办法是社会转型和建立社会主义的前提条件。

## 三 民族问题

社会主义有能力解决所有民族问题，而不会人为地消除民族差异与民族特殊性。在殖民统治条件下，列宁提出了民族自决权。当前，去殖民化已经到了最后阶段。列宁曾说过，随着社会的发展，建立一个较大国家的有利条件将变得更加明显，这点已经得到了确认。一体化的客观趋势反对"种族"国家，支持多民族的发展，在一体化的国家里，各民族通过各种自治形式保留了各自的特性。人权是人民最基本权利。以国家权利名义公然违抗人权是不合时宜的。塞浦路斯的民族问题主要是在外国的侵略、占领和干预下形成的塞浦路斯族塞人和土族塞人之间的关系。解决塞浦路斯民族问题的第一步就是要通过斗争实现社会主义的转型。塞浦路斯人民认为必须使塞浦路斯在国际上保持独立，拥有国家主权和保持领土完整的基础上，之后才能谈到国家内部的民族自决问题。到底是通过塞浦路斯共和国还是用联邦州来解决这个问题则要根据人民的意愿来决定。塞浦路斯社会主义的胜利与解决两族的关系问题密切相关。这两个族区的社会主义未来不是由直觉、分裂和猜忌决定的，而是在统一的塞浦路斯内实现的。社会主义联邦国家必须建立在尊重人的权利和自由以及尊重两族在政治平等框架下的各项权利的基础上。在这样的社会主义国家里，分裂政策将被塞浦路斯人民所唾弃。

#### 四　经济基础——社会主义所有制

所有制及其形式是社会主义概念的核心和基本元素。所有制构成社会关系、法律和其他机构，即马克思主义所定义的上层建筑的基础。生产资料的社会所有制（国家的、省的、市的、合作的）构成了社会主义制度最根本的特征。与资本主义不同的是，在社会主义制度下是劳动人民而不是少数人成为社会财富的合法拥有者。生产资料社会所有制为消灭剥削创造了条件。工人的劳动异化和劳动产品的异化现象表明必须保证所有制的社会化以及劳动人民的自我管理。将国家所有制理解为社会所有制，导致了在中央集权的管理体制下将国家所有制看作是社会所有制的唯一形式的结果。在社会主义条件下其他所有制形式的缺失，以暴力的方式强制进入合作制等行为都会给经济带来痛苦不堪的结果。今天社会主义所有制的多样性已经被普遍接受。在我们看来，全民的、合作的、私营的和个体的形式都可以看作是社会主义所有制的基本形式。同样的，我们可以将这些形式细化为各种其他形式，如全民所有制可以细化为国家所有制、州所有制、区所有制。当然，我们也可以将上述几种所有制搭配在一起，建立混合所有制。这在特殊的行业和领域是有优势的。当然，与不同所有制相适应的经济管理和运动机制要建立起来。一方面要建立经济和社会发展计划，另一方面在社会主义框架内要允许自由市场的存在和顺利运行。两个方面结合在一起才构成社会主义体制的基本要素。

#### 五　民主计划

社会主义的经济民主计划必须将中央的国民经济计划优势与地方和个人的积极性有机结合起来。中央的领导权威不在于它解决了多少问题，而在于它解决问题的水平。这些问题包括：经济战略的制定；国民经济发展的优先顺序与目标；国民经济发展的均衡性；科学技术在调整经济结构和投资结构方面的运用，等等。这些问题都不能在低水平层次内解决。不能通过行政干预手段而是通过经济的方式进行解决。中央计划必须照顾到各方面的利益，通过制订正确的经济和社会发展计划，采取适当有效的措施保证各方面的利益。在社会主义条件下，所有制形式的多样性构成了成功的社会主义经济和社会发展计划的基本前提。人民代表和劳动人民必须亲自参与民主计划。市场在社会主义的框架内有效运作是社会主义社会发展的条件。因此，社会主义必须创造必要的条件保证市场的有效运作。可见，一个创新性的社会主义经济制度必须将计划和市场有机结合在一起，具体地说包括：根据既定目标使生产得到最大化最优质的发展；根据不同的工种及不同的工作效果给予不同的工作报酬；多余劳动力能够灵活地从一个经济部门转向另一个经济部门；合作制的巩固和发展成为生产和消费的基本形式；国民经济和公共服务部门劳动生产率和利润率的显著增加。上述几个方面的目的都是要将有计划发展与社会主义框架内市场作用的发挥结合起来，以确保经济的平衡发展的同时又能增加其灵活性。

**六　社会上层建筑**

1. 社会民主与多党制

塞浦路斯劳动人民进步党相信人民的主权意愿是权利的唯一源泉。我们要建立的公正的社会主义国家是反对任何阶级独裁的。即使在社会主义国家，各个民族的人民的利益是多样的也是不同的，因此就会形成各种不同的工会、党派，这是必要的。世界意识形态及政治进程的发展也表明了多个党派存在的必要性。而且权力的分离对国家的管理将提供必要的平衡，也保证了监督的存在，避免了特权。但是没有政党的自由存在，权力的分离是不可能的。政党是个人参与政治活动的主要形式，没有党派的存在，公民参与社会主义国家事务会面临很多困难。塞进步党不为自己垄断权力。他接受权力的民主交换以及在宪法范围内的符合人民主权意愿的任何改变。

2. 公开性

生活各个方面的公开是组成社会主义的基本目标之一，也是在民主的社会主义国家里我们所期待的。政党政府公众组织大众媒体等的活动越公开透明越能激发广大人民为国家进步和社会主义而奋斗。公开性不仅仅是社会主义制度下民主和人性的一种表达。公共事务及国家事务的公开能够保证有效反抗任何扭曲社会主义的企图。通过全国人民的公开监督能够有效控制国家政府及社会主义各个部门的所有活动。这种监控的有效性没有媒体和新闻言论的自由是不可能的。我们保证人民对宪法以及规定国家政府官员以及公民权利的各项法规的知情权，以便有效提高公开的程度。因为我们党的民主原则与公开性是齐头并进的，无论哪一方离开另一方都是不能生存的。开放性形式对民主的社会主义的进步和生活是一种自然而然的事情。

3. 社会主义国家的法律法规。

法律法规的具体应用及阐释会由于不同的阶级、民族、传统及文化水平而不同。社会主义的经济、政治及社会条件能够将法律法规与各个方面的民主及人民的权利紧密相连。在社会主义法治范围内，我们的目标是要构建一个保证个人自由、民主、平等和公正的法律制度。它主要由许多的章程法规以及社会各方面的规章制度组成。在整个国家范围内，在法律面前人人平等，没有歧视。独立的司法职能对于保证社会正义是必需的。塞浦路斯所有公民的宗教信仰自由在法律范围内也都能得到保证。社会主义社会将在实践中保证每个人平等的受教育权。社会主义教育将旨在培养具有自由个性和责任感的公民，他们接受了传统的社会价值观、民主、和平、自由与社会正义，又通过教育吸收世界文明。学术自由将被尊重与保护。社会主义社会将对文化事业给予特别关注。

4. 社会主义的社会公正

社会所有成员的全面自由发展构成社会主义社会政策的基本原则。社会主义与资本主义质的区别显而易见。社会主义的社会公正有以下基本特征：第一，不论社会出身及宗教信仰所有社会成员一律平等。第二，社会物质文化生产全民参与，实行按劳分配。第三，公民有机会参与国家社会与经济生活。第四，在更高水平上保护个体权利与自由。第五，各省份的合理发展，城乡发展的均衡，塞浦路斯的发展曾经是现在依然是不平衡的。新社会的目标和责任就是发展一种促使地区发展的综合性政策，这是促使城乡社会政治和文化生活各个方面发展的首要条件。第六，社会保障在社会主义社会公正体系中占重要位置，社会保障的发展应该与社会总体经济发展同步。妇女、儿童、退休者以及任何遭受身体及心理残疾痛苦的人，在社会主义社会都将保证受到特别关照。

七 社会主义与生态环境

生态问题在很大程度上影响到现代人的生活。科学和技术革命给现代人提供了很多积极的东西，也创造和积累了一系列问题，如果不采取果断而坚决的措施，将会使我们的星球和国家面临极大的危险。在社会主义制度下，这些问题的解决方案极其重要。这些问题的解决必须通过完善法律体系，并加强执法监督来保证。我们当前关注的重心是如何协调城市平衡发展，持续提升生活和工作环境，保护自然，野生动物，大气，水和地球。我们的目标就是创造一个适宜人类生存的环境。

### 八　塞浦路斯在现代世界中的地位

1. 塞劳进党关于国际劳动分工的立场

塞浦路斯在国际劳动分工中的地位是由进出口贸易、对外投资和外来资本流动情况、劳动力出口和引进等因素决定的。塞劳进党坚决反对将我国孤立于世界之外。相反，塞劳进党支持塞浦路斯参与实现欧洲和世界进程的一体化。塞浦路斯必须在这个框架内制定一个与所有国家和所有的经济体在平等与互利的基础上进行真诚合作的政策。塞劳进党的政策将确保塞浦路斯没有把自己变成仆人或是使自己依赖某些国家和垄断组织。塞劳进党的立场是为努力创造一个团结的欧洲，建立一个共同家园而奋斗。但是，塞劳进党不同意，资本主义占主导地位作为统一的欧洲的先决条件。塞劳进党认为欧洲共同家园中可以有资本主义国家、社会主义国家，不结盟和中立的国家。欧洲安全与合作会议是实现欧洲统一的基本手段。

2. 对外政策

社会主义法治国家不能不服从其外交政治活动的国际法。当前时代最重要的特点是未能解决对人类文明构成危险的一系列问题，世界的相互依存以及不同社会经济体制的求同存异等。在这种情况下，塞浦路斯不能在孤立的条件下求发展。没有哪个国家哪个联盟能确保自己在世界一体化的进程中平稳发展。但塞劳进党有能力解决这一世界难题以证明我们社会主义制度的优越性。同时吸收其他社会制度的有益经验通过相互影响不断完善社会主义制度。如果没有一个集体的军事，经济和生态保障体系，全球问题的解决是不可能的。联合国组织在这方面发挥着独特的作用。在这样一个体制下，没有一个国家将和平共处视作国家间斗争的一种形式。全球普遍价值将优先考虑。这种价值就是从社会发展日益多样化出发自由选择社会或政治制度。对任何其他国家的内部事务的干预将会对建立一个和平秩序带来消极后果。人类的兴趣、权利和自由构成最高价值。在当今的现实情况下，以人权和自由为代价取得进步是不可能的。这些并不意味着我们放弃我们的思想和国际主义的原则。塞劳进党也不要求任何人放弃自己的原则，但是，塞劳进党认为国家间关系的行为应根据国际法而不是根据我们的意识形态和利益。忠实于国际团结和不干预的原则，塞劳进党支持进步的国际势力与和平的社会主义。塞浦路斯外交政策是在互利合作基础上的友好而不结盟的策略。

# 小　结

综合对社会主义历史和现实社会主义的分析，结合塞浦路斯独有的特点，塞浦路斯劳动人民进步党的社会主义观有以下特点：进一步提高人民的生活水平，维护和扩大劳动人民的权利和利益；积极利用塞浦路斯社会遗留下来的一切积极因素；充分考虑和尊重工薪收入者、雇员、商人、中下阶层和蚁族的利益；绝对尊重和承认所有人民在塞浦路斯历史演变过程中的事实、传统、文明和现实；确保希族和土族塞人之间以及所有塞浦路斯人的权利平等；确保多党制和观点多元化；承认反对派的权利，尊重不同观点；确保社会主义法制和竞争框架内的所有政治和社会因素的活动；向社会主义的过渡一定是在赢得了广大人民支持的基础上以和平和民主的手段实现。

塞浦路斯劳动人民进步党认为，通过以上的理论分析可以毫不保留地宣称人类的未来在于社会主义。建立在马克思列宁主义基础上的社会主义被认为是人类已经发现的最佳的社会制度，并且它在整个 20 世纪的理论与实践中得到了丰富与发展。社会主义是摆脱了剥削和压迫，并保证人的自由即恩格斯所称的"自由王国"。塞劳进党所追求的社会主义的核心和价值目标就是以人为本①。

## 第四节　塞浦路斯劳动人民进步党对党建的探索

塞浦路斯劳动人民进步党十分重视党的建设，特别强调党要坚持以马克思列宁主义理论为指导，针对塞浦路斯的经济、政治、社会和文化等方面的变化特点，针对不同时期党面临的问题，而不断建设和完善党

---

① Our concept of socialism, http：//www. akel. org. cy.

的建设。塞浦路斯劳动人民进步党非常注重对党员的思想政治教育，注重党组织机构的建设，也重视党的工作作风建设。自 2008 年塞浦路斯劳动人民进步党上台执政以来，虽然党的执政时间并不长，但始终围绕"建设什么样的党，怎样建设党"这个重大课题，不断总结党自身建设的经验教训，同时也吸取世界上一些马克思主义执政党兴衰成败的经验教训，在理论和实践中不断探索党的自身建设。

## 一　关于党的性质的基本观点

党的性质是党建的基本问题，党的性质在根本上决定着党建的目标和方向。因此，保持塞浦路斯劳动人民进步党的先锋队性质，是加强党的自身建设的基本前提，必然也是党建的核心内容。

塞浦路斯劳动人民进步党的十八大党章规定："塞浦路斯劳动人民进步党是以马克思列宁主义为指导的政党，是工人阶级的先锋队组织，是工人阶级和劳动者的最高组织，是工人、职员、农民、企业主、手工业者、科学家、知识分子和其他劳动者自愿结合而成立的。他们来自不同民族，为了改善人民生活、在塞浦路斯建设民主和人性化的社会主义社会，而反对任何形式的剥削与压迫。"① 这一描述突出了两个先锋队的性质。塞浦路斯劳动人民进步党不仅是工人阶级的高级组织，同时也是广大劳动人民的高级组织，是塞浦路斯劳动人民完全可以信赖和依靠的政党。塞浦路斯劳动人民进步党忠于工人阶级和劳动者事业，继承并不断丰富政治斗争、解放斗争和社会斗争的成果。人道主义和民主的思想贯穿于塞浦路斯劳动人民进步党的全部活动。塞浦路斯劳动人民进步党认为，自己的民族任务与国际主义义务以及全球性问题的解决是密不可分的。塞浦路斯劳动人民进步党忠于国际团结、平等合作和不干涉的原则，在地区和国际事务中积极支持反帝、进步、和平运动，并与社会主义力量统一行动。塞浦路斯劳动人民进步党用国际主义教育党员，教育他们与所有劳动者和人民实现国际团结，共同反对各种形式的政治、经济和民族压迫，反对帝国主义、新殖民主义和种族主义。

---

① 刘洪才：《塞浦路斯劳动人民进步党党章》，《1995 年 11 月塞劳进党第十八次代表大会通过，当代世界共产党党章党纲选编》，当代世界出版社 2009 年版，第 127 页。

## 二 关于党的目标的认识

塞浦路斯劳动人民进步党的最终目标是建立民主和人道的社会主义，一个以和平与自由、政治和社会公正以及尊重人权为基础的高级社会。在塞浦路斯建立社会主义社会是塞浦路斯人民的愿望得到自由民主地表达的结果。但在不同时期，其最低目标不同。

在1926年到1960年间，即从塞浦路斯劳动人民进步党成立到塞浦路斯共和国的建立这一时期，党的目标是反抗英国殖民当局的统治，反抗帝国主义和法西斯主义，争取国家的独立和解放。

在1961年至1974年间，即从塞浦路斯共和国成立到塞岛政变和土耳其入侵之前，党的目标是维护共和国的统一，建立一个独立、主权、不结盟和非军事化、无外国军队和外国军事基地的联邦制塞浦路斯。

1974年以来，即从塞岛政变和土耳其入侵之后，党的目标是反抗土耳其的占领及其背后的帝国主义势力、当地的支持者等塞浦路斯人民的主要敌人，争取塞浦路斯的彻底解放。动力是工人、职员、农民、小业主、手工业者、知识分子和一切没有把自己利益同塞浦路斯的敌人联系起来的人们，这里包括塞浦路斯族人、土耳其族人、马龙族人、亚美尼亚族人和拉丁族人等。为了实现反帝、反占领和解放斗争，所有斗争力量必须结成统一阵线，塞浦路斯劳动人民进步党是领导阶级，工人阶级与城乡劳动者的联盟是基础，塞浦路斯希族和土耳其族的友好关系是其重要组成部分。

苏东剧变以来，塞浦路斯劳动人民进步党的最低纲领是"建立一个发达的民主社会，这个社会的基本特征是：它是法治、民主、人民当家作主、享有人权、任人唯贤、现代和高效的国家，一个独立和执行以国际法与和平政策为基础的不结盟政策的、同各国人民友好合作的国家，一个在现代混合经济基础上执行为民为国服务、尊重和保护环境的经济发展政策的国家，一个执行保证人民生活水平、卫生、教育和体育事业不断改善的社会政策的国家，一个执行保护文学和艺术创作并尊重国家及人民文化遗产的文化政策的国家"。①

① 刘洪才：《塞浦路斯劳动人民进步党党章》，《1995年11月塞劳进党第十八次代表大会通过，当代世界共产党党章党纲选编》，当代世界出版社2009年版，第128页。

### 三　关于党建的总体规划

1. 思想政治建设

对党员和干部的思想政治教育始终是塞浦路斯劳动人民进步党最基本的任务之一。党员和干部的思想教育是维护劳动人民和抱有社会主义设想的普通人利益的必要前提，也是保持党的先进性、党的战斗力和提高工作效率的前提条件。塞浦路斯右翼政府的执政理念、帝国主义的"世界新秩序"以及跨国公司的全球化等理念模糊了意识形态并消除了"左"和右的界限，产生了远离政治的思想和世界大同主义，并产生了对组织斗争的冷漠。这严重影响了党内生活，使自愿性工作减少，并滋生了冷漠等个人主义现象。因此，加强党的思想政治建设也是成功打击这些不良现象的主要因素。

塞浦路斯劳动人民进步党是以科学社会主义为指导的马克思主义工人政党。马克思列宁主义世界观，以及指导世界进步运动的社会主义和国际主义是塞浦路斯劳动人民进步党思想工作的核心。塞浦路斯劳动人民进步党强调运用马克思列宁主义思想提高工人和劳动人民的思想觉悟，把宣传马克思列宁主义理论、捍卫马克思列宁主义的纯洁性作为党的基本任务。塞浦路斯劳动人民进步党在开展思想工作的同时，不但重视理论研究，而且还坚持用马克思列宁主义理论武装群众，只有这样，革命理论才能被群众所掌握，成为千百万群众斗争的强大精神力量。在当前的历史条件下，教育的任务是创造性地发展马克思列宁主义，总结并吸取国际共产主义和工人运动的经验教训，因为马克思列宁主义并不是教条，而是照耀着党前进道路的指南。同时，塞浦路斯劳动人民进步党认为，党的思想政治工作要与塞浦路斯的社会经济条件相适应，做到与时俱进。为了提高思想政治工作，应该在更好地利用现代科技的基础上有组织地、有计划地进行教育，而在计划和实施教育工作过程中完善参与组织机制是成功的必要前提。

《黎明报》作为塞浦路斯劳动人民进步党党中央的机关报，是传播党的先进思想的重要工具，也是党员和干部学习党的思想的重要途径。塞浦路斯劳动人民进步党认为自觉购买和学习《黎明报》是所有党员的永久性的思想政治责任，对于从中央到基层的各级党组织来说都是非常必要的。

2. 组织建设

入党实行自愿原则并履行单独手续。每一个塞浦路斯合法公民，以及居住在有塞浦路斯劳动人民进步党组织活动的地方的塞浦路斯人，只要接受党的纲领、原则和章程，都可以成为塞浦路斯劳动人民进步党党员。塞浦路斯劳动人民进步党的章程规定，党员来自各民族男女工人、职员、农民、小业主、手工业者、科学工作者、知识分子和其他劳动者，但他们必须在社会活动中有良好表现。入党必须有两个清楚了解申请人的党员作介绍。党支部以多数通过原则做出决定，并向上一级党组织报告，以便由上一级组织重新审查申请人的申请。其他政党或组织的一般成员，在获得省级党委的批准后方可成为党员。其他政党或组织的领导干部，在获得中央委员会的批准后方可成为党员。塞浦路斯劳动人民进步党党员不能参加其他任何政党或政治组织。

民主集中制是塞浦路斯劳动人民进步党的组织原则。对于马克思主义工人政党来说，民主集中制是否健全，直接关系到党和国家民主政治的前途，关系到党和国家的团结统一和社会主义事业的发展。塞浦路斯劳动人民进步党的组织结构和活动基础是民主集中制，主要包括党内民主、统一路线和集体领导、纪律的自觉遵守这三个相互联系不可分割的方面：（1）党内民主能够保证批评与自我批评的正常进行；党内民主能保证全体党员积极参加党内生活，制定党的路线和政策，讨论并解决党面临的一切问题；党内民主能保证有效地、全面地检查党的决议的正确性并监督决议的执行，及时发现党的各级机关、党员和干部的缺点与不足；党内民主能保证集体领导原则的实施，使党的一切组织内部能自由、平等和民主地讨论问题，使每个党员、党的所有基层组织和各级党委能发挥积极主动性，并根据党的总原则处理党在活动中遇到的一切问题；党内民主意味着全体党员能够对党的基层组织乃至中央领导的任命、选举或撤换积极发表意见。（2）集体领导表明所有党组织应该在一个统一的核心——中央委员会的领导下工作，中央委员会通过其决议把各级党组织和全体党员紧密地联系在一起。集体领导表明党不是单个人的集合体，而是一个有机联系的、密切的、集中的组织，它在生活和工作中是一个统一的整体。塞浦路斯劳动人民进步党作为一个行动整体紧密团结，根据党章规定，下级机关、党组织和全体党员要服从决定并为执行决定而努力。不得成立有组织的派别或者小集团，不得在党的机构、组织及纪律之外根据自己的观点和政治主张开展活动。党的纪律对所有党员都具有约束力，不管你属于哪个组织或者领导机关。所有领导机关负有集体领导责任，但不能取代个人责任。党员要维护党的活动的集体性，抵制为所欲为、特权以及个人崇拜。（3）自觉守纪对于实现党的目标和完成党的历史使命是必要的。它意味着少数服从多数、接受多数的决定，在各级组织中有义务自觉支持多数决议。民主集中制的这三个要素是统一不可分割的整体。只有真正贯彻民主集中制，才能确保党的团结、凝聚力和有效行动，发挥党的作用，使全党工作顺利进行。①

塞浦路斯劳动人民进步党的组织结构严密。党的最高领导机关是党的代表大会，代表大会选举党的中央委员会和中央监察委员会，这两个委员会向代表大会负责。中央政治局在两届中央全会之间领导党的活动、处理党的事务。政治局对中央委员会负责，并向中央全会汇报工作。省级党组织的最高领导机关是省代表大会，负责选举省委员会。城市党组织的最高机关是市代表大会，负责选举市委员会。党的基层组织是党的基础，是连接劳动人民和更广泛人民的纽带，党通过他们保持同广大人民群众的联系，贯彻和实现党的路线，实施党的决定。因此，党的基层组织的有效运转和工作内容的丰富是永久性的任务。

塞浦路斯劳动人民进步党十分重视党员干部队伍的建设。党的干部是党的事业的骨干，是党的路线、方针、政策的贯彻执行者，是人民群众的组织者和领导者。他们的觉悟高低、能力大小，对于党的事业发展至关重要。可以毫不夸张地说，干部决定政治路线的命运、党的未来和党工作的成败。塞浦路斯劳动人民进步党认为，培养党的新干部是党的领导工作中不可分割的一部分。干部不是天生的，而是从工人阶级和劳动人民的斗争中产生的，在斗争中锻炼成长的。当然，干部的成长也需要一定的理论基础。但是，他们光具备这些因素还是不够的，一名成长中的干部应当是战斗员，应当对工人阶级、马克思列宁主义和无产阶级

① 刘洪才：《塞浦路斯劳动人民进步党党章》，《1995 年 11 月塞劳进党第十八次代表大会通过，当代世界共产党党章党纲选编》，当代世界出版社 2009 年版，第 129—130 页。

国际主义理想抱有坚定的信念，富有自我牺牲精神，热爱劳动人民的事业并愿意为之献身是干部必须具备的品格。

为了解决干部队伍匮乏问题，塞浦路斯劳动人民进步党实行更新领导的正确政策，即对于党的任何一级干部，不管年龄多大，只要其身体状况允许他工作，就不会把他换下来，但要在他身旁安排另外的干部，以便准备在适当的时候接替他。通过这个办法，可以使新干部经受锻炼和考验，学习老干部的经验。因此，更换党各级领导干部的工作必须逐步地分阶段地进行。但那些因健康状况不能履行其职责的领导干部除外，这些干部应主动要求党派人接替。塞浦路斯劳动人民进步党也不断培养新干部，帮助年轻干部提高素质，使他们能够胜任党的各项工作，在适当的时候接替老干部。

3. 作风建设

塞浦路斯劳动人民进步党始终以革命化的精神改进党的工作作风。在这一点上，塞浦路斯劳动人民进步党与其他一切政党截然不同，因为，塞浦路斯劳动人民进步党是一个说到做到的党，言行一致的党，战斗的党。

塞浦路斯劳动人民进步党曾多次讲过要从根本上改变党的基层组织工作，使党的基层组织做到向群众传达党的政策，时刻关心所在地区群众的问题，并发动那里的群众去解决这些问题。领导不走单行线，它不仅可以自上而下，同时也可以自下而上。当某一问题没有引起领导注意时，广大党员能够向领导指出，并提出处理意见。党的基层组织是朝气蓬勃的组织，不仅能够按照上级领导机关的指示学习和工作，而且要积极发挥自己的主观能动作用。塞浦路斯劳动人民进步党也重视村委、农村办公室、区委、市委、政治局、中央书记处和中央委员会等党的各级领导机关的工作作风，认为其重点应体现在提高工作质量上，深入群众和发扬战斗精神，并牢记只有通过群众性的动员才能解决人民问题的原则。

塞浦路斯劳动人民进步党十分重视加强同群众的血肉联系。为了加强与人民群众的联系，塞劳进党从日常行动做起，这不仅仅表现在备战大选期间，更体现在日常工作中。塞浦路斯劳动人民进步党干部和党员不仅在政治集会地区、工作和娱乐场所保持与人民的联系，还有组织地挨家挨户开展联络，宣传我党的立场，关心群众的疾苦并把这些从基层倾听到的声音带回党中央。由于塞浦路斯国土面积小，这个做起来相对比较容易。凭借这套体系，塞浦路斯劳动人民进步党在塞浦路斯的每个区、每个街道都成立了基层党组织，还有体育、文化和教育协会，这些活动已在基层坚持开展了几十年。

治理贪腐注重预防。保卫和增强党的凝聚力和团结是塞浦路斯人民进步党党员和党组织的基本义务。对破坏党的团结、违反党的纪律、在党内拉帮结派、蓄意违反党章和党规的党员都要受到党纪制裁。如果党员反对党的决议、违反党的纪律和党的伦理道德、破坏党机构或党的干部的声望、诉诸行动来危害党，都将视情形受到制裁。为了最大限度地防止党员贪污腐化、整治官僚主义风气，塞浦路斯劳动人民进步党严格控制专职干部的数量并适当控制党员干部的收入。在劳进党的干部队伍中，领取工资的专职干部数量比较少，绝大部分干部都有自己的社会职业，他们利用业余时间从事党的工作，为党的事业尽义务、作贡献。目前，劳进党中央机关只有 16 名专职干部，其中包括总书记，在省级组织中也只有 33 名专职干部。从中央到地方基层组织，绝大部分党员干部都不脱离生产第一线，完全同广大群众打成一片，面对同样问题，有着同样要求，时时刻刻感受着群众和整个社会的脉搏，最大限度地避免了官僚主义的弊端。同时，劳进党对专职党员干部和党的议员的收入有着明确的规定，努力使党的各级干部保持与广大劳动群众在经济方面的接近。党的专职干部工资一般低于社会上同类工作条件人员的报酬。按照劳进党的规定，凡担任国家公职并以此获得收入的党员，如议员、市镇长等，都要将国家发给的工资上交党的财务部门，然后根据每个人的级别从党内领取相应工资。一般情况下，每个议员的实际收入只有其议员工资的一半左右，担任议会议长的总书记也不例外。劳进党通过这类控制专职干部数量及控制党员干部收入，对于从源头切断贪污腐败的链条收到了良好的成效，尤其是让干部同群众打成一片的方式，使党在广大群众中树立起良好的社会形象。塞浦路斯劳动人民进步党充分意识到：只有加强党的自身建设，才能提高党的凝聚力、战斗力；只有加强党的自身建设，才能保证党内团结统一；只有加强党的自身建设，塞浦路斯劳动人民进步党才能带领所有塞浦路斯人民实现公平正义的社会主义社会。因此，塞浦路斯劳动人民进步党始终积极探索党建新思维、新方法。塞浦

路斯劳动人民进步党作为马克思主义工人政党,工人阶级和劳动人民的
先锋队,只有在理论上更加成熟,思想上更加统一,政治上更加坚强,
内部更加团结,同群众更加亲密,才能真正成为实现社会主义的坚强领
导核心。

# 第四章　塞浦路斯劳动人民进步党革新社会主义的实践活动

塞浦路斯劳动人民进步党坚持马克思列宁主义基本原理和无产阶级国际主义原则，根据国际国内形势的变化，积极开展了多种形式的争取民主和社会主义的实践活动。塞浦路斯劳动人民进步党十分重视党的团结和巩固，将议会斗争和群众运动相结合，将塞浦路斯问题作为首要问题，将执政方略和参政方针相结合，将国内斗争与国际斗争相结合，取得了重大的成就，在国际共产主义运动中发挥了积极的作用。

## 第一节　塞浦路斯劳动人民进步党加强党的团结和巩固的斗争

苏东剧变使国际共产主义运动遭受严重挫折，给世界上的共产主义政党也带来巨大影响，塞浦路斯劳动人民进步党也未能幸免，但与其他政党不同的是，塞浦路斯劳动人民进步党始终没有放弃马克思列宁主义原则和社会主义方向，并战胜党内分裂势力，使塞浦路斯劳动人民进步党成为团结统一的党。

### 一　苏东剧变与党的分裂

苏东剧变后，党内一些人攻击党中央墨守成规，不合改革浪潮，要求党重新评价过去，批判已故总书记巴巴约安努，要求改变现行的路线和政策，效仿东欧各党，走民主社会主义道路。以赫里斯托菲亚斯总书记为首的党的领导核心，坚决反对分裂势力。1989 年 12 月，塞浦路斯劳动人民进步党召开中央全会，要求加强党的团结。党中央呼吁全党干部和党员、党的朋友和支持者紧密团结在党的周围，像保护自己眼球那样保护党的团结。中央反对攻击党的领导干部，严正指出："对党的领导干部抹黑实际上是给党抹黑，降低党的威信，必须立即停止这种做法""劳进党六十多年来以永不停息的斗争和牺牲精神成长为一个伟大的党，赢得了广大群众的好评，在捍卫祖国独立和保卫劳动人民政治、社会和经济权益方面取得了重大成果。中央呼吁全党干部和党员、党的朋友和支持者紧密团结在党的周围，像保护自己的眼珠那样保护党的团结。"① 扩大党内民主要在民主集中制的基础上进行。

1990 年 1 月，塞浦路斯劳动人民进步党再次召开中央会议，在赫里斯托菲亚斯总书记领导下，撤销了凡蒂斯和齐亚蒂迪斯政治局委员、中央委员的职务，给予政治局委员丁格里斯和 10 多名中央委员严重警告处分，补选 4 名政治局委员和 2 名候补委员，从而确保了党中央决策机关的团结。随后，在全党范围内进行了一次深入的马列主义思想教育，让广大党员了解党内危机的真相，使广大党员明白，改革要根据本国情况，不能盲目照搬其他党的做法，从而稳定了党员思想，提高了广大党员的觉悟。7 月丁格里斯分裂派分子另立"重新民主社会主义运动"，但影响不大，90% 以上的党的基层组织和党员仍站在党中央一边。

## 二　党的十七大与党的团结

1990 年 10 月，党的十七大胜利召开，大会重申了党坚持马列主义原则不变，坚持党的无产阶级性质，坚持社会主义方向不变，坚持为劳动人民谋福利的宗旨不变。塞浦路斯劳动人民进步党坚持马列主义和无产阶级性质，坚持社会主义社会的奋斗目标，提出社会主义具有巨大优越性，它在各个方面的成就都是任何人也否定不了的，只有社会主义才能代表人类的未来。党的十七大的胜利召开，表明了以赫里斯托菲亚斯为首的塞浦路斯劳动人民进步党经受住了考验，十七大是一次团结大会，成功的统一全党思想，增强了党的凝聚力和战斗力，战胜了党内分裂，顶住了苏东剧变的巨大压力。

在第十七届代表大会的正确指导下，塞浦路斯劳动人民进步党的力量并没有削弱，而是在逆境中提高了党的社会地位，扩大了党在广大人民中的影响，使党不断发展壮大。在 1991 年 5 月 19 日议会大选中，塞浦路斯劳动人民进步党得票率上升到 30.6%，在 56 个议席中得 18 席位，比上届多 3 席位，从议会第三大党上升为第二大党，党员人数上升为 1.8 万人，成为塞浦路斯国内第一大党。

---

① 　郭建平等：《在低谷中奋斗》，黑龙江教育出版社 1995 年版，第 273 页。

塞浦路斯劳动人民进步党有很强的群众性，他拥有塞浦路斯最大的工会、青年和妇女等外围组织，由该党建立并领导的泛塞工人联合会已超过 8 万人，超过其余工人人数之和。它领导的"统一民主青年组织"人数已接近 2 万人，是塞浦路斯影响最大的一个青年组织，这一青年组织成为党联系广大群众的重要纽带。在党内发生危机时，塞浦路斯劳动人民进步党中央及时做了细致的思想工作，使群众组织能够同党中央站在一起，巩固了党的群众基础。

1991 年 10 月，塞浦路斯劳动人民进步党邀请 76 个国家的共产党和社会党在尼科西亚召开题为"作为意识形态的社会主义和 21 世纪前夕左派力量的作用"的理论研讨会。塞浦路斯劳动人民进步党认为，应该在肯定社会主义模式为全世界创造过伟大成就的前提下，总结过去的经验教训。在坚持党的基本原则的前提下，不断扩大意识形态的视野，科学地对待马恩列的遗产，学习和接受来自进步中间派、一般社会主义思想等各种思想。塞浦路斯劳动人民进步党将采用和平民主的方式实现社会主义。在社会主义社会，他不会垄断政权，而是支持社会主义的全体力量都来参加政权，以便在一个社会主义和民主的社会里建设民主社会主义。将实行政治多元化，用民主方式轮流执政，同时尊重人权。经济上以生产资料多元化为基础，使各种形式的社会所有制都发挥作用，尊重市场规律，国家根据广大劳动阶层的利益发挥它的社会作用。经过几次大型会议的讨论，塞浦路斯劳动人民进步党统一了思想，使党进一步巩固和团结，这为塞浦路斯劳动人民进步党走一条通过选举上台执政的道路奠定了思想和组织基础。

# 第二节　通过选举走上执政舞台

## 一　总统共和制

塞浦路斯政体是总统共和国制，总统为国家元首兼政府首脑，代表国家行使各项职权，任期 5 年。总统、副总统对议会通过的法案拥有否决权。因此，如果党的候选人能够在总统选举中获胜，那么该党也就顺理成章地成为执政党。塞浦路斯的议会实行一院制。议会每五年选举一次，议席 80 个，其中希族 56 席，土族 24 席（不过，由于土族退出塞议会，长期以来另立议会，共 50 个席位，由土族各党派通过选举产生）。

塞浦路斯独立后，恢复了合法席位的塞浦路斯劳动人民进步党积极参加议会选举和总统选举，并首先在议会选举中崭露头角。1960 年 8 月，塞浦路斯劳动人民进步党在议会选举中获得 35 席中的 5 席。1970 年和 1976 年均为 9 个席位。20 世纪 80 年代，塞浦路斯劳动人民进步党在议会选举和总统选举中表现出色。在 1981 年 5 月的议会选举中，塞浦路斯劳动人民进步党获得 32.8% 的选票，在议会塞浦路斯族的 35 个议席中占有 9 个席位。1982 年 4 月，该党决定与执政党民主党合作，共同制定并签署了最低纲领，支持基普里亚努在 1983 年的总统选举中获胜，从而进一步扩大了对现政府的影响。在 1985 年的议会选举中，塞浦路斯劳动人民进步党选票明显下降，仅获得 27.4% 的选票，低于民主大会党 33.6% 和民主党 27.7%，下降为议会第三大党。在 1986 年地方选举中，塞浦路斯劳动人民进步党获得 18 个城市中的 9 个市长职位。1988 年 2 月，塞浦路斯劳动人民进步党在总统选举中有所斩获，它早先和其他党派支持的候选人瓦西里乌当选为国家总统。

苏东剧变后，尽管面临着世界社会主义陷入低谷的逆境，塞浦路斯劳动人民进步党继续巩固它在国家中的大党地位。塞浦路斯劳动人民进步党新任总书记季米特里斯·赫里斯托菲亚斯力挽狂澜，不仅使党战胜党内分裂活动，而且不断调整战略策略，使党不断发展壮大。在 1996 年举行的议会选举中，塞浦路斯劳动人民进步党支持率高达 30.6%，获得 56 个议席中的 19 个，一举使塞浦路斯劳动人民进步党成为塞浦路斯第二大党。

**二 首次上台执政**

进入新世纪以来，塞浦路斯劳动人民进步党在议会选举打下牢固基础的前提下，终获执政地位。2001 年，塞浦路斯劳动人民进步党在立法选举中创出新高，获得 34.7% 的选票和塞浦路斯议会 56 个议席中的 20 个议席，第一次战胜所有对手成为议会第一大党，其总书记赫里斯托菲亚斯当选为议会议长。2003 年，塞浦路斯劳动人民进步党联合其他中间派势力赢得了总统选举，首次参政，并在政府中占有 4 个部长职位。2006 年，塞浦路斯劳动人民进步党在议会选举中获得 31.16% 的选票和 18 个议席，总书记赫里斯托菲亚斯连任议长。2008 年 2 月 24 日，塞浦路斯劳动人民进步党在总统选举中取得历史性突破。其总书记赫里斯托菲亚斯以 53.4% 的选票成功当选为塞浦路斯总统，并组建以劳进党为核心、民主党和社会民主运动参与的三党联合政府，从此开启了塞浦路斯劳动人民进步党历史的新纪元。同时，由于塞浦路斯 2004 年已经成为欧盟的一个重要成员，因此，塞浦路斯劳动人民进步党也就成为当时欧盟国家中唯一执政的共产党。从一定意义上说，这是苏东剧变后发达资本主义国家中马克思主义工人政党所取得的最突出的成就。

2008 年塞浦路斯劳动人民进步党上台后，在国家统一、社会改革和外交政策方面开展了卓有成效的工作，也得到了广大塞浦路斯民众的支持。不过，它也面临着严重的挑战。在国家濒临破产的经济危机阴霾中，塞浦路斯劳动人民进步党遇到了许多前所未有的困难，并最终导致了其在接下来的总统选举中失利。2013 年 2 月 24 日，塞浦路斯最大反对党民主大会党主席尼科斯·阿纳斯塔夏季斯在总统选举第二轮投票中得票率为 57.48%，而执政党塞浦路斯劳动人民进步党支持的候选人斯塔夫罗斯·马拉斯得票率为 42.52%。这样，阿纳斯塔夏季斯就接替赫里斯托菲亚斯成为这个地中海岛国 1960 年独立以来的第七位总统。塞浦路斯劳动人民进步党自此失去执政地位，成为最大在野党。

## 第三节　以联邦制方案解决塞浦路斯问题

### 一　塞浦路斯问题的由来

1974 年塞浦路斯军政府在塞岛策动军事政变，土耳其以"保证国"的名义趁机出兵塞岛，从此塞浦路斯分裂为南塞和北塞。塞浦路斯之所以会出现国家统一问题，其原因主要有三个。

首先，英国分而治之政策是罪魁祸首。1878 年英国乘虚而入，获得了塞浦路斯的统治权，并于 1925 年 3 月 10 日英国宣布塞浦路斯为直辖殖民地，从此开始了英国对塞浦路斯的统治。第二次世界大战后，随着民族解放运动思潮的膨胀，塞浦路斯人民的民族意识不断觉醒，塞浦路斯族人民与塞浦路斯合并的愿望更加强烈，英国便采取了"扶土制希"的政策，一方面反对塞浦路斯族与塞浦路斯合并的要求；另一方面对土耳其族要求"尊重土耳其主权"的呼声故作宽容。英国殖民当局吸引土耳其移民塞浦路斯，扩大土耳其族的人口比例，以达到制衡塞浦路斯族的目的。在殖民统治期间，英国不惜利用两族在宗教、风俗习惯和其他民族矛盾，制造两族的分歧，挑起两族的争端，塞浦路斯族和土耳其族的纷争由此出现。之后英国为了能够长时期地控制塞岛，更是实施"分而治之"的策略，正是因为英国的插手和干预，使得原本已经处于恶化状态的希、土分歧更是雪上加霜。

其次，塞浦路斯族与土耳其族的矛盾是塞岛分裂的内因。塞浦路斯共和国建立之后，塞浦路斯出现了短暂的和平与繁荣。但好景不长。塞浦路斯族和土耳其族的矛盾并不会随着共和国的建立而随风消逝。随着共和国宪法的实施，两族之间由于相互猜疑，缺乏信任，都致力于积极维护本民族的利益，而不顾及对方民族的利益，因此当对宪法的某些条款产生不满，或对某些条款出现不同解释时，两族之间的矛盾便急剧加深。两族领导人因制宪问题发生分歧，引起共和国宪法危机。塞浦路斯族人指责土耳其人坚持建立单独市政机构的目的是最终实现塞浦路斯分治，而土耳其族人则指责塞浦路斯族领导人破坏共和国宪法，企图逐渐剥夺宪法所赋予土耳其族人的合法权益，将塞浦路斯引向"意诺西斯"[1]。所以，两族矛盾并没有因共和国的建立而消除反而愈演愈烈。

再次，塞浦路斯和土耳其的干涉是塞岛分裂的外因。塞岛问题受到塞浦路斯和土耳其的干涉。塞岛问题涉及三国四方，即塞浦路斯、土耳其、塞浦路斯族和土耳其族。塞浦路斯的民族问题是典型的跨界民族问题。希、土两族的斗争牵动着塞浦路斯和土耳其两国的神经。因此，塞岛希、土两族的矛盾和塞浦路斯、土耳其两国的矛盾交织在一起。[2] 在希、土两族的斗争中，塞浦路斯和土耳其对塞岛的干涉也不断深化升级。1974 年的塞岛政变和土耳其出兵塞岛是塞浦路斯和土耳其干涉的最好实例。塞浦路斯和土耳其的关系一直制约着塞浦路斯的和平统一进程，还主要体现在两国对塞浦路斯政府要求加入欧盟态度上的截然不同

---

[1]　意诺西斯：塞浦路斯与塞浦路斯合并。

[2]　李毅臻：《统一之路与分裂之痛》，中国广播电视出版社 2007 年 5 月第一版，第496 页。

的态度。欧盟是塞浦路斯的最大贸易伙伴，因此塞政府非常重视发展同
欧盟的关系。于是，塞政府不仅在 1987 年与欧盟签署海关协议成为第
一个与欧盟签定关税同盟的非欧盟成员国，并且在 1990 年正式提出申
请加入欧盟。但是，塞浦路斯土族和土耳其坚决反对此行动，认为在塞
岛问题解决之前，塞浦路斯不能加入欧盟，而且塞政府必须在土耳其成
为欧盟成员国后才能加入欧盟。因此，塞岛的矛盾又随着塞政府入盟步
骤的加快而激化。同时，塞浦路斯也是土耳其迈进欧盟大门的重大障
碍。如果这两个国家的矛盾不能改善，那么塞岛的统一问题也难以
解决。

　　长期以来，联合国及国际社会一直在努力斡旋，进行多次谈判，但
都以失败告终，塞浦路斯仍然没有实现国家统一。而作为一支马克思列
宁主义的工人政党，塞浦路斯劳动人民进步党一直致力于解决塞浦路斯
问题，实现塞浦路斯的真正统一。

## 二　联邦制方案

　　根据塞浦路斯的民族和社会现实情况以及国际形势，塞浦路斯劳动
人民进步党提出建立两族两区联邦国家的解决方案，并且在 2010 年第
21 次代表大会上重申了党的这一立场，即塞浦路斯问题必须在联合国
的框架内，在欧盟有关协议、1977 年和 1979 年高层协定、国际法和欧
洲法的基础上得到解决。2008 年 7 月 1 日两族领导人赫里斯托菲亚斯
与塔拉特发表联合声明，针对解决塞浦路斯国家统一问题做了具体的规
划，解决方案就是联合国决议所规定的建立政治平等的两区两族联邦国
家，建立统一的、主权独立的、领土完整的、具有独立国际人格的塞浦
路斯。塞浦路斯劳动人民进步党认为两族两区联邦解决方案必须满足以
下条件："（1）土耳其撤出驻扎在塞浦路斯的占领军，并且结束殖民主
义，除了联邦政府授予公民权的定居者，其他定居者必须回到自己的国
家，但不改变塞浦路斯的人口结构。并且塞浦路斯劳动人民进步党还认
为独立的国际组织对所有今天定居在塞浦路斯的人进行登记是非常必要
的；（2）恢复塞浦路斯共和国的领土完整和主权，以及恢复国家、人
民、制度和经济的统一；（3）自 2004 年以来塞浦路斯就成为欧盟的成
员国，所以要消除不合时宜的制度保证；（4）捍卫所有塞浦路斯人民
的人权和自由，包括难民和合法拥有者回归国家的权利和财产权。塞浦

路斯公民必须享有欧盟公民享有的一切权利"。①

　　塞浦路斯劳动人民进步党进一步指出，塞浦路斯是世界上武装军队最密集的国家之一，只有非军事化的塞浦路斯才能保障国家、人民、地区的和平与稳定，所以解决塞浦路斯问题必须使塞浦路斯非军事化。英国军事基地破坏着塞浦路斯的领土完整，是帝国主义和殖民主义的残余。塞浦路斯劳动人民进步党呼吁消除这些军事基地，巩固联邦国家的统一、塞浦路斯族和土耳其族的统一，使塞浦路斯摆脱英国的军事基地。只要军事基地依然存在，英国必须尊重塞浦路斯共和国，并承担有关军事基地的责任，必须尊重居住在塞浦路斯的公民或对军事基地领土有财产权的公民权利。同时塞浦路斯劳动人民进步党指出，占领和分裂阻碍了塞浦路斯族人和土耳其族人之间的关系正常化。民族沙文主义一直是塞浦路斯邪恶的恶魔，是外国侵略的手段，所以必须坚决反抗民族沙文主义和所有极端右翼制造两族仇恨。塞浦路斯劳动人民进步党将继续采取具体的措施和活动，与塞浦路斯族人和土耳其族人一起奋斗，早日实现塞浦路斯的真正统一。

## 第四节　塞浦路斯劳动人民进步党的施政方略

　　塞浦路斯劳动人民进步党根据塞浦路斯经济社会的实际，在上台执政期间从塞浦路斯的经济、政治、文化和社会四个方面出发，对社会进行全方位的以社会主义为方向的改革。

### 一　以经济民主计划为标志的现代混合经济发展道路

　　塞浦路斯经济有其特殊性，它是在欧洲和全球化的背景下发展起来的。在全球化条件下"新自由主义"这一新保守主义发展模式得到推广，更加不幸的是这种模式今天已经成为欧洲的主导模式。新自由主义在"自由竞争"的名义下通过实施它的政策使市场变得不负责任，通过经济和社会政策破坏作为战略机构的国家调控中心、大规模的推广私有化和自由化，解除劳动关系管制，实行有利于跨国公司和大资本并以工人和弱势群体为代价的不公正的财富分配。克莱里季斯政府任期的十

---

① Political Resolution of the 21st Congress of AKEL, 2010. http：//www. akel. org. cy.

年中，采取的是新自由主义保守的经济政策。它符合大资本的目标和特权。在此框架下，有人企图削弱国家对经济和社会的作用，破坏社会福利组织，在税收政策和劳工关系上促进私有化和反人民措施。

针对新世纪以来塞浦路斯的主要经济和社会问题，塞浦路斯劳动人民进步党提出了解决方案：

第一，改变经济中服务业的片面发展，尤其是旅游业。塞浦路斯经济遵循发达资本主义国家的趋势欲使服务业在发展中发挥主要作用。塞浦路斯发展战略中的基本优先次序应该是：打破经济发展依赖旅游业的现状，但不削弱其发展。相反我们需要把旅游业作为经济的基础并提高其质量。新的服务行业的发展必须与高水平的劳动力培训相结合，要使用现代技术和管理方式，并与生产部门发展同步。

第二，持续缩小生产部门并使制造业的物质基础现代化。关税联盟和共同体的统一进程伴随着取消货物流动的限制。这一过程将造成传统工业损失和倒闭。这需要通过给予中小商业具体的支持计划使制造业实现现代化和技术升级，同时实施欧盟的相关计划。效率的提高和生产力的提高是塞浦路斯经济的考验。

第三，公共赤字和债务这一结构性问题需要彻底疗法。尽管采取了积极步骤，但需要找到这一问题永久的解决办法，实行永久的控制与管理。使国家机器现代化、提高公共部门的生产力、理性就业、整理费用、使税收制度进一步现代化以及防止偷税漏税，这些都是遏制赤字的有效举措。为此采取的步骤是令人鼓舞的。

第四，导致了社会财产现象分化的需要处理。尽管已经采取了积极步骤，也减少了面临危险的人数，例如通过一项法令使社会福利和补贴的增加来提高最低工资，然而还有相当数量的人继续生活在贫困线以下。尽管不断完善的社会保障制度将限制这些问题，然而塞浦路斯仍然需要进一步改善公共福利制度并使其现代化以处理这些现象。

第五，反对持续提高土地价值和买房的成本使住房问题更加尖锐。在选举希政府之后，内务部通过广泛的社会对话实行了筹备工作，塞浦路斯劳动人民进步党进行了实质性的参与并为难民和非难民提出了一个全面的住房政策计划。这一政策应该成为国家的优先事项而立即实施。要高度重视实施有关贫困家庭和年轻夫妇的专门住房方案。

第六，尽管失业在塞浦路斯仍然处于较为理想的低水平，但仍然需要提高警惕和给予重视。涉及这一部门的国家机构要进一步升级，实现现代化，使它们成为有效实施和解决就业政策的重要机制。

第七，影响社会尤其是工人运动的一个主要问题是大规模移民工人的就业问题。由于对工人尤其是手工业者和对来自欧盟新成员国的自由流动工人的强烈需求，这一问题变得更加尖锐。塞浦路斯社会呼吁给移民以合法就业机会。因为移民工人约占塞经济活动人口的14%，在整个欧洲比例最高。

第八，塞浦路斯工人的利益受到压榨，他们将成为雇主勒索的受害者，受到雇主们的不人道的剥削，他们被用作廉价劳动力也被看作破坏有关就业条款和集体协议利益的工具，非法就业的数千名工人遭受着最强烈的剥削，见证着塞浦路斯移民工人的现实。这是严重的社会经济现象，政府和社会应及时解决。国家应该立即采取措施实施法律和严厉惩罚那些违反法律和只顾自身利益的雇主。另外，应暂停向移民工人发放当地劳动者需要的工作许可证，配合修订有关移民工人的就业许可证的发放标准。塞浦路斯劳动人民进步党将与工人运动一起工作使土族塞人同胞和欧盟成员国或非成员国中合法就业的移民工人的就业条款和条件与集体协议规定的相同，没有任何歧视，这是塞浦路斯人的同事。

第九，塞浦路斯劳动人民进步党高度重视塞浦路斯经济。健康的并具有强大的基础设施的蓬勃发展的经济是祖国统一斗争的重要支柱。我们为国营和私营部门并存，优势互补，互相合作的现代经济而努力。我们想要一个以人为本和满足广泛的群众阶层要求的经济。正如今天所看到的，经济形势的改善需要实施更加激进的社会政策措施，塞劳进党将继续努力，以全面实施政府计划的精神和意义为基础。

第十，社会主义经济基础理论，即社会所有制理论。塞浦路斯劳动人民进步党认为，不论什么社会形态，经济基础都具有决定性，同样的经济基础也是建立社会主义的基础性内容。所有制关系是构成社会主义的核心部分，是上层建筑中社会关系、法律和其他机构建立的基础。社会主义制度最根本的特征是生产资料社会所有制，它使占多数的劳动人民成为社会财富的合法拥有者，与资本主义制度下少数人占用社会生产资料截然不同，生产资料社会所有制为消灭剥削创造了前提条件。在社会主义条件下，劳动人民在参与社会主义所有制的实践过程中实现自我管理。在集中计划和管理的条件下，国家所有制被误认为是社会公有制的唯一形式。而塞浦路斯劳动人民进步党认为这种对社会主义所有制的误解会对经济社会的发展造成不良后果，而社会所有制应该有多种实现形式，国家所有制只是其中一种，类似全民所有制、合作制、私营和个体的制度都可以成为社会主义所有制的实现形式，并且这些形式可以继续细化为不同形式。因此，在当前时期，社会主义所有制的多样化已被人们普遍接受。[1]

第十一，实行经济民主计划。塞浦路斯劳动人民进步党认为，社会主义的所有制应该是多样性的，其运行过程中要注重将中央计划与市场结合起来，将中央和地方的积极性结合起来实行以现代混合经济为基础的经济发展政策。塞浦路斯劳动人民进步党强调，这种现代混合经济具有很强的灵活性，但要以社会主义为方向。塞浦路斯劳动人民进步党的经济哲学是以人为本的全面发展。而现代混合经济所遵循的原则是："一是建立现代的、动态的、灵活的和面向社会的混合经济；二是建立更加公正的财富分配和再分配；三是根据个人收入和在财富征税的基础上分配经济负担；四是建立对人民需要敏感的社会意识状态以保护和支持经济薄弱的社会阶层；五是监管资本主义市场的运作，使其运作不会损害阶层的利益。"[2]

第十二，在新国际经济环境中寻求重新设定国家的角色，这必须适应新的社会经济结构。国家新角色的基本方面应遵循以下几点：第一，在发展中发挥国家的领导作用。市场机制和为其服务的人不会采取具有战略意义的经济和社会决策。同样，市场不能代替民主。因此，需要国家决定选择和干预发展的战略计划以及管理市场经济，否则法律的操作会以牺牲社会经济弱势阶层为代价。第二，发挥国家的社会作用。当代国家必须是一个社会国家。它必须通过提供免费医疗保健和教育，通过文化和娱乐的机会促进人民政策。它必须保障社会保障，设置超过贫困水平的最低工资，采取经济和发展措施加强就业，有助于减轻社会排斥

---

① AKEL：Our View of Socialism, http：//www. akel. org. cy.

② Our View of Socialism, http：//www. akel. org. cy.

反应和通过具体方案帮助边缘化的人口。第三，国家为人民服务。国家必须提供基本服务，不允许私营部门提供这种服务。同时，国家必须在竞争中采取所有必要措施提供比私营部门更优惠质量更好的服务。这种基本的行业包括供水、供电、电信、航空运输、邮寄等。

## 二　以政治民主和政治自由为核心的政治发展道路

塞浦路斯劳动人民进步党主张社会民主与多党制，不垄断权力，不搞一党专权。这样做使政党成为公民参与政治活动的主要方式。公民通过政党有效地表达意见，参与国家管理和决策，使国家能够更有效地处理所面临的困难。

塞浦路斯劳动人民进步党主张建立一个保证个人自由、民主、平等和公正的法律制度，以维护社会生活的秩序。因为正义、保护人权和民主思想是全球普遍认可的。

塞浦路斯劳动人民进步党认为，"社会主义社会政策的基本原则是实现经济的持久繁荣和全体社会成员的自由而全面的发展"①。因此，在保障社会公平方面，塞浦路斯劳动人民进步党主张："一是不论社会出身和宗教信仰有何不同，社会成员一律平等；二是全体人民共同参与社会物质文化生产过程，按劳分配；三是公民享有参与国家社会经济生活的权利；四是保护个人权利和自由，使人民享有更高水平的社会保障"②。塞浦路斯劳动人民进步党深知塞浦路斯发展依然不平衡，因此为促进地区协调发展，城乡社会政治和文化生活均衡发展，塞浦路斯劳动人民进步党继续提高和改善惠及全民的社会保障，扩大社会保障和社会救助的范围，并使其与经济社会协同发展。

## 三　以多元统一为特征的文化发展道路

塞浦路斯劳动人民进步党认为，文化对于塞浦路斯至关重要，到目前为止塞浦路斯仍然被土耳其占领，极端消费和艺术商业化等文化意识盛行。塞浦路斯劳动人民进步党认为，正确的文化是人民抵制艺术商业化、极端消费主义和人类尊严庸俗化武器。在这个意义上，塞浦路斯劳动人民进步党认为，文化和艺术是思想阵线的重要组成部分，要坚决反

---

① Our View of Socialism, http：//www. akel. org. cy.

② Ibid. .

对虚假、反对歪曲历史、反对歪曲艺术和损害文化。塞浦路斯劳动人民进步党关于文化建设的具体政策是："第一，建立一个统一的文化管理局；第二，建立文化遗产档案；第三，建立文化贡献联营；第四，建立文化委员会；第五，文化领域的代表参与决策等；第六，重组塞浦路斯剧院组织和其他相关组织"。①

塞浦路斯劳动人民进步党相信，文化应该成为国家建设的重要组成部分，也是发展反对占领和亚文化的有机组成部分，应该成为国家优先解决事项，应该有效利用财政资源促进文化发展，应该在文化领域促进地方自治，发展文化教育。地方自治政府必须以决定性的方式争取文化的理性发展，使其发展具有连续性和一致性。通过地方自治政府的活动，协助业余创作，使塞浦路斯作者和画家等为人所知。同时，有必要在城镇和乡村地区建立相应的文化基础设施。塞浦路斯加入欧盟为国家文化进入欧盟提供了机会，同时通过正确的政治决策能够将塞浦路斯转变为欧盟的文化中心，成为与邻国及其他国家开展文化活动的桥梁。

另外，塞浦路斯劳动人民进步党十分重视与土耳其族同胞在文化领域合作和举办文化活动等。塞浦路斯劳动人民进步党认为与土耳其族艺术家的合作是本岛统一的重要资产和推动力量。所以，与土耳其族同胞开展的文化会议和活动应该为了国家的共同利益而继续发展下去。

**四 以教育、体育、卫生、环境全面协调为目标的社会发展道路**

改革教育制度才能满足当代的需求和挑战。塞浦路斯劳动人民进步党正努力改革以抵制保守主义、过时和落后，并带来教育制度的新时代。塞浦路斯劳动人民进步党提出渐进的彻底的改革教育结构和内容，以建设更加民主和灵活的管理以及更加民主和以人为本的多元化教育内容，并且使每个人都具有公平的教育机会。塞浦路斯劳动人民进步党始终坚信，建设"民主的以人为本的教育"② 是实施教育改革的第一步。为了实现教育目标，建设以人为本的教育，塞劳进党认为，教育政策针对的是教育系统的统一整体进行的一系列的科学研究和教学研究；教育改革必须把免费教育和终身教育作为社会发展和提高生活质量的必要前

① Theses of the C. C. of AKEL for the 20th Congress, http: //www. akel. org. cy.
② Ibid. .

提条件，避免社会基础教育边缘化和逐渐消除社会教育的不平等；要通过彻底解决文盲、学校失职和过早辍学问题，保障平等的教育机会；国家应在提高公共教育质量和维护教育平等中发挥决定性作用。与新自由主义的市场决定教育发展相反，塞浦路斯劳动人民进步党提议在教育机构成为社会团体的基础上，给予教育社会角色和民主、平等、社会公正、团结、和平以及生态意识价值优先权；坚持教育多元化，把不同民族文化联系起来；尊重每个人的个性特点和差异，反对各种形式的民族沙文主义和种族歧视主义。与此同时，塞浦路斯劳动人民进步党主张调整教育体系，实现教育管理的现代化，建立横向的跨部门结构。权力下放是塞浦路斯教育规划、组织和评价其运行结果的必要前提。加大计算机的普及教育以广泛应用互联网等先进技术。同时，教师应通过继续教育提高学历和能力以满足当代要求。如果不能保障教师的参与合作，教育改革就不能成功。

实施全民健康计划（NHP）满足塞浦路斯人民的健康需求。"全民健康计划（NHP）将为全体公民的医疗保健提供平等机会，不管他们社会经济地位如何和居住地在哪，必须保障人民享有选择医生和诊所等医疗服务的权力。全民健康计划（NHP）向公民提供免费的和高质量的治疗。"① 国家应适当增加医疗卫生的资金投入，以解决日常医疗的严重短缺问题。同时应该着重提高农村卫生中心的服务质量，建立新的诊所以满足人民的需求。消除市中心和郊区之间的医疗保健的不平等现象。卫生部门的机构不生产消费品但提供宝贵的服务，因为他们承担着社会责任。卫生部应该与社会保持坚固的双向关系以充分履行其工作职责。一个有效的卫生体系必须向全社会提供保健，保障所有公民获得医疗服务的平等机会，充分利用现有的人力和物力，避免浪费资源，通过提供人才激励措施保障医疗质量。卫生部不能无节制地使用经济资源，国家应该果断地限制卫生部门中追逐利益的大资本。

体育体现国家形象和展现国家综合国力。塞浦路斯劳动人民进步党一直注重发展体育事业。塞浦路斯劳动人民进步党致力于提高对塞浦路斯体育的干预，努力实现体育的现代化。塞浦路斯劳动人民进步党主张

---

① Theses of the C. C. of AKEL for the 20th Congress, http：//www. akel. org. cy.

对体育运动进行民主改革，大力发展覆盖地方自治政府和工作场所的基础设施，以满足当代需求；为了促进体育事业的发展，加大对其的资金投入，但应占国家预算的合理比例；教育和倡导人民和运动员积极参加体育运动；杜绝体育运动中的暴力和使用违禁药物；并在科学研究成果的基础上使以上内容具体化。进一步促进和发展体育使其成为个人发展的组成部分，也成为社会发展的组成部分。在群众运动和党的倡议下，建立地方体育俱乐部是国家社会发展和体育发展的里程碑。塞浦路斯劳动人民进步党始终认为，体育的发展是国家发展壮大的重要组成部分，所以党一直致力于塞浦路斯体育事业的发展。2009年举办的第13届欧洲小国运动会，塞浦路斯作为东道主以139块奖牌高居榜首，并且在2012年伦敦奥运会获得了首枚银牌，这是塞浦路斯自1980年首次参加奥运会以来所获得的第一枚奖牌。塞浦路斯在体育方面取得的成就和突破与塞浦路斯劳动人民进步党的政策方针以及党的努力是分不开的。

环境是人类社会再生产的条件。塞浦路斯劳动人民进步党认为人类不是从祖先那里继承地球，而是从子孙那里借来的。这充分说明了实现个人的繁荣不能通过自私的剥削自然和其他人民而取得。塞浦路斯劳动人民进步党认为生态退化是社会制度的结果，是资本主义发展和"追求超级利润"的结果。今天"以人为本"的环境建设已经被低估了，甚至人类和其他物种与生态系统的关系也被忽视了。随着社会和自然之间竞争的发展，造成了破坏性后果。生态问题在很大程度上影响到现代人的生活。科学和技术革命给现代人提供很多积极的东西的同时，也创造并积累了一系列问题，如果不采取果断而坚决的措施，将导致我们的星球和家园面临危险。塞浦路斯劳动人民进步党的生态环境目标就是创造一个适宜人类生存的环境。积极促进可持续发展模式，加强有关保护环境和使环境管理结构现代化的立法，制定固体和危险废物的综合管理计划，使用清洁能源等。在此框架内，塞浦路斯劳动人民进步党认为在生态资源开发的基础上建立一个实质性的可持续发展模式，以服务于当前一代和下一代社会的实际需求。塞浦路斯劳动人民进步党的主要目标："第一，创立有效控制和监督机制，实施环境立法和政策，并采取服务于人民的财政措施；第二，建立可信赖的程序，全面评估有关计划实施前和实施中的环境后果，建立鼓励公民参与环境政策的制定和实施的程序；第三，根据城市的特点加强城市规划与发展。城市不是人和空间的简单相加，还包含着独特的审美文化；第四，制定政策振兴乡村，为发展农业创造适宜条件，提高乡村经济以保护自然环境，承认农民在乡村建设中的多重作用；第五，通过教育使公民了解我们的文化和历史传统，并理解不同生活方式的价值，鼓励公民参与环境政策的制定和实施；第六，支持环境和生态组织联合会开展有组织的环境运动，并在共同目标的基础上加强与联合会的合作"。①

## 第五节　塞浦路斯劳动人民进步党促进世界社会主义运动的努力

　　苏东剧变后，世界社会主义运动在低谷中奋斗，这就需要各国共产党采取多种形式的活动来提高士气、加强团结、提升影响力，最终使国际共产主义运动恢复和复兴起来。塞浦路斯劳动人民进步党在这方面做出了自己的努力，它在实践中的主要活动方式有以下几种。

### 一　同各种群众组织建立联系

　　与塞浦路斯劳动人民进步党联系紧密的国际群众组织有世界青年民主联盟、世界劳工组织、国际妇女联合会等。塞浦路斯劳动人民进步党与国际群众组织的联系主要是通过它所领导的国内群众组织来实现的。

　　世界青年民主联盟拥有 5000 万成员，由塞浦路斯劳动人民进步党的一位青年领导人领导。塞浦路斯劳动人民进步党认为，以世界青年民主联盟为代表的国际进步青年运动在重组之后，在塞浦路斯统一民主青年联盟的积极努力下进入了一个团结的时期。但是，在反帝国主义道路上的困难和障碍仍然没有消除。而国际青年运动要在现代条件下加强反帝斗争的运动，就必须更加清晰地依靠阶级分析来看待现代的社会现象和国际形势，制定长期的战略，这个战略不是满足帝国主义胃口的，而应该是为工人阶级的政权而斗争，为捍卫社会主义和实现社会主义而斗争。塞浦路斯劳动人民进步党指出，其下一步的首要的目标是通过塞浦路斯共产主义青年团加强世界青年民主组织的反帝斗争倾向，抵制社会

---

①　Theses of the C. C. of AKEL for the 20th Congress，http：//www. akel. org. cy.

民主党和机会主义的压力和影响。

塞浦路斯劳动人民进步党强调，近年来，世界劳工组织的阶级暴力倾向在增长，它的各级组织的频繁参与和它丰富的斗争经验是阶级导向的工会在国际斗争和在更高层次上加强反帝反垄断斗争的积极因素。因此，塞浦路斯劳动人民进步党相信，塞浦路斯的泛塞浦路斯工人联合会以及其他工人运动的阶级组织，将在促进国际工会运动重组并扩大为新的组织为目标的活动中起到重要作用。

塞浦路斯劳动人民进步党指出，当前的国际妇女进步运动还没有完全克服反革命胜利后从反帝反垄断斗争中的倒退形势。国际妇女联合会的影响和行动焦点主要集中在拉美地区，在那里妇女武装组织同美国帝国主义的干预活动进行着艰苦的斗争。塞浦路斯劳动人民进步党认为，下一步与国际妇女运动的合作，应该创造条件提高国际组织在各个层面的力量的协调。泛塞妇女组织联合会的参与在发展反帝斗争方面做出了积极贡献，这为重新将劳动妇女纳入到国际共运和其他国际组织的联合行动创造条件。

二　加强与国外左翼政党的联系与合作

塞浦路斯劳动人民进步党主张积极加强同各国左翼政党尤其是同各国共产党和工人党之间的联系与合作，并开展了多种形式的团结活动。从塞浦路斯劳动人民进步党的具体实践情况来看，参加多边交流平台是塞浦路斯劳动人民进步党加强国际共产主义运动团结的主要形式，其他的方式包括游行示威、发表声明、出访等。

第一，多边会议交流平台。从目前来看，塞浦路斯劳动人民进步党开展的会议合作形式可以划分为四种：第一种是共产党和工人党国际政治性代表会议。该会议是由各国共产党和工人党派出党代表参加的国际政治性会议，也是当前世界共产党人国际合作主要形式。塞浦路斯劳动人民进步党参加了迄今为止的历届世界共产党和工人党国际会议。目前参加会议的共产党数量已经达到了世界共产党总数的80%，世界各大洲均举办过该会议。第二种是参与创建并出席国际共产党人学术研讨会（ICS）。1992年以来，国际共产党人研讨会每年在比利时布鲁塞尔举办一次，其宗旨是捍卫马克思列宁主义和无产阶级国际主义，反对修正主义。到目前为止，已经有来自非洲，拉丁美洲，北美洲，亚洲和欧洲的大约150个政党和组织参加到该研讨会中来。该会议是世界共产党人的国际学术性会议。讨论的议题包括苏联和东欧资本主义复辟的真正原因及其历史教训、世界新秩序下的反帝斗争、十月革命、共产党的历史地位和作用、工人阶级的领导作用、帝国主义与战争、资本主义经济危机与社会主义未来等。第三种是共产党人的地区性会议。塞浦路斯劳动人民进步党经常参加的类似地区性或专题性会议主要有以下几个："欧洲－地中海进步与左翼政党会议""欧洲联合左翼会议""欧洲教育问题会议""东方问题会议""巴勒斯坦问题会议""气候问题会议""欧洲共产党和左翼政党会议""拉美共产党会议""论社会主义研讨会""巴尔干国家共产党和工人党会议""东地中海—红海—海湾地区共产党和工人党会议"等。第四种是共产党和其他左翼政党、组织之间的地区性会议和论坛等。在当前形式多样的论坛活动中，塞浦路斯劳动人民进步党主要参加的是，共产党作为重要的组成力量成立于西欧的"新欧洲左翼论坛"和拉美地区的"圣保罗论坛"、委内瑞拉共产党举办的"科学社会主义：对其建设的贡献"研讨会，中国社科院的世界社会主义论坛等。塞浦路斯劳动人民进步党也曾参加过欧洲社会论坛、世界社会论坛和世界议会论坛等各种活动。

　　第二，除了创建、主办和参加各种类型的多边交流会议之外，塞浦路斯劳动人民进步党还通过其他各种方式加强同世界各国共产党、工人党和其他左翼党派的联系。其主要的方式包括：

　　1. 发表单方、双边或多边的声明。如1998年5月在伦敦召开三方会议之后，塞浦路斯劳动人民进步党、希腊共产党和土耳其共产党发表了关于"塞浦路斯问题"的声明。

　　2. 出访。从1997年以来，塞浦路斯劳动人民进步党曾出访过中国、越南、古巴、朝鲜、老挝、委内瑞拉、巴勒斯坦、以色列、叙利亚、黎巴嫩、玻利维亚、捷克、斯洛伐克、墨西哥、葡萄牙、土耳其、塞浦路斯、卢森堡、荷兰、英国、比利时、法国、意大利、印度、巴基斯坦等数十个国家，同该国家的共产党或工人党组织进行了友好的交流。

　　3. 向各驻塞使馆大使递交书信、传达信息或直接会晤等。塞浦路斯劳动人民进步党坚持在国家议会和欧洲议会斗争中支持和声援被资产阶级政府机器和法律迫害的共产党人。如针对波兰、捷克、匈牙利等国家实施的反共产主义政策、取缔该国共产党的法律，塞浦路斯劳动人民进步党议员和总书记多次与这些国家的驻塞大使会晤，并提出书面抗议。

4. 加入国际左翼组织。在国外，塞浦路斯劳动人民进步党积极支持具有阶级导向的左翼运动。塞浦路斯劳动人民进步党是欧洲左翼联盟与北欧左翼绿党党团（简称左翼联盟党团）的重要成员。

5. 联合开展集会、游行、示威等活动，反对帝国主义垄断资本及其机器、反对改良主义和机会主义、反对战争、反对反共产主义，争取团结与和平等。在布拉格、尼斯、热那亚等地进行的系列反全球化运动中，在反对多边投资协定和国际货币基金组织日内瓦服务贸易自由化谈判斗争中，在反对美国对伊战争的大规模反战示威游行中，我们都可以感受到共产党组织和其他左翼联合斗争的力量。

总的来看，20世纪90年代以来，塞浦路斯劳动人民进步党通过各种实践活动，捍卫社会主义的历史贡献，反击苏东剧变后国内外垄断资本主义和右翼势力的联合进攻，在世界社会主义运动中不断拓展了反帝反垄断反资本主义联合斗争的舞台和活动空间。总结塞浦路斯劳动人民进步党探索世界社会主义运动的经验，我们要加强世界社会主义力量之间的交流、对话与合作，世界各国共产党和工人党可以在很多地方有所作为。

首先，进行理论上的创新。当前世界社会主义力量的合作不能走过去的统一中心的老路子，因此，这就需要首先在理论上进行创新，提出一种能够为世界各国共产党和工人党都认可的合作原则和理念。当前世界共产党人的国际合作多年没有建立起来，一个很重要的原因是，世界各国共产党对帝国主义的认识没有达成共识。有的党认为，现在提帝国主义过于激进，有的党认为现在的资本主义已经不处于帝国主义阶段，帝国主义现在更多的是指一种外交政策，等等。

其次，是进行多方面的实践探索，在实践中检验哪一种方式比较有效、比较有利、比较有前途。世界共产党人的国际联合在历史上有过辉煌的历史，也有过惨痛的教训。到底哪一个种合作方式更加能够适应当前的形势，需要在实践中不断进行探索，正如小平同志所说的，要

"摸着石头过河",至于哪一种更有效,需要由实践做出回答,不能强加给别人。

再次,不仅注重马克思主义工人政党之间的合作,还要加强马克思主义工人政党群众组织之间的交流与合作,同时,还应该开辟不同性质政党之间的交流、对话与合作的新方式、新内容。

最后,要对世界社会主义力量的合作充满信心,逐步推进,不能好高骛远,也不能裹足不前。尽管当前世界社会主义国际合作处于摸索阶段,有很多的困难和障碍,也可能会有反复和退步,但我们不能因为困难和障碍就畏缩不前,而应该以积极的心态去迎接挑战,逐步探索前进。

总的来看,20世纪90年代以来,塞浦路斯劳动人民进步党通过各种实践活动,捍卫了社会主义的历史贡献,顶住了苏东剧变后国际垄断资本主义和右翼势力的联合进攻,世界社会主义运动中拓展了反帝反垄断反资本主义联合斗争的舞台和活动空间,逐渐开辟出一条在世界社会主义运动的低潮中加强共产党团结与合作的新道路。

# 第五章　塞浦路斯劳动人民进步党革新社会主义的重点评析

塞劳进党"革新社会主义"的理论和实践向我们提出了很多新的问题。比如如何看待当今时代的性质和矛盾的问题，如何看待社会主义的核心价值问题，如何看待通过议会道路上台执政，并进一步探索社会主义发展前景的问题，塞劳进党执政和失政的过程没有否定，有没有肯定议会道路的正确性，等等。

## 第一节　当今时代与塞浦路斯劳动人民进步党的世界矛盾观

塞劳进党关于当今世界的主要矛盾是挽救人类的可能性和人类灭亡的危险之间的矛盾的看法，强调了生态危机的紧迫性，但与当今时代仍然处于从资本主义向社会主义过渡的时代，时代主题是和平与发展，时代主要矛盾仍然是社会主义和资本主义的矛盾的看法是不同的。

### 一　人类社会的基本矛盾与时代的内涵

为了理解当今时代问题，我们必须首先对时代的内涵、划分标准、主题和基本特征及其演进历史进行必要的梳理。我们所讲的"时代"是一种大的历史观，是人类社会以基本矛盾为依据、以经济、政治、文化等状况为基本特征而划分的一定发展时期。时代主题则是指时代在不同发展阶段上的最显著变化，时代的基本特征是指时代性质在经济、政治和文化等方面的表现形式。在区分不同时代时要注意以下几点：

首先，时代的性质是由人类社会发展的基本矛盾决定的，而不是以人类社会发展的其他矛盾或某一个特殊历史事件为依据的。生产力与生产关系的矛盾是人类社会的基本矛盾，生产关系一定要适合生产力发展状况的规律是人类社会发展的一条不可抗拒的根本规律，是在一切社会中都发挥作用的普遍规律。这是马克思主义唯物史观的基石。因此，划分社会历史时代，最根本的依据还应该是人类社会的基本矛盾，这也是马克思恩格斯的本意。恩格斯在为《共产党宣言》作的序中就指出，"每一历史时代主要的经济生产方式和交换方式以及必然由此产生的社会结构，是该时代政治的和精神的历史所赖以确立的基础，并只有从这一基础出发，这一历史才能得到说明。"① 这里的"经济生产方式和交换方式以及必然由此产生的社会结构"就是指由生产力和生产关系这一基本矛盾决定的社会形态。按照这个标准，我们把人类在 20 世纪以前的历史大体划分为原始时代、奴隶时代、封建时代和资本主义时代。

其次，同一历史时代可以有不同的经济、政治和文化表现形式，即时代的阶段性。马克思主义哲学认为，事物发展是过程的集合体，同一内容的事物可以采取多种表现形式，这是由事物发展矛盾的不平衡性决定的。例如，资本主义时代就包含了自由竞争资本主义、一般资本主义和帝国主义等不同发展阶段，社会主义时代也有初级阶段和高级阶段等不同发展阶段。在不同的发展阶段，其经济、政治和文化状况会有不同的表现方式是必然的。

再次，在阶级社会中，时代的性质和特征与阶级关系是密不可分的，而且时代的基本矛盾往往主要表现为阶级矛盾。因此，马克思主义认为，在阶级社会中，阶级斗争是社会发展的直接动力。列宁也曾明确提出："哪一个阶级是这个或那个时代的中心，决定着时代的主要内容、时代发展的主要方向、时代的历史背景的主要特点等等。"② 因此，在阶级社会中，科学地认识时代的性质、主题和特征就离不开阶级分析方法，必须抓住时代的阶级矛盾和关系。

最后，时代的发展是前进性和曲折性的统一。马克思主义的否定之否定规律认为，事物总的发展趋势是前进的、上升的，但是具体道路是曲折的。代表历史发展基本方向和发展趋势的社会形态是时代的发展前途，但代表旧社会形态的力量是不会轻易退出历史舞台的，因此，时代发展不是一帆风顺的，在一定历史条件下甚至会出现倒退。这说明，从一个时代向另一个时代过渡是复杂的和长期的，甚至过渡时期也足以构成一个时代。正如列宁指出的，"每个时代都有而且总会有个别的、局

---

① 《马克思恩格斯选集》第 1 卷，人民出版社 1995 年版，第 257 页。
② 《列宁全集》第 39 卷，人民出版社 1986 年版，第 423 页。

部的、有时前进、有时后退的运动，都有而且总会有脱离运动的一般形式和一般速度的情形。我们无法知道，一个时代的各个历史运动的发展会有多快，有多少成就。"① 因此，我们不能因为暂时的挫折而落后于时代，也不能因为暂时的胜利而超前于时代。

**二　当今时代处于从资本主义向社会主义过渡的时代**

马克思主义者对当今时代性质进行了不断的探索。马克思恩格斯曾指出，"在资本主义社会和共产主义社会之间，有一个从前者变为后者的革命转变时期。同这个时期相适应的也有一个政治上的过渡时期，这个时期的国家只能是无产阶级的革命专政"② 列宁也认为俄国十月革命开辟了一个具有世界历史意义的时代，但"从资本主义过渡到共产主义是一整个历史时代。只要这个时代没有结束，剥削者就必然存在着复辟希望，并把这种希望变为复辟尝试。"③ 第二次世界大战后，斯大林则提出了"世界资本主义体系的总危机"和"帝国主义和无产阶级革命的时代"的判断。在 1957 年召开的世界共产党和工人党代表大会的宣言中则认为当今时代处于"从资本主义向社会主义过渡时代"。在我国的"文化大革命"期间，还出现过"资本主义在全世界走向崩溃，社会主义在全世界走向胜利时代"的提法。在当前学术界，还出现了当今时代是"战争与革命时代"的看法以及"和平与发展时代"的认识。

第二次世界大战之后，帝国主义时代终结，我们进入了"从资本主义向社会主义的过渡时代"。其原因在于帝国主义时代的矛盾已经发生重大变化，资本主义和社会主义之间的对抗上升为主要矛盾。帝国主义时代的基本矛盾仍然是生产社会化同私有制之间的矛盾，但斯大林在《论列宁主义的基础》中指出了帝国主义时代还有"最重要"的三个矛盾："第一个矛盾是劳动和资本之间的矛盾，第二个矛盾是各财政集团之间以及帝国主义列强之间因为争夺原料产地、争夺别国领土而发生的矛盾，第三个矛盾是为数极少的占统治地位的［文明］民主和世界上

---

① 《列宁全集》第 26 卷，人民出版社 1988 年版，第 143 页。
② 《马克思恩格斯选集》第 3 卷，人民出版社 1995 年版，第 314 页。
③ 《列宁选集》第 3 卷，人民出版社 1995 年版，第 612 页。

十多亿殖民地和附属国人民之间的矛盾。"① 这就是我们通常所说的帝国主义内部无产阶级和资产阶级之间的矛盾、帝国主义之间的矛盾和帝国主义与被压迫民族之间的矛盾。除此之外，还有社会主义内部的矛盾、帝国主义和社会主义之间的矛盾。不过，这些矛盾由于上述三种矛盾的日益激化而处于次要地位。

正是由资本主义基本矛盾决定的"最重要"的三大矛盾的发展，使得资本主义的矛盾发展到极点、使无产阶级革命"成了不可避免的实践问题，而且造成了直接冲击资本主义堡垒的有利条件"。② 两次世界大战就是帝国主义矛盾的集中爆发，帝国主义遭到严重打击；十月革命则开创了无产阶级革命的新时期，第二次世界大战后社会主义国家如雨后春笋般崛起，并在亚欧大陆联合成社会主义阵营。社会主义阵营的形成标志着帝国主义时代的终结，从资本主义向社会主义过渡时代的来临。新时代的基本矛盾已经不再是生产社会化同私有制之间的矛盾，而是资本主义和社会主义两种生产力和生产关系的矛盾运动的斗争，具体表现为资本主义和社会主义两种制度和国家之间的对抗。帝国主义时代的"最重要"的三个矛盾已经相对弱化，相反，社会主义的矛盾却日益显现出来。在这些矛盾中，资本主义和社会主义之间力量对比关系的变化决定了其他矛盾的变化。

新中国的建立是帝国主义时代终结、新时代来临的最重大事件之一。新中国成立之后就加入了社会主义阵营，并开始了社会主义建设工程。在社会主义建设的探索中，我们有积极的成果，也有严重的挫折，直到我们找到了中国特色社会主义道路。可以说，中国在从资本主义向社会主义过渡时代中，对社会主义的道路进行了独立的探索，对时代的发展起到了重要的作用。

### 三　和平与发展成为时代主题

20 世纪 70 年代中期以来，时代矛盾的发展出现了重大转折，具体表现在以下几个方面。

第一，资本主义和社会主义之间的矛盾缓和，热战基本结束，出现

---

① 《斯大林全集》第 6 卷，人民出版社 1956 年版，第 65—66 页。
② 《斯大林全集》第 6 卷，人民出版社 1956 年版，第 66 页。

了和平竞赛的基本格局。从第二次世界大战结束到 20 世纪 70 年代中期的世界主题可以用"战争与革命"来概括。一方面是社会主义革命风起云涌，社会主义国家从一国发展到世界体系，如 1944—1949 年欧亚十几个国家走上了社会主义发展道路，之后，越南和古巴等国家也从帝国主义枷锁中解放出来，建立了社会主义国家。另一方面，帝国主义不甘心失败对各社会主义国家实施冷战的同时，在局部地区发起对社会主义国家的直接侵略，突出的表现是朝鲜战争、印度支那战争。但是，随着帝国主义侵略战争的失败、社会主义的不断壮大以及各被压迫民族的纷纷独立，国际范围内的阶级力量对比发生了有利于社会主义的根本变化。帝国主义用军事手段铲除社会主义的梦想破灭，与此同时，社会主义国家也认识到，在现实条件下，通过"战争引起革命、革命制止战争"的斗争形式来进一步扩大社会主义胜利果实也难以奏效。双方在经过激烈的较量之后，都暂时采取了和平竞赛的斗争方式。

第二，资本主义国家经过 20 多年的结构调整和发展，其阶级矛盾也不像以前那般激烈。第二次世界大战后，虽然资本主义的基本矛盾仍没有解决，但在智能技术革命的推动下，经过 20 多年的结构调整和发展，发达资本主义国家的经济结构、产业结构、阶级结构、阶级关系和广大人民的生活状况都发生了变化。资本家通过雇员持股计划调整私有制的实现形式；新兴产业以传统产业数倍的速度增长并成为国民经济的支柱产业；工人阶级也向第三产业转移并出现分化，一部分转化为社会中间阶层；雇佣工人由"会说话的机器"逐步变成经济人、社会人，其社会福利得到无微不至的照顾，工人阶级的革命意识淡化。在发展科技和社会生产力的前提下，资本主义的自身调整能力又得到了提高，并取得了长达 20 年的"黄金发展时期"。资本主义内部矛盾这种变化给正在进行社会主义建设的国家的启示是：社会主义的优越性受到了前所未有的挑战。因此，紧紧抓住智能科技革命的发展主权，大力发展社会主义生产力，提高人民的生活水平是社会主义战胜资本主义的根本之所在。

第三，资本主义国家从滞涨时期走出来，一心求发展，三足鼎立的格局日益明显。第二次世界大战以后，美国成为资本主义世界的超级强国，但随着时间的推移，欧洲共同体和日本的经济实力不断提升。并不断挑战美国的超级强国地位。美、欧、日三者之间的竞争与对抗越来越激烈。好景不长，在经历了战后20多年的黄金发展时期之后，资本主义国家在20世纪70年代初期陷入了"滞涨时期"。但是，资本主义走出滞涨的方式跟以前发生了巨大的变化。资本主义之间不仅没有发生轰轰烈烈的战争，而且出现了相互帮助、共渡难关的情形，后者主要表现在它们争先恐后地将危机转移到新独立的民族国家身上。这种情况表明，帝国主义之间的矛盾已经可以不通过相互之间的战争的方式来解决。因此，利用帝国主义矛盾或者薄弱环节取得一国或几国社会主义的胜利的机会在减少。

第四，随着民族解放运动的发展，帝国主义和被压迫民族的矛盾已经转化为同新兴民族国家之间的矛盾，而新兴国家在独立后纷纷提出国民经济发展战略。由于第二次世界大战以后，各被压迫民族纷纷取得了政治独立，因此，帝国主义就改变了以前那种赤裸裸的军事侵略方式，而采取了新的殖民手段，如有条件的贷款、意识形态控制等。新的殖民手段与之前那种赤裸裸的军事侵略方式相比，具有更强的虚伪性和隐蔽性，同时，新独立的民族国家为了稳固政权，就必须致力于发展经济、提高人民的生活水平，因此，只有在发展中，才能解决各种矛盾，尤其是同帝国主义之间的矛盾。

第五，社会主义国家之间尤其是苏中之间的关系出现分裂是时代矛盾的新变化。第二次世界大战以后至20世纪70年代中期，社会主义国家之间的关系经历一个从和睦相处到出现破裂再到大分裂再到暂时缓和的过程。1945年到1948年是各社会主义国家和睦相处、互相帮助的良好发展时期；1948年中情局开除南斯拉夫事件使得社会主义国家之间的关系开始出现了裂缝；而中苏之间长达十年的大论战则使社会主义出现大分裂；70年代初期，随着越南战争的结束，社会主义国家之间的关系得到暂时的缓和。

总之，在20世纪70年代中期以后，随着时代矛盾的变化，世界各国希望和平与发展，追求和平与发展、维护和平与发展的呼声在高涨，和平与发展成为当今时代的主题。同时，时代矛盾的变化又是和平与发展时代的主要表现。

**四　以现代生产力为基础的全球化浪潮是当今时代的基本特征**

在时代主题转换的同时，时代的基本特征也发生了重大变革。在和平与发展成为时代主题的条件下，时代的基本特征可以概括为以现代生产力为基础的全球化浪潮，具体的表现是科技智能化、经济全球化、政治全球化、文化全球化、环境问题全球化。

现代生产力与科技智能化。现代生产力是指以智能技术为标志的社会生产力。它区别于以石器、铜器和铁器等手工劳动工具为标志的古代生产力，也不同于以蒸汽技术和电力技术为标志的近代生产力。所谓的智能技术，主要是指在第二次世界大战结束以后出现的以电子计算机技术、宇航技术新能源技术、材料技术、信息技术和生物技术为代表的高新技术。其中人工智能计算机的发展从 1946 年第一台电子计算机问世到 1976 年的三十年间，经历了电子管、晶体管、集成电路、大规模集成电路四个阶段。正是微电子和电子计算技术的智能化，带动了其他技术的出现。20 世纪 80 年代以来信息技术突飞猛进，90 年代以后生物技术日新月异。智能技术的出现引起了社会生产力其他各个方面的重大变革。就劳动工具来说，由电脑控制的自动化机器逐渐取代了传统的由"三机"系统构成的机器。就劳动对象来说，人工合成材料的问世，新资源的开发利用，尤其是信息资源这一非物质资源的广泛应用，从根本上改变了劳动对象的物质范围。就劳动者来说，脑力劳动者在劳动力结构中占的比例日益攀升，劳动者的素质显著提高。另外，在社会生产力中，科学管理和教育水平所起到的作用也越来越明显。而生产力构成因素的重大变革使现代生产力的发展呈现出新的特点，主要表现在以下几个方面。第一，科学和技术在社会生产力发展中同时起到了第一位的作用。无论是古代生产力还是近代生产力，不仅科学革命和技术革命是分开进行的，而且科学革命和技术革命与生产力革命也不是同步的。而在现代生产力中，科学革命和技术革命已经融为一体，科学技术化和技术科学化同时进行，科学与技术的革命又引起产业革命，从而推动生产力的跃进式发展。第二，以新兴产业为代表的第三产业在社会产业结构中的地位逐步攀升，在自身成为生产力新增长点的同时，极大地改变了传统产业结构。第三，生产力和生产关系的结合表现为生产的自动化、智能化、专业化和国际化。第四，市场机制和国家宏观调控在生产力的发展中发挥着不可替代的作用。第五，现代生产力的发展对生产关系、上层建筑和人们生活方式产生了巨大的影响，如资本社会化趋势加强，劳资关系缓和；社会结构由金字塔形向纺锥形或橄榄形过渡；国家管理经济和社会的职能加强，行政权力膨胀和权力法制化同时并存；人们的生活方式从节约式的消费方式向过度消费、超前消费和负债消费的方向转变，等等。

经济全球化。第二次世界大战以后的三四十年间，随着科技智能化和现代生产力的发展，世界经济主要表现为生产经营逐步一体化，国际贸易逐步自由化，国际金融逐步自由化和国际经济逐步多极化。在工业革命的带动下，世界经济形成了以贸易为基本联系方式，以实物商品交换为基本活动内容统一的（但不十分完整的）世界市场；在电工技术革命的推动下，世界经济进入了一个以货币输出为主要活动方式的资本一体化阶段；而在智能科技革命的引导下，世界经济开创了以跨国公司为主要载体，以信息和通信技术为主要形式、以新兴产业为支柱的生产一体化阶段。如，到20世纪70年代末，跨国公司已有一万多家，在全世界拥有四万多家子公司；1947年人类发射了第一颗地球卫星，1962年、1965年人类发射了第一颗全功能的商业卫星，即时通信第一次使信息从世界的这一端传递到那一端成为可能；电子、信息、新材料、新能源等产业替代传统产业成为国民经济的支柱。第二次世界大战后到70年代的国际贸易发展是以布雷顿森林协议和关贸总协定为基础的。前者为国际贸易的自由化提供了固定的汇率体系，后者为国际贸易的自由化提供了制度保证。关贸总协定在1967年到1970年的肯尼迪回合谈判中包括了全球80多个国家，到90年代初囊括了世界上大部分国家。国际金融的加速自由化是以"60—70年代的3个主要变化……为基础：欧洲货币市场的出现，布雷顿森林体系的崩溃和石油价格的冲击。从那时起，金融市场解除管制和技术变革的综合影响促进了国际金融网络和国际金融流量的广度和强度的提高。""日益增长的全球金融流量的广度和强度，加上国内金融市场自由化的趋势、国内资本控制的废除和走向弹性汇率，所有这些都意味着全球金融整合正经历着一场深刻的改革。"① 从目前的世界格局来看，这场深刻的改革的结果是美、日、欧

---

① ［英］戴维·赫尔德等：《全球大变革：全球化时代的政治、经济与文化》，社会科学文献出版社2001年版，第279页。

三足鼎立向和区域化的局面。

政治全球化。政治全球化首先表现为政治的民主化进程。"政治全球化也就意味着各国之间在政治价值和政治制度上的认同趋向民主政治"① 第二次世界大战后，现代民族国家成为全球政治统治的主要类型。按照塞缪尔·亨廷顿对民主化浪潮所作的分析，第二次民主化浪潮发生在第二次世界大战后到 20 世纪 60 年代早期，到 1975 年，世界殖民体系基本瓦解，世界民主进程取得了阶段性的重大胜利。而第三次民主化浪潮则从 1974 年至今，进行政治体制改革成为时代的主要政治特征。政治全球化还表现在政治的跨国化，政府间组织和非政府间组织的急剧增加，多边政治形式将各种政治组织卷入其中。1950 年，全世界大概有 75 个国家，120 个政府间组织和 80 个非政府间组织，而到 1980 年，它们的数量分别达到大约 150 个、350 个和 400 个。"另外，还有一个有趣的变化需要指出，1946—1975 年期间，政府间生效的国际条约的数目增加了两倍多，从 6351 个发展到 14061 个，而包含非政府间国际组织的这样的条约则从 623 个增加到 2303 个。"②

文化全球化。文化全球化是指各种民族文化在相互交往中形成了新的文化现象的过程，主要有文化趋同化和文化多样化两种现象。《全球大变革》的作者具体分析了这个过程。书中认为，当代文化全球化的基础设施是电信和语言；主要载体是大型的、公共的和私有的媒体、旅游、交通和通讯公司；其广度主要是西方范围内，但也从北方流向南方，英语成为一种全球性语言；其强度是空前的，所有媒体出现数字化趋势；其速度表现为即时交流的可能性、交通速度比以前更无法比拟地快捷和廉价；主要的影响在决策和制度上是产生了文化流动和文化自主，在分配和结构上则是产生了大众文化和民族认同。

环境问题全球化。当代的全球性环境问题主要表现为全球变暖、物种多样化的丧失、森林的消失、酸雨、人口爆炸性增长、土地沙漠化，

---

① 陈海燕、李伟编著：《全球化视域下社会主义的理论与实践》，山东大学出版社 2007 年版，第 38 页。

② ［英］戴维·赫尔德等：《全球大变革：全球化时代的政治、经济与文化》，社会科学文献出版社 2001 年版，第 74—75 页。林其屏：《全球化与环境》，江西人民出版社 2002 年版，第 93 页。

等等。环境问题自古有之，但其成为全球化的问题并急剧恶化则是第二次世界大战后开始的。"特别是 20 世纪五六十年代以来，世界经济增长了 20 倍，工业生产增长了 50 倍。人类第一次获得了改变全球的力量，但是人类的几乎是无限的建设与创造能力是相等于同样巨大的破坏与毁灭力量的。现代工业在给人类带来物质文明的同时，也把土地流失、土地沙漠化、资源枯竭、温室效应、臭氧层破坏带给人类"。① 1962 年美国学者蕾切尔·卡逊出版的《寂静的春天》一书和 1972 年罗马俱乐部发布的第一份报告《增长的极限》，在当时都引起了全球的震惊。从 20 世纪六七十年代兴起的新的环保运动也从反面说明了环境问题全球化的严重影响。如美国 1978 年的"爱河运动"等。

**五　塞劳进党的人类矛盾观和时代观**

1990 年 10 月，塞劳进党提出人类社会主义基本矛盾是人类与自然的矛盾以及资本主义与社会主义矛盾这两个。塞劳进党认为，现代世界是多元的、复杂的、充满了对抗和矛盾。然而与此同时它也是一个既相互独立又相互依存的统一体。我们异中求同，确切地说，世界的相互独立与统一赋予了现代矛盾以新的意义。主要的矛盾就是挽救人类和灭绝人类之间的对抗性。解决这个问题需要全人类统一的行动。另外一个矛盾就是资本主义与社会主义以及资产阶级与劳工阶级之间的对抗。解决此矛盾势必要花费相当长的时间，因为两种社会经济体制在和平合作与竞争的精神下共处。现今资本主义国家的劳资矛盾尤其是在帝国主义中心国家将继续存在，一方面，发达资本主义国家和第三世界的不平等性在继续，这种矛盾愈加严重使得矛盾更加尖锐。另一方面，第三世界国家自身之间的矛盾已经而且继续对世界的和平与稳定构成严重的威胁。所有这些矛盾，世界的相互独立性及复杂性等在科学技术革命的巨大进步中进一步强化，在这种情形下，在基于政治经济平等基础上重新检验重新定义和重新构建内部政权关系是急需的。由此，我们如今革命重组构成了人类运动的一个新的阶段，我们运用现代的新思想的批判精神来检验资本主义和社会主义的历史地位。

2014 年塞劳进党召开纲领性会议，会上提出了塞劳进党的世界观

---

① 林其屏：《全球化与环境问题》，江西人民出版社 2002 年版，第 93 页。

和意识形态观。会上指出，塞劳进党的世界观是由三个主要特点构成的：以人为本的世界观，政治纲领，结构化的组织模型。

作为当代共产党员，塞劳进党遵循的马克思列宁主义的意识形态"是随着知识，经济和政治的不断发展而发展。"对于塞劳进党来说，这就意味着社会是阶级的社会，并且阶级斗争是社会进步的力量。因此，塞劳进党维护劳动人民的阶级、社会和政治利益。塞劳进党坚信资本主义不是人类社会发展的最后阶段，而是另外一个，一个不同的世界：社会主义世界。这是塞劳进党的憧憬：一个民主和人道的社会主义社会。

塞劳进党认为，巨大的不平等、贫穷、饥饿、人的异化的剥削、战争和环境破坏，这些不能给我们带来发展和进步。

资本主义，还有所有以前的社会经济系统，它在历史上起过革命的作用，但是它是通过牺牲财富来源，破坏人类与环境关系来实现的。现如今的时代，财富来源的开发已经威胁到人类文明成果。当前经济和社会危机，以及环境危机，是对资本主义制度本身的危机的表达，该体系无法克服。资本主义的剥削性不仅不允许它与环境和谐发展的，也不能保证可持续性的发展。这已经被多次证明，在漫长的历史中，资本主义不能实现稳定的、理性的和道德的增长。相反，它只能是反人性的，破坏社会的。这就是为什么资本主义不可能是人类历史的终结。

相信社会主义是为了人类的视角，塞劳进党反对世界上那些跨国的私营企业和民族资本决定着数以十亿人的命运。塞劳进党拒绝活在一个充满掠夺性的战争和帝国主义政策的世界，这屠杀和剥夺了整个国家和世界各地未来的希望。塞劳进党拒绝活在一个充满不平等和剥削的世界，谴责在生产的财富量上足以喂养整个地球上的人口的情况下，数十亿的人们还处于饥饿和痛苦。

很明显，在任何情况下，无论什么时候，利益的驱使决定了所有。国际大公司的猖獗意味着对世界上大多数人们的压迫和剥削。资本主义是一个不断产生危机和灾害的体系。

这种悲惨和不人道的状况必须改变。这个社会经济系统的框架可以改变。这个系统中制定政策的决定因素不是利益驱使，而是人们和社会的需要。

　　系统框架下的民主可以改变，其机构的运作并没有因自私和内定的利益而扭曲和变化。民主的系统的框架内，将有真正的和放任的自由，平等，公正，团结，透明和精英。社会是多元化的，民主控制超越了任何一种形式的权利，包括具有代表性的管理问题。在一个社会里，个人和集体的人权得到充分的尊重。这个社会就是社会主义社会。

　　社会的基础是生产资料所有制。只有这个社会所有制才可以使经济，生产和贸易合理化。不仅经济将生产和消费本身作为目的，而且根本目的是要满足社会上对于知识和物质的需要。

　　生产资料社会所有制是由工人自己管理的，为根除剥削，贫困，不平等，异化，战争，压迫和歧视而建立的强大基础和跳板。在民主的普世价值中，自由，平等，正义，和平，团结，多样性的尊重，爱国主义和国际主义的密不可分关系都可以发现。它们的应用程序是通过特定的政策来表达。

　　社会主义的视角是为了和平地实现普世价值，发动或大或小的多国参加的斗争，共同反对帝国主义的掠夺式的世界性扩张战争。

　　社会主义通过更小和更大的斗争来反对剥削且遏制大的资本政策，是为了更公平地分配财富，为了保护和提高工人的权利，为了有尊严地生活，为了确保人们获得教育、卫生、文化、社会福利，为了更多民主参与社会斗争，为了更多的自由。此外，社会主义反对沙文主义、种族主义、反对任何形式的种族主义、歧视、社会和政治压迫。当然，社会主义需要一个更大的战略计划，以克服现有体系的弊端。

　　塞劳进党是由人们的体力劳动和脑力劳动创造和发展的。服务工人的最大利益，代表中小阶层的利益是塞党的宗旨。自成立以来，塞浦路斯劳动人民进步党服务了社会绝大多数的利益，而不是大资本的利益。塞劳进党从国家的利益出发，贯彻促进国家经济发展的政策，努力实现社会和谐。

　　在塞浦路斯反对殖民主义和法西斯主义的民主自由斗争中，党一直处于先锋的位置。为祖国和人民的解放和统一，目前正在积极地努力维护和完善我国独立的主权。

　　塞劳进党目前正疲于应付经济危机带来的后果，这是资本主义的全球系统性危机的结果，且给塞浦路斯的银行业带来危机。塞劳进党的坚定立场是，危机是无法通过废除国家福利、废除劳动人民所得、不留余地的增长和发展经济的紧缩政策来解决。这就是为什么我们强烈反对这些政策的原因。塞劳动人民进步党持续抵抗新自由主义，保护工人的劳动权和工作权。为了保护和加强工人福利，塞劳动人民进步党通过实施福利和繁荣的政策，民主教育和现代健康的方案来表达其反应速度。

忠实于马克思列宁主义的意识形态、历史和丰富的军事贡献，塞浦路斯劳动人民进步党坚持站在国家和人民斗争的最前线，实施政策总是与责任和普遍原则相一致，体现限制主义和灵活性的统一，远离教条主义。对于人民的问题要有敏感性，采取开放与社会的对话，还要有明确的立场、透明度和无私。

塞浦路斯劳动人民进步党目前为欧洲人民斗争而不是为垄断阶级而斗争，为了欧洲的和平和非军事化，为了欧洲的民主和主人的权利而不是大资本、寡头和布鲁塞尔专家的权力控制。塞劳动人民进步党为争取民族独立、民主和人权进行人民斗争。为了社会进步和社会主义，塞劳动人民进步党支持世界各地的反对全球化和跨国资本主义剥削的斗争。塞劳动人民进步党协调和统一政党和社会力量，表达工人的利益。塞劳进党作为一种和平的力量持续反对帝国主义的侵略战争和所谓的建立新的社会秩序。

## 六　二十一大关于气候变化的决定

塞浦路斯劳动人民进步党二十一大是在气候变化威胁地球生存的时期召开的。环境与生态危机直接源自当前的全球发展模式和资本主义制度。一方面这一制度产生和积累了巨大财富，但另一方面它使地球的一半人口陷入贫穷和苦难。这场危机对于地球的生存至关重要，环保是争取公正与和平世界的组成部分。

鉴于第 16 届联合国气候变化大会在 2010 年 11 月 29 日至 12 月 10 日举行，塞浦路斯劳动人民进步党二十一大指出以下几点：

1. 2009 年 12 月在哥本哈根举行的第 15 届联合国气候变化大会的失败和世界各地领导人的缺席，尤其是发达国家的领导人的缺席，是解决气候变化的威胁。

2. 强调了在墨西哥坎昆举行的第 16 届联合国气候变化大会的重要性。大会必须关注大幅减少排放量的实现性并要有约束力的协议，这是阻止气温上涨的基本前提。

3. 北方富国给予南方穷国支持和实质性有效的经济和技术援助，是为了解决气候变化和环境危机带来的灾难性后果。

4. 断然拒绝任何旨在利用市场机制调节的政策，如排放交易制度，实施这一制度不能提供任何进展，相反却为大污染提供辩护，只会继续污染而不会减少。

5. 欢迎世界气候变化大会给予地球母亲的权力采取的立场。除了其他事项，世界会议要求到2017年减少50%的排放量，承认地球的权力，充分尊重人权和土著居民与气候难民的权力，建立气候司法国际法庭和结束排放交易制度。

6. 强调由于持续增加的排放量，生态系统对温度不限制升高的科学预测是消极的，并强调了需要战略规划和必要的措施解决世界一半人口的贫困环境。

7. 由于气候变化，科学家对此特别关注，塞浦路斯是将面临更严重后果的地区，尤其是沙漠化和供水。我们应该认真考虑我们的困难境地，并及时为各部门准备，以适应气候变化。

8. 集中努力建立各部委和公共部门的合作，为调节气候变化制定政策。提高它们的协调和恢复它们的方法和优先事项是必要的。

9. 强调了只有把环境和我国人民的利益放到资本利益和不惜任何代价追求利益最大化之上，可持续发展的目标才能实现。

10. 塞浦路斯劳动人民进步党21大宣称塞浦路斯劳动人民进步党作为工人和劳动人民的先锋力量，将保护环境，可持续发展，建立文化与自然的和谐作为党的重要目标。

### 七 二十二大对环境问题的阐述

在2015年世界环境日之际，塞浦路斯劳动人民进步党第二十二次代表大会中所做的决议认为：

尽管有许多关于环境问题的全球论坛，人们组织并采取行动保护环境，但在行动上做的却远不够。无休止地开采自然资源时，环境被当作了一个巨大的储藏器，当作一个垃圾场，当作一个有利可图的投资领域，最终导致地球出现了重大问题。

塞劳进党认为，个人的富有不能凌驾于集体富裕之上，也不能自私地对自然和其他人进行剥削。对我们来说，环境问题和生态危机主要是一个政治问题，也与在经济和社会领域的严重影响有关。这个问题与人民争取和平和安全的斗争相关，因为在资本主义体制的框架内，对有限的自然资源的控制成为了他们竞争和冲突的领域。

塞劳进党认为，环境政策应该主要包括实行新的经济和社会发展政策，旨在维持生态系统和自然资源的可持续发展战略的整体能力。经济发展是必要的，但是应该着眼于社会的利益，而不是为了富有和政治考虑去无节制地破坏环境。环境政策的一个重要组成部分就是加紧国际和平和裁军的斗争，结束摧毁自然资源的战争和冲突。

塞劳进党和所有的塞浦路斯人民，土族和希族人，以及区域内的所有人民，共同反对土耳其核力量在阿库尤（Akkuyu）地区的建设和运作，因为该地区是高强度地震区，距离塞浦路斯仅60公里。

塞浦路斯独立后的发展模式与国际趋势是一致的。由于土耳其的入侵和持续占领，塞浦路斯的环境问题在近40年来进一步恶化，他们对塞浦路斯的生态系统进行变态的划分，不受控制地发展，缺乏一个正确的全面的国家环境政策。对塞浦路斯的环境污染和破坏，无论在乡村还是城市都带来了巨大的影响。广大人民和工人阶级相比于拥有个人和家庭保护的富裕阶层来说，正遭受着前所未有的环境恶化。因此，解决环境问题的斗争与实现公平的人类社会的政治斗争有直接的联系。

实施一个可持续发展的模式是我们的目标，即实现经济，社会和环境的协调发展。塞劳进党的建议是，从我国的国情出发，在实现公平的持续的生产过程和生产关系中，要考虑到社会经济的改变。为此，国家必须改变不平衡的环境发展政策，快速实现国家和平和人民生活的富裕。因此，要解决我们的政治问题，必须结束占领，实现国家的统一，这样才能有利于我国的自然环境，为实现有效的环境政策创造机会。

由此可见，塞劳进党的世界观符合当今时代的性质是从资本主义向社会主义过渡的事实，而其特别强调了当前全球性问题的重要性、紧迫性也是建立在批判资本主义的基础上的，是为了更好地获得更多选票，为了替代资本主义。

## 第二节　塞浦路斯劳动人民进步党执政与失政的原因与启示

21 世纪初，塞浦路斯劳动人民进步党坚持马列主义指导，不断进行自我革新，根据本国国情，独立自主地走出了一条通过总统选举成功上台执政的艰辛道路；但命运多舛，在内外强大的压力下，执政五年的塞浦路斯劳动人民进步党在 2013 年总统竞选中失利，再次失去执政地位。比较分析塞浦路斯劳动人民进步党得失政权的深层次原因，有利于我们总结处于低潮中的世界社会主义运动发展规律。

塞浦路斯政体是总统共和国制，总统为国家元首兼政府首脑，代表国家行使各项职权，任期 5 年。总统、副总统对议会通过的法案拥有否决权。因此，如果党的候选人能够在总统选举中获胜，那么该党也就顺理成章地成为了执政党。塞浦路斯的议会实行一院制。议会每五年选举一次，议席 80 个，其中希族 56 席，土族 24 席（不过，由于土族退出塞议会，长期以来另立议会，共 50 个席位，由土族各党派通过选举产生。）。政党存在的首要目的就是夺取政权。因此，塞浦路斯各党派都千方百计地为夺取总统选举的胜利而不懈努力。

### 一　塞浦路斯劳动人民进步党在总统选举中的成功与失败

塞浦路斯劳动人民进步党，是塞浦路斯成立最早、目前规模最大的马克思主义工人政党。塞浦路斯劳动人民进步党的前身是成立于 1926 年 8 月 15 日的塞浦路斯共产党。1941 年 4 月改为现名。在塞浦路斯劳动人民进步党的领导下，塞浦路斯人民取得了反对帝国主义，反殖民主义和反对法西斯主义斗争的胜利，并于 1960 年争取到了国家独立。

塞浦路斯独立后，恢复了合法席位的塞浦路斯劳动人民进步党积极参加议会选举①和总统选举，并首先在议会选举中崭露头角。1960 年 8 月，塞浦路斯劳动人民进步党在议会选举中获得 35 席中的 5 席。1970

---

① 塞浦路斯 1976—2006 年议会选举各党选票比例详见［英］吉·哈拉兰博斯文《塞浦路斯劳动人民进步党选举成功析论》，载《当代世界社会主义问题》2009 年第 4 期，第 52 页。

年和 1976 年均为 9 个。20 世纪 80 年代，塞浦路斯劳动人民进步党在议会选举和总统选举中表现出色。在 1981 年议会选举中，塞浦路斯劳动人民进步党获得的议席由 9 个上升到 12 个。在 1986 年地方选举中，塞浦路斯劳动人民进步党获得 18 个城市中的 9 个市长职位。1988 年 2 月，塞浦路斯劳动人民进步党在总统选举中有所斩获，它早先和其他党派支持的候选人瓦西里乌当选为国家总统。

苏东剧变后，尽管面临着世界社会主义陷入低谷的逆境，塞浦路斯劳动人民进步党继续巩固它在国家中的大党地位。塞浦路斯劳动人民进步党新任总书记季米特里斯·赫里斯托菲亚斯力挽狂澜，不仅使党战胜党内分裂活动，而且不断调整战略策略，使党不断发展壮大。在 1996 年举行的议会选举中，塞浦路斯劳动人民进步党支持率高达 30.6%，获得 56 个议席中的 19 个，一举使塞浦路斯劳动人民进步党成为塞浦路斯第二大党。

进入新世纪以来，塞浦路斯劳动人民进步党在议会选举中打下牢固基础的前提下，终获执政地位。2001 年，塞浦路斯劳动人民进步党在立法选举中创出新高，获得 34.7% 的选票和塞浦路斯议会 56 个议席中的 20 个议席，第一次战胜所有对手成为议会第一大党，其总书记赫里斯托菲亚斯当选为议会议长。2003 年，塞浦路斯劳动人民进步党联合其他中间派势力赢得了总统选举，首次参政，并在政府中占有 4 个部长职位。2006 年，塞浦路斯劳动人民进步党在议会选举中获得 31.16% 的选票和 18 个议席，总书记赫里斯托菲亚斯连任议长。2008 年 2 月 24 日，塞浦路斯劳动人民进步党在总统选举中取得历史性突破。其总书记赫里斯托菲亚斯以 53.4% 的选票成功当选为塞浦路斯总统，并组建以劳进党为核心、民主党和社会民主运动参与的三党联合政府，从此开启了塞浦路斯劳动人民进步党历史的新纪元。同时，由于塞浦路斯 2004 年已经成为欧盟的一个重要成员，因此，塞浦路斯劳动人民进步党也就成为当时欧盟国家中唯一执政的共产党。从一定意义上说，这是苏东剧变后发达资本主义国家中马克思主义工人政党所取得的最突出的成就。

2008 年塞浦路斯劳动人民进步党上台后，在国家统一、社会改革和外交政策方面开展了卓有成效的工作，也得到了广大塞浦路斯民众的支持。不过，也面对着严重的挑战。这种挑战一方面来自执政联盟内部——2010 年 2 月和 2011 年 8 月，社会民主运动和民主党退出执政联盟；另一方面来自于主要反对党民主大会党——2011 年 5 月举行的议会选举，该党以 34.27% 的得票率超过执政的塞浦路斯劳动人民进步党成为第一大党。虽然说执政的劳动人民进步党以 32.67% 的支持率紧随其后，但联合执政的民主党得票率有所下滑，只赢得 15.77% 的选票。

在国家濒临破产的经济危机阴霾中，塞浦路斯劳动人民进步党遇到了许多前所未有的困难，并最终导致了其在接下来的总统选举中失利。2013 年 2 月 24 日，塞浦路斯最大反对党民主大会党主席尼科斯·阿纳斯塔夏季斯在总统选举第二轮投票中得票率为 57.48%，而执政党塞浦路斯劳动人民进步党支持的候选人斯塔夫罗斯·马拉斯得票率为42.52%。这样，阿纳斯塔夏季斯就接替赫里斯托菲亚斯成为这个地中海岛国 1960 年独立以来的第七位总统。塞浦路斯劳动人民进步党自此失去执政地位，成为在野党。

**二　塞浦路斯劳动人民进步党在总统选举中获胜的原因分析**

塞浦路斯劳动人民进步党从一个遭到反动势力镇压，被迫转入地下的党，慢慢成长为一个拥有合法身份，得到塞浦路斯人民热烈拥护的党；从一个长期从事暴力斗争而革命的党，逐渐转变成为一个灵活利用普选权而上台执政的党；从一个在 40 多年的总统选举中默默无闻的党，逐步发展成一个拥有共和国总统的党。究其原因，自然不是简单和单一的，而是多重因素综合作用的结果。

第一，塞浦路斯资本主义的发展及社会结构的变化是基本前提。塞浦路斯在国家独立后经过 40 多年的发展，逐步成长为一个中等发达资本主义国家。塞浦路斯资本主义经济发展的同时，形成了一个鲜明的社会阶级结构。截至 2008 年，人数最多的工人阶级目前已经占到就业人口的 70%，贫穷的农民阶级在就业人口中占约 13%，还没有形成为一个同质的中产阶级占 20%—30% 的就业人口，分布在工人阶级和中产阶级中的知识分子在塞浦路斯就业人口中占 10%—13%，资产阶级在就业人口中只占 5%—6%[①]，且大中小资产阶级内部竞争激烈。随着资

① AKEL, Our concept of socialism, http：//www. akel. org. cy/nqcontent. cfm? a _ id = 1&lang = l3.

本主义的发展，塞浦路斯的矛盾也日益突出，收入差距越来越大，农村发展缓慢、生态环境恶化等。塞浦路斯资本主义的发展及社会结构的变化为塞浦路斯劳动人民进步党的发展和壮大提供了深厚的土壤和养分。

第二，革新社会主义理念是思想条件。塞浦路斯劳动人民进步党认为，现代世界是一个多元的充满矛盾的世界，基本矛盾是资本主义与社会主义以及资产阶级与劳工阶级之间的对抗，主要矛盾是挽救人类的可能性和人类灭亡的危险之间的矛盾；现代资本主义正处于矛盾和危机并行的国家垄断资本主义阶段，虽然其自我调整能力得到了历史性提高，但资本主义没有克服固有的危机，也不能给人类面临的矛盾找到一个出路；世界社会主义发展虽然经历了苏东剧变的严重打击，但社会主义在世界的成功和成就以及它对世界的和平与进步所作的贡献是不能被忽视的和否定的。同时，我们应该从苏联式的社会主义中走出来，探索符合我们自己特点的社会主义，这是由各个国家、民族以及人们生活的多样性所决定的；"社会主义应该是多元、民主、公正、生态和以人为本的，社会主义允许多党存在，社会主义所有制是多元的，生活的透明与公开以及社会公正、生态保护是社会主义的基本目标，社会主义的核心和价值目标是以人为本"[1]。塞浦路斯劳动人民进步党对传统社会主义理念的创新使其大大减小了苏东剧变对它的冲击，也有利于缓解反共浪潮的攻击，更为其上台执政奠定了思想基础。

第三，塑造廉洁的现代群众性政党是组织保证。在党的性质上，1995年塞浦路斯劳动人民进步党的党章规定，其是"塞浦路斯工人阶级和劳动者的先锋队"[2]，这说明塞浦路斯劳动人民进步党不仅仅是工人阶级的先锋队，而且是所有劳动者的先锋队，其社会基础拓宽了；在组织原则上，党章强调要在民主集中制的运行过程中，"不断扩大民主，保证充分的党内民主、统一的路线和领导、纪律的自觉遵守"[3]，

[1]　AKEL, Our concept of socialism, http：//www. akel. org. cy/nqcontent. cfm? a_ id = 1&lang = l3.

[2]　刘洪才主编：《当代世界共产党党章党纲选编》，当代世界出版社2009年版，第127页。

[3]　同上。

尤其是在党内民主方面，塞浦路斯劳动人民进步党党章提出了十一项具体的措施来保证；在基层组织方面，塞浦路斯劳动人民进步党既强调基层组织的分散性，又强调其协调性，为此，塞浦路斯劳动人民进步党建立了在省委、市委、农村委员会和地区委员会的领导下混合委员会，其职责就是"协调和领导一个地区、居民区、郊区、村庄或若干同行业的党的基层组织的活动"①；在党的作风方面，塞浦路斯劳动人民进步党特别强调加强与群众的联系和党的廉洁形象的重要性，为此塞浦路斯劳动人民进步党特别规定，其议员每年必须至少两次遍访自己的选区，加强与选民的沟通并及时为他们排忧解难，凡担任国家公职并以此获得收入的党员，如议员、市镇长等，都要将国家发给的工资上交党的财务部门，然后根据每个人的级别从党内领取相应工资。一般说来，每个议员的实际收入只是其议员工资的一半左右，即使担任议会议长的党员也不例外。塞浦路斯劳动人民进步党通过组织转型，不断加强了与广大群众的联系，树立起清正廉洁的典范形象，为其在选举中的进步打下了深厚的组织基础。

第四，采取灵活的斗争策略是主观条件。塞浦路斯劳动人民进步党根据形势的发展，针对不同的对象，采取了极为灵活的斗争策略。在一定条件下，适当的妥协也是一种迂回的斗争方式。如在塞浦路斯加入欧盟问题上，由于塞浦路斯民众希望借助欧盟的力量对抗土耳其，因此塞浦路斯劳动人民进步党一改以往阶级斗士的角色，不再坚决反对加入欧盟，而是将欧盟看作是一种"必要的恶"加以接受，从而避免了在此问题上的失策，更获得了大量民众的赞许。灵活的联盟策略是塞浦路斯劳动人民进步党的主要斗争手段之一。在 2003 年 2 月举行的塞浦路斯总统选举中，塞浦路斯劳动人民进步党联合社会民主运动、生态运动等中间派力量，共同支持总统候选人、民主党主席帕帕多普洛斯，从而确保帕帕多普洛斯一举击败执政十年的右翼政党民主大会党，赢得总统选举的胜利。因此，在以民主党为主的新政府——新政府一共由 11 位部长——中，内政、工商及旅游、卫生、通信与工程等 4 部由塞浦路斯劳

---

① 刘洪才主编：《当代世界共产党党章党纲选编》，当代世界出版社 2009 年版，第 135 页。

动人民进步党人担任，数量居各党之首。借助民主党搭建的平台，塞浦路斯劳动人民进步党成为参政党，实现了首次参政的突破，更有媒体称国家实权"掌握在劳进党总书记手中"①。在 2008 年 2 月 24 日举行的总统选举中，塞浦路斯劳动人民进步党不仅获得了传统选民和左翼政党的支持，而且成功争取到社会党以及一些中派政党的支持，该党总书记、议会议长赫里斯托菲亚斯也得以战胜右翼政党民主大会党候选人、前外长卡苏利季斯，顺利当选塞浦路斯总统。可见，塞浦路斯劳动人民进步党在议会和总统选举中成功是其在各种情况下灵活运用多重策略的结果。

值得注意的是，对于塞浦路斯劳动人民进步党来说，塞浦路斯资本主义的发展及社会结构的变化是总统选举中获胜上台执政的外部因素；而革新社会主义理念、塑造廉洁的现代群众性政党和采取灵活的斗争策略是塞浦路斯劳动人民进步党为了能够在总统选举中获胜而进行的主动变革与转型，是其内部原因和主要原因。当然，内部因素和外部因素总是相互影响、相互作用的。

### 三　塞浦路斯劳动人民进步党在总统选举中失败的原因分析

塞浦路斯劳动人民进步党在 2008 年总统选举中获胜并上台执政是内外诸多因素综合作用的结果。同样地，塞浦路斯劳动人民进步党在 2013 年失去总统宝座和执政地位的原因也是多方面的。

第一，抵制新自由主义的社会改革引发社会中上层不满，使塞浦路斯劳动人民进步党受到社会中上层的猛烈抨击。塞浦路斯劳动人民进步党认为，新自由主义是一种反人民的经济模式，它所吹捧的市场经济只为跨国公司的利益服务，结果必然是国家福利的不断削减、失业的急剧增加以及劳动人民生活水平的逐渐下降。因此，塞浦路斯劳动人民进步党主张抵制新自由主义，在社会各领域推进改革。其施政方针是建立现代的、动态的、灵活的和面向社会的混合经济；建立更加公正的财富分配和再分配体系，根据个人收入征税的基础上分配经济负担；监管资本主义市场的运作，使其不会损害劳动阶层的利益；建立对人民需要敏感

---

① 李亚洲：《逆境中崛起的塞浦路斯劳动人民进步党》，载于《当代世界与社会主义》2009 年第 1 期，第 48 页。

的社会意识状态以保护和支持经济薄弱的社会阶层；反对新自由主义的市场决定教育的发展观，给予教育社会角色以及保证民主、平等、社会公正和生态意识价值的优先权；实施全民健康计划，向全社会提供保健，保障所有公民获得医疗服务的平等机会，不管他们的社会经济地位和居住地如何，都要保障他们享有选择医生和诊所等权利；对体育运动进行民主改革，大力发展覆盖地方自治政府和工作场所的基础设施，以满足当代需求；在生态资源开发的基础上建立一个实质性的可持续发展的模式，等等。塞浦路斯劳动人民进步党认为，这些改革措施对于广大民众来说是一件好事。比如，当别国在一段时间里资金吃紧的时候，塞浦路斯有可持续发展的社会保障基金；当别国退休金正在减少和降低的时候，塞浦路斯的养老金及公共援助有超过30%的大幅增长；当别国削减工资的时候，塞浦路斯的最低工资增加了25%。但是这些改革措施却引起了塞浦路斯资产阶级的不满，因为它"挑战了一些公司的政治和经济利益，结果必然是不断升级的反对派的攻击，特别是来自保守的新自由主义政党的攻击。而处于舆论中心的那些支持赫里斯托菲亚斯总统当选并最初参与到政府当中的人，也开始猛烈的批评，尽管他们也在政府当中，而一旦他们离开政府，批评也将更加猛烈。"①。

第二，社会民主运动和民主党两党相继退出执政联盟，使塞浦路斯劳动人民进步党失去了重要的政治联盟。2008年赫里斯托菲亚斯组建了以劳进党为核心、民主党和社会民主运动参与的三党联合执政的新政府。但2010年2月，社会民主运动退出了执政联盟。在2011年5月举行的议会选举中，主要反对党民主大会党上升了4个百分点，以34.27%的得票率成为议会第一大党。执政的塞浦路斯劳动人民进步党上升了1.5个百分点，以32.67%的支持率紧随其后，而联合执政的民主党得票率有所下滑了2.2个百分点，只赢得15.77%的选票。这次议会选举使得反对党力量上升，给两党联合政府的政策实施增加了极大难

① Intervention of Christos Toumbazos, member of the central committee of AKEL Cyprus, at the 14<sup>th</sup> international meeting of communist and workers parties organized, http://www. solidnet. org/.

度，并影响到塞浦路斯问题[①]的解决。赫里斯托菲亚斯总统以塞浦路斯族领导人的身份参加两族谈判，反对党一直指责他对土耳其族让步过多。这加速了民主党退出执政联盟的进程。代表中右力量的民主党在财政紧缩、希族与土族谈判等议题先前就曾与赫里斯托菲亚斯领导的塞浦路斯劳动人民进步党出现过分歧。民主党认为当前财政紧缩幅度不够大，主张更大幅度地减少财政开支；不满赫里斯托菲亚斯提议由希族人与土族人轮流出任塞浦路斯总统，要求撤销这一提议。这样，2011 年 8 月 3 日，塞浦路斯民主党宣布，由于与塞浦路斯劳动人民进步党协商无果，决定退出执政联盟。民主党退出执政联盟虽然没有导致政府解散和总统下台，但使塞浦路斯劳动人民进步党的各种改革方案更难获取议会多数支持。塞浦路斯劳动人民进步党在 2013 年总统选举中一贯的联盟政策也就难以实现了。

第三，塞浦路斯经济危机和弗洛拉基斯海军基地爆炸事件，使塞浦路斯劳动人民进步党失去了部分中下层民众的支持。受欧债危机的影响，塞浦路斯经济危机日益严重，2010 年塞浦路斯经济增长率为 1%，2011 年经济增长率仅为 0.5%，几乎停滞不前。2012 年的经济增长率更是 -2.4%，政府赤字大幅上升，赫里斯托菲亚斯主政期间，政府过度举债令 2012 年塞浦路斯外债所占国内生产总值比例达到近 86%，失业率超过 14%[②]，人民生活水平大幅下降。2013 年总统选举前进行的多项民调显示，近八成的受访者认为，造成国家深陷经济危机的原因在于政府政策失误。赫里斯托菲亚斯的支持率已由上任之初的 80% 跌至 20%。对于塞浦路斯劳动人民进步党雪上加霜的是，据中国中央电视台报道，塞浦路斯南部利马索的埃万耶洛斯·弗洛拉基斯海军基地 2011

---

① 塞浦路斯问题：塞浦路斯从 1974 年起南北分治，国际社会承认的塞浦路斯共和国政府实际只控制南部希腊族聚居区域，北部土耳其支持的土耳其族聚居区域，1983 年北部宣布成立"北塞浦路斯土耳其共和国"。由此塞浦路斯形成南部是得到国际社会承认的塞浦路斯共和国，北部是只得到土耳其一国承认的"北塞浦路斯土耳其共和国"。——笔者注

② 塞浦路斯 2010—2012 年的经济增长率和 2012 年外债和失业情况分别参见中华人民共和国驻塞浦路斯使馆经商参处：《塞浦路斯 2010 年 GDP 为 175 亿欧元》《塞浦路斯 2011 年经济形势分析及 2012 年经济发展预测》《塞浦路斯公布去年经济增长率》《塞公布 2012 年 12 月失业情况》，http：//cy. mofcom. gov. cn/article/.

年7月11日发生爆炸，爆炸造成13人死亡、61人受伤，海军基地设施以及附近的瓦西利科斯发电站也遭到破坏。这座电站是塞浦路斯最大的电站，供应全岛超过半数用户用电。电站停止运营使全国60%以上的地区停电，其中包括首都尼科西亚的不少地区。而当时正值盛夏季节，气温攀升到摄氏40度左右，限电给人们的生活带来很大影响。此次爆炸所致的经济损失总额20亿欧元，接近塞浦路斯国内生产总值的九分之一。其中，修复发电站预计耗资7亿欧元。塞浦路斯不少民众认为，埃万耶洛斯·弗洛拉基斯海军基地爆炸缘于政府失职，并要求总统赫里斯托菲亚斯引咎辞职。赫里斯托菲亚斯虽然表示无意辞职，在塞浦路斯经济危机和弗洛拉基斯海军基地爆炸事件影响下，赫里斯托菲亚斯总统宣布不竞选连任，塞浦路斯劳动人民进步党在不得以的情况下提出由该党党员、年轻的卫生部长斯塔夫罗斯·马拉斯竞选总统。赫里斯托菲亚斯也成为1960年塞浦路斯独立以来首位未参加竞选连任的总统。

　　第四，欧盟以救助协议为借口对塞浦路斯总统选举施加影响，使塞浦路斯劳动人民进步党面临强大的外部压力。塞浦路斯2012年6月向欧盟和国际货币基金组织申请救助，以挽救受塞浦路斯债务危机影响的银行业并弥补政府财政的不足。据中国中央电视台报道，2012年底，塞浦路斯政府与代表欧盟委员会、欧洲央行和国际货币基金组织的"三驾马车"达成了初步救助协议，根据这一协议，塞浦路斯有望在2013年3月获得175亿欧元救助资金，几乎相当于该国的经济总量。其中100亿欧元用于救助银行，75亿欧元用于偿还主权债务以及补足政府财政。但"三驾马车"要求最终协议的签署必须等到塞新一届政府上台之后。2012年12月，以民主大会党为第一大党的塞浦路斯议会以压倒多数通过2013年度紧缩预算，决定大幅调低工资和养老金，提高增值税以及燃油税和烟酒税等。德国总理默克尔对此表示十分欢迎，并在2013年1月出访塞浦路斯时公开对民主大会党的总统候选人阿纳斯塔夏季斯表示支持。2013年2月，阿纳斯塔夏季斯以57.48%的得票率战胜塞浦路斯劳动人民进步党支持的候选人斯塔夫罗斯·马拉斯当选塞浦路斯总统后，德国财长朔伊布勒和法国财长莫斯科维奇发表了一份联合声明，对塞浦路斯总统选举结果表示欢迎。可见，塞浦路斯劳动人民进步党在总统竞选中还不得不面临着来自欧盟内部的巨大压力。

#### 四　塞浦路斯劳动人民进步党在总统选举中胜败的启示

塞劳进党能够通过总统选举上台执政的主要原因不是外部的，而是来自内部，源于塞劳进党根据形势发展主动进行的变革和转型，其下台的主要原因在于其推行的反新自由主义政策和应对主权债务危机的有利于中下层群众的主张。塞浦路斯劳动人民进步党在总统选举中的成功与失败，反映了一个马克思主义工人政党在发达资本主义国家中对如何夺取国家政权并有效执掌政权的探索。虽然塞浦路斯劳动人民进步党只执政了短短的五年，但通过对塞浦路斯劳动人民进步党在总统选举中成败的原因分析，世界各马克思主义工人政党可以从中吸取许多有益的经验。

第一，马克思主义工人政党可以、能够并且必须独立自主地探索符合本国国情的社会主义道路。塞浦路斯劳动人民进步党根据塞浦路斯社会经济和阶级结构的变化，经过几十年的摸索，在苏东剧变后世界社会主义处于低潮的不利情况下，独立自主地走出了一条通过和平的总统选举上台执政的道路。塞浦路斯劳动人民进步党利用普选制在发达资本主义国家上台执政的事实证明，马克思主义工人政党探索在本国实现上台执政并不是一件不可能的事情，其关键要素就是要独立自主。

第二，马克思主义工人政党必须主动进行变革与转型才能不断发展壮大。塞浦路斯劳动人民进步党能够通过总统选举上台执政的主要原因不是外部的，而是来自内部，源于塞浦路斯劳动人民进步党根据形势发展主动进行的变革和转型。如塞浦路斯劳动人民进步党对社会主义理念的革新，就突破了传统社会主义的束缚，在坚持马列主义的指导下，更强调塞浦路斯未来社会主义的多元、民主、公正、生态等特点，并将以人为本作为社会主义的核心价值和目标。对社会主义的再认识，使塞浦路斯劳动人民进步党适应了塞浦路斯多党制的政党环境、总统共和制的政体环境，塞浦路斯劳动人民进步党也因此成为目前塞浦路斯最大的政党。因此，积极主动地进行变革和转型比消极被动地改变更能促进马克思主义工人政党的发展壮大。

第三，马克思主义工人政党必须采取灵活的联盟斗争策略才能有所作为。塞浦路斯劳动人民进步党不是从政党阶级性的立场出发，而是在总统选举中灵活运用联盟斗争策略，分化竞选对手的做法，是其上台执政的重要原因之一；而塞浦路斯劳动人民进步党上台执政后采取的激进的改革措施，使其逐渐丧失了执政联盟的支持的事实说明，在马克思主义工人政党实力不强的时候、只有正确处理好与联盟的关系才能在复杂的政治斗争中有所作为。

## 第三节　塞浦路斯劳动人民进步党处理塞浦路斯问题的教训与启示

塞浦路斯问题是塞浦路斯的主权范畴的问题，因此，作为塞浦路斯曾经的执政党和现在最大的在野党，处理塞浦路斯问题至关重要，既关系到执政地位是否稳固，也关系到是否能够上台执政，更关系到整个国家的发展前途。塞劳进党即作为执政党为解决该问题做出了艰苦努力，也作为在野党提出了各种建议。其中，有成功的地方，也有不足的地方。

### 一　非常代表大会对塞浦路斯问题的总结

2014 年 2 月 15—16 日塞劳进党召开了非常代表大会，通过了《塞浦路斯宣言》宣言指出，塞浦路斯处于非常困难和紧急关头。我们的国家和人民都面临着许多问题和挑战。其中两个突出的问题的发展将决定我们国家的现在和未来。首要的也是第一个问题是塞浦路斯共和国境内很大一部分的领土事实上在 1974 年迫于土耳其的武力施压处于分裂的状态。土耳其在塞浦路斯的非法占领和分裂对塞造成了巨大的危险。自从 1974 年政变，还有随后土耳其的野蛮入侵，已有 40 年。随时间的推移，入侵和占领已成为事实，所以提出一个解决方案势在必行。

解决塞浦路斯问题的先决条件是一个和平未来的安全措施。一个结束土耳其对殖民区的占领和统治，还有确保国家和人民的统一的方案；一个恢复非军事化的普通国家，归还所有塞浦路斯人民的权利和自由的方案。我们的立场是一致的，我们反对政府加入北约并成为其分支的意图。我们的目标是为西塞人、土塞人、马龙、亚美尼亚人和拉丁美人可以不受外界干扰建立持久和平安全的未来。

联合国 1977 年和 1979 年的国际法和当前的欧洲法提出各国要遵循政治平等的原则，塞浦路斯在尊重这一原则的基础上，提出在两个区域两个种族实行联邦制的解决方案，这样的解决方案使联合国在有关塞浦路斯问题上达成一致，并且联合国面对这样的情况不得不做出承诺。这就需要坚定不移地保持解决塞浦路斯问题的原则，而且在制定和运用现实主义的政策时与其一致。

实现解决方案的途径是不容易的，也是不简单的，将会有很多困难的谈判。至关重要的是，共和国总统必须捍卫这一程序原则。总统提倡在全国委员会的框架下处理问题，通过与政治力量商议决定。必要的是联合国安理会的五个常任成员要在一个多维的外交政策框架下参与政治谈判进程。

在国内方面达成共识，智慧和对话必须占上风。我们要拒绝恶劣的策略，既不使形势理想化，又确保有责任和理性主义地解决问题。塞劳进党一如既往地认真工作，尽管自身是受害者，在 D. 赫里斯托菲亚斯的管理下我们曾受到无情和不公正的待遇。但塞劳进党将继续维护塞浦路斯和人民的利益。

## 二　解决塞浦路斯问题的前提条件以及和解的前提和前景

将塞浦路斯人民作为整体是塞浦路斯面临的主要问题。未来、和平、进步、祖国和人民的繁荣在很大程度上取决于正确的决策。相反，不解决塞浦路斯问题或者政治分裂主义的加强对于塞浦路斯共和国和人民的未来是巨大的危险。

土耳其入侵和侵占了塞浦路斯领土的百分之四十，四十年过去了，塞浦路斯问题还没有得到解决。这些年来寻找成功解决问题的方案最终都以僵局宣告结束，原因在于土耳其的不妥协和帝国主义支持。结果，土耳其侵占更加深入。

问题就是当我们面临土耳其和土耳其塞浦路斯领导继续坚持岛上两个国家并存的状态时，我们应该怎么做。

塞劳进党始终相信基于国际法和欧盟建立的原则的基础上的解决方案。由欧盟制订的解决方案和高水平决议是以塞浦路斯人民的利益为出发点的。

长期以来没有任何前进的行动目标希腊族塞浦路斯方的态度也更加不清楚，这些导致了领土发生了一些调整。在沦陷区的希腊族在塞浦路斯的财产以一种方式被篡夺，这就使他们的法律所有者地位的恢复越来越困难，通过所谓的薪酬委员会与人权欧洲法院合作。不得不以十分低廉的价格卖给占领土地的人，从土耳其来的定居者的人数持续上升，他们在占领区的人数中占大多数，这就使他们从占领区的撤离更加艰难。关于土族塞人也面临艰难的时期，在被占领区民主方式的持续改变使他们失去了认同感。

塞浦路斯严峻的经济形势迫切需要提出一个合理的解决方案，因为长期实行的"三驾马车"政策对于未来经济的持续发展不会带来很好的效果。同时，塞劳进党从不会接受塞浦路斯困难的经济形势转换为一种被迫的不可接受的方法解决塞浦路斯问题。

塞浦路斯共和国专属经济区内的碳氢化合物的发现也为共同体带来一个需要解决的严重问题。一方面土族人将通过一个解决方案享受到利益，另一方面希族人需要一个稳定又安全的环境来使宝贵的资源得到成功运用。

基于以上原因，尽管困难不断增加，塞劳进党认为前进的道路只有一条，那就是在制定政策方法时要依据国际法和欧盟制定的原则。这个解决方案可以解放和团结我们的国家和人民，在相关的欧盟安全理事会中要以政治平等作为双边联盟的条件。任何其他的选择，无论以何种形式出现，最终将导致永久的分离。这样的解决方法不仅会把塞浦路斯的领土出卖，而且也是我们祖国和人民的新的遭遇和困苦的开始。

塞劳进党认为国会上提出的解决塞浦路斯问题的原则和办法是必要的。在这种环境下，塞劳进党详细解释了塞浦路斯问题的每一个相关的问题。

在塞浦路斯问题的内在方面，赛劳进党坚持双边结盟以欧盟安全理事会的政治平等的决议为依据。解决方法必须要确保塞浦路斯国家的团结、经济以及人权。塞劳进党注重解决方法的效果，要坚决维护国家的团结，经济和人民的利益，因为这些是未来希族和土族政治和社会斗争的先决条件。我们也坚持维护回归难民权利的。

在塞浦路斯的国际方面，塞劳进党坚持解除侵占，解除塞浦路斯境外武装和其他任何的军事联盟，在沦陷区内结束殖民统治，废除权力的干涉。塞浦路斯不需要担保人和担保力量。

我们所寻找的解决方案一定要确保主权独立、国际地位、公民权利和人权等一切国会中提出的条件。这些问题之间没有任何不同，但是生活本身会表现出不同。双方在欧盟安全理事会中通过的政治平等的原则应作为最低标准。

联盟意味着两种力量的结合，也就是中央政府和地区之间，每个都有自身的机构力量和它们的力量分配。双地带意味着联邦内的两个区域，并且它们各自管理相应的区域。双共同体是指两个共同体都有积极参与联邦体和决定方面的参与权。政治平等已经被联合国安理会国家安全理事会所接受（注：一个议会体是由塞浦路斯共和国总统组织所有议会党和前总统组成，在所有的联邦体中并不意味着相同数量的参与者，而是双方都有效参与，两联邦体的权力和能力相当）。

绝大多数人民希望通过投票表决的方式，表达他们的自由意志，这样才能找到有效可行的解决塞浦路斯问题的方案。建立信任机制将不会取代解决方案，而是营造一种良好氛围的反激励机制。在这个背景之下，几年之前由我方提出了法马古斯塔恢复合法定居地位的综合法案，用来交换欧盟控制下的法马古斯塔口岸的开放权。欧盟和土耳其的谈判将有助于这一问题的解决。

最重要的是认真地对待国家的问题这样政治力量才能找到可行的解决方案。这样人民才会相信解决方案将带给社会乃至所有人民真正的安全、进步、繁荣和发展。

所谓的英国主权基地破坏了塞浦路斯领土的完整性。基地是一个外国控制的体系，是英国殖民主义的残余。塞劳进党将继续呼吁废除英国在塞浦路斯境内控制下的基地。随着塞浦路斯问题的解决方法和联邦共和国的建立，希族和土族塞人团结一致，共同为争取英国基地的塞浦路斯解放而斗争。只要塞浦路斯还存在英国的基地，英国就必须尊重塞浦路斯共和国，在基地履行他们应尽的义务。他们必须尊重塞浦路斯人民的权利，维护基地范围内的财产权。

此外，找到产生塞浦路斯悲剧的原因是十分重要的，正如所强调的"塞浦路斯的文件"的发现。众议院的发现将有助于避免出现类似的政治现象而导致新的悲剧。

### 三　当代条件下的友好关系

1974 年大选以来，塞劳进党一直把发展友好关系作为重要的政策。

毫无疑问，发展友好关系有助于塞浦路斯问题的解决。使人民在共同领土内接受多样性并和平相处。

睦邻政策是从阶级为基础的观点出发的，希族和土族塞人团结一致，为共同的政治目标而奋斗。两团体之间和睦的问题是国家主义—沙文主义给我们国家带来了巨大的伤害和悲痛。睦邻政策反对极右翼的意识形态以及直接或间接地把分裂作为解决塞浦路斯问题的方案。

在塞劳进党看来，睦邻友好首先是一个政治过程。决不能把睦邻友好局限于人类关系，而忽略他们之间联系的重要性。

塞劳进党认为两个团体之间的睦邻友好不会解决塞浦路斯问题。只要我们岛上的土耳其被占领的事实存在就无法解决塞浦路斯问题，但是如果没有睦邻友好，解决问题将更加困难，联邦的解决方式将持续很长时间。不能只依靠睦邻友好政策解决塞浦路斯问题，但是除了睦邻友好政策再也找不到解决塞浦路斯问题的可行方案。

当塞浦路斯社会变得更加保守，当右翼势力抬头，当国家主义—沙文主义发展壮大，只有加强睦邻友好政策才可能实现再次团结。

在这些条件下，我们必须做到：

政治上和意识形态上与国家主义—沙文主义的斗争以及世界自由主义，都促进了睦邻友好政策。

通过首创精神和实际行动大规模地加强睦邻友好政策的实施。

结成联盟，与塞浦路斯社会的各种力量进行合作，共同促进国家的再次统一，同时也要认识到我们的起点和方法有所不同。

研究土族人民的多变发展情况，这有时很复杂。

### 四　塞劳进党二十二大对塞浦路斯问题新认识

塞浦路斯问题出现四十年了，塞浦路斯人民面临的最严重的问题，仍然没有解决。塞劳进党重申了塞浦路斯问题必须要在联合国的框架内得到解决，并以联合国有关决议，即 1977 年和 1979 年的高水平决议，国际法以及欧洲原则和价值观为基础。国际社会，联合国和欧盟要坚定地支持解决方案的原则和框架。

塞浦路斯问题首先是一个国际问题，包括侵略、占领、非法殖民、种族清洗和外国干涉。同时，塞浦路斯问题也包含国际方面的问题，如两个国家之间的正常关系。土耳其的占领继续公然违反塞浦路斯共和国的独立和领土完整。同时，土耳其的扩张甚至想延伸到塞浦路斯专属经济区（EEZ）内自然资源的开发权。这继续违反国际法的核心原则和联合国宪章，联合国安全理事会和联合国大会的决议和决定，欧盟成立的原则和价值观，塞浦路斯人民的基本权利和自由。

两个国家之间关系的正常化，是解决塞浦路斯问题的一个重要的方面。塞浦路斯共和国实现以政治平等之下的两区两族关系，正如联合国安全理事会所确立的解决方案作为我们的策略目标。同时该解决方案必须是可行的。它必须确保国家的统一，人民的团结，以及经济的繁荣和发展，人权得到尊重，实现塞浦路斯人的完全自由。这些都是未来希族和土族工人依靠共同的阶级，政治和社会斗争而实现。

塞劳进党认为，忽视任何国际的或塞浦路斯问题的国际方面都将是非常危险的。塞浦路斯问题的其他解决方案和为了人民而同意事实上对塞浦路斯进行划分的选择都是错误的，我们不应考虑。相反，如果我们同意了，这将隐藏着严重的危险和妥协，在短期或外国利益的长期刺激之下，我们国家和人民会承受更大的负担，政治问题仍会长期存在。

任何抛弃历史，同意1977年希族和土族为解决两区的两族邦联问题将会导致塞岛的分裂。同时它也会为土耳其的行动提供借口，在塞浦路斯分裂为两个国家的要求更加明确。同时也会剥夺塞浦路斯在欧洲和国际上的支持。此外，它会传递给我们土族同胞们一个扭曲的信息：我们决心支持在共同的国家内共存。因此，经济的繁荣和进步，塞浦路斯人民的自由与生存，在根本上取决于塞浦路斯问题的解决。

塞浦路斯问题解决方案的框架在2008年5月23日的赫里斯托菲亚斯—塔拉特联合声明中通过的，而在2008年的7月1日实现政治平等之下组成双区划的双社群联邦体，这是联合国所规定的。它提供了一个国家的解决方案，这个国家必须拥有单一的主权、单一的国际人格。在2013年2月11日阿纳斯塔西亚迪斯政府的共同宣言中，抛弃了主权的独立性，这是一个衰退。

塞劳进党坚持塞浦路斯问题的全面解决方案，须由两个领导人同意，双方分别在两社区内同时进行公民投票，由人民来决定最后的解决方案。除此之外，还要结束占领，恢复塞浦路斯共和国领土的完整性和主权的独立性，摆脱殖民，废止任何来自不合时宜的政治制度的干预，保证难民返回的权利，提供详细的失踪人员名单。此外，同样重要的是，为塞浦路斯提供完全的非军事化，不参与任何的军事联盟。英国基地的解散仍然是一个基本的目标，通过两族之间共同斗争解决两族之间的问题后，这个问题的解决也变得更加容易了。

然而时间过去了，在谈判的问题上却没有任何实质性的进步，这是对安卡拉有利的。恶化的形势导致了希族人的目标和立场发生了变化。这并不意味着在谈判过程中存在其他解决塞浦路斯问题的方法。一方面谈判的方法必须要保护希族人，另一方面要减少双方的差异。土族人也不会消极的面对。在被占领区，民主的改变客观上会导致土族认同的改变。

塞劳进党所支持的谈判过程是，无论在什么条件之下，解决塞浦路斯问题都不能是共和国总统的一张空头支票。从阿纳斯塔西亚迪斯被选之时，塞劳进党就提出过政府的谈判会构成严重的威胁。不幸的是，我们并没有听到。塞劳进党坚持从头开始重新谈判关于在2008—2010年留下的协议和其他一些为解决的核心问题。当然，新任国家总统对于如何前进做出了很多选择；毫无疑问，他也会为他选择的结果负责。

维邦海域安全是联邦政府的责任，所以放弃了之前海洋区域之间的协议。这也同样适用于与邻国的争端问题。所有这些相关的行动都要考虑联合国海洋公约，因为塞浦路斯共和国包含在国际条约中。

此外，在自然资源的联邦收入分配上要实现衔接，在联邦临管之下，开发有所控制，要知道天然气资源的问题与塞浦路斯问题的解决相关。天然气必须成为全面解决塞浦路斯问题的一个动力。然而，我们不同意任何"关闭"塞浦路斯问题的解决方法以及任何不好的解决方法，而为了外国的利益，目光仅关注天然气资源的开发。

当前政府所追求的外交政策，对希族人来说存在着明显的危险，他们也应承担部分责任，必须重新确认土耳其在反对"伊斯兰国家"的国际运动中，对于西方国家的重要性，这也进一步助长了土耳其在塞浦路斯共和国的专属经济区内挑衅，严重侵犯了塞浦路斯的主权。考虑到土耳其对海洋法，常规和习俗的公然违反，塞浦路斯认为应该中止谈判。然而，中止谈判不能成为终止谈判的决定。谈判虽然是有效的，但是不能在土耳其的胁迫和挑衅下实行。

塞劳进党坚定地认为在塞浦路斯共和国的专属经济区的碳氢化合物的发现是解决两族以及土耳其问题的一个新的强大动力。一方面，它是唯一让土族人享受到利益的一个解决方案；另一方面，希族人确实想要一个稳定而安全的环境，保证有价值的资源得到更好的利用。同样，土耳其也能够从塞浦路斯问题的解决中得到利益。

由于金融危机和政府的"三驾马"车机制，塞浦路斯出现了非常严重的财政状况，在这种情况下，塞浦路斯问题的解决更有必要了。塞劳进党认为财政状况的恢复和塞浦路斯的发展将会极大地促进塞浦路斯问题的解决。当然，这并不意味着我们为了经济的发展会接受任何强加的解决方案。

必须恢复之前经过反复验证过的赫里斯托菲亚斯政府实行的对外政策，因为我们斗争的目标就是结束占领。塞劳进党毫无保留地解释了塞浦路斯问题的各个方面，在解决方案上实现社会和政治的共识也是我们所关注的。当然，这就意味着在两族，两区联邦在共同理解的基础上形成政治联盟—合作。

在一个单一国家解决方案上坚持特定的民族主义，为一个松散的联邦提出一个建议，两者都会对塞浦路斯造成灾难。此外，我们非常关注在右翼党内，格里瓦斯势力的行动，以及在1974年灾难时他们在实际中的行动。当前的政府，在很大程度上，没有能力提出一个解决塞浦路斯问题的可行的办法。

这样的立场，都会为土耳其和土族领导之间谈判的破裂提供一个借口。这几年来我们付出不断的努力，在原则立场上得出了安全的结论，即在国际法的基础上，不允许分裂主义者实行联合，不接受任何由第三方势力强加的不可接受的解决方案。

五　土族区与和睦

塞劳进党表达了对土族人中的爱国力量的赞赏，他们坚定地支持以政治平等条件下的两区、两族联邦的解决方法，这是联合国所做出的决议，我们要努力实现。这个两区、两族联邦的解决方案受到了希族和土族等各种力量的攻击。支持这个解决方法的力量都有义务去每天保护它，我们要认识到这是我们实现国家团结统一的唯一方法。

在实现塞浦路斯团结的斗争中，土族区必须发挥重要的作用。对于安卡拉决定性作用的认识，在什么条件下都不能忽视土族区和政治力量。土族区的政治和社会力量仍然坚信，一个联邦的解决方案有责任在土耳其土族领导中发挥它们的影响力，这样他们才会关于塞浦路斯问题上的一个建设性的方案。塞劳进党尊重占领区内的政治力量的多样性和自主性，将继续加强与各党和组织群体加强纽带关系，共同为解决塞浦路斯问题和国家的统一，人民的团结而斗争。塞劳进党将继续培养和促进与土族区之间的友好关系，互相尊重和理解，只有这样，我们制订的解决方案才能够实现。

占领和分裂是阻碍土族和希族之间关系正常化的障碍。今天，土族区作为一个现存的群体，面临着比以往时候更多的威胁。土耳其政府强制实行了紧缩政策，削弱了土族的政治自主性，是对他们文化认同的挑战。解决方案又面临着新的挑战，如土族认同的危险，殖民者对于土族的同化，土耳其正在被占领区建立新政权。

抛开占领的障碍，塞劳进党将继续研究并向国家和政府提出，在各个方面发展两区之间的关系方法。塞劳进党将继续揭露并打击在关于两族之间的友好关系和合作的问题上设置各种各样障碍的行为。

塞劳进党将和土族同胞一道为实现共同家园的解放而斗争。和睦友好政策和和平共处文化的培养，是实现两族关系正常化的必不可少的条件，这样才能寻求解决方法，保持解决方案的可行性。因此，塞劳进党将继续成为和解的先锋领导力量，通过具体的措施和行动，培养和平共处的文化。作为塞劳进党，要尊重国际组织的支援，支持他们和解的动机。然而，塞浦路斯着重强调了和解的重要性，塞浦路斯自身的所有责任以及所有支持他们的组织。此外，和解在原则上是一个政治过程。它不能作为世界观的起点和内容，忽视长期存在的由分裂所导致的问题。相反，和解必须要加大并去解决问题。

国家主义—沙文主义一直是塞浦路斯的魔鬼，在国外的阴谋和煽动之下影响着塞浦路斯。塞劳进党仍然是一个坚定的对抗国家主义—沙文主义的对手，因为所有的那些极右意识形态造成了两族之间的仇恨。塞劳进党将用自身所有力量去支持和平共处文化的培养，不管是在教育层面还是通过社会的途径。

在这些条件下，如下几点是必需的：

塞劳进党和土族中的进步分子一起工作，促成一个共同的和大众的和平斗争，去解决塞浦路斯问题。运动的目标就是为那些支持一个非解决方案以及寻求反对塞浦路斯利益的那些力量创造政治代价。

塞党在塞浦路斯社会的力量中建立联盟，发展合作，实现国家的统一，积极促进和解，同时了解在许多时候，各方出发点和方法的不同。

通过自主和活动，增强和发展塞党对于和睦运动的参与。

塞党与国家主义—沙文主义和法西斯组织在政治上和意识形态领域进行斗争，实现世界性的自由，增加对于和睦的奉献，尤其是在党内要特别强调这一点。

塞劳进党会进一步在两区内利用大众的积极性，促进塞浦路斯问题的解决，服务于人民的利益。

## 第四节　塞浦路斯劳动人民进步党以人为本的社会主义价值观与启示

### 一　苏联解体前塞劳进党的社会主义本质观

1990 年 10 月，塞劳进党在《我们的社会主义观》一文的结尾中指出，塞劳进党的社会主义价值目标不是要勾画出一个塞浦路斯社会必须做出调整的理想的模式。毕竟，社会主义社会和社会主义建设的道路将主要是社会发展与进步的社会主义力量的意识干预与社会发展的结果。但对社会主义的概念给出了一定的指导路线。塞劳进党认为，其社会主义观有以下特点：进一步提高人民的生活水平，维护和扩大劳动人民的权利和利益；积极利用我们社会遗留下来的一切积极因素；充分考虑和尊重对工薪收入者、雇员、商人、中下阶层和蚁族的利益；绝对尊重和承认所有人民在塞浦路斯的历史演变过程中的事实、传统、文明和现实；确保希族和土族塞人之间和所有的塞浦路斯人的权利平等；确保多党制和观点多元化；承认反对派的权利，尊重不同观点；确保社会主义法制和竞争框架内的所有政治和社会因素的活动；社会主义的过渡一定是在赢得了广大人民支持的基础上以和平和民主的手段实现。

通过对两种制度的理论分析我们毫不保留地宣称人类的未来在于社会主义。建立在马克思列宁主义基础上的社会主义被认为是人类已经发

现的最佳的社会体制。并且在整个 20 世纪的理论与实践中得到了丰富
与发展。社会主义摆脱了剥削和压迫，并保证人的自由即恩格斯所称的
"自由王国"。社会主义的本质就是以人为本，我们将为此努力奋斗。

**二　非常代表大会的社会主义价值观**

2014 年塞劳进党在纲领性代表大会上讨论并重新确立了其社会主
义观，其主要特征如下：

塞劳进党是以马克思列宁主义世界观为指导的一个先进的共产党
"并以知识的不断进步以及经济政治的发展而发展。"

资本主义并不是人类发展的最后阶段。资本主义的发展牺牲了两大
主要财富来源：人民和环境。在当今时代，对于这两种资源的剥削和破
坏加剧了人类文明的危险。持续的经济和社会危机、极不平等、贫穷、
饥饿、剥削、人类异化、战争和环境的破坏等这些所有的表现都是资本
主义体制自身造成的，并且无法克服。社会生产方式和私有制之间，生
产力和生产方式之间的矛盾也加剧了。

资本主义是一个不断产生危机和灾难的制度。这种悲惨而不人道的
情况必须改变。它只能在社会经济结构的框架下改变，决定因素并不在
于利益，而在于人民和社会的需要。塞劳进党坚定地认为另一个与资本
主义完全不同的世界是可能的——社会主义。这也是塞劳进党所设想
的：民主和人类社会主义社会的建设将是一个完全自由、平等、正义、
团结、透明、择优的社会。将会有多元化和社会决定的民主解决自身的
问题，个人和集体人权将得到充分尊重。

这个社会的基础是生产资料的社会所有制。只有将社会所有制和社
会分配方式结合起来才能实现经济，生产和贸易的合理化。社会主要的
生产方式掌握在人民手中才能摆脱剥削、不平等、贫穷、异化、战争、
压迫和歧视。

塞劳进党在社会主义思想的指导下，在资本主义条件下，努力缓和
矛盾，为实现一个美好未来而创造必要的主客观条件。社会主义是在为
实现和平和普世价值的大大小小的斗争的基础上建立起来的，反对资本
主义和扩张全球的贪婪的战争。它建立于反对剥削和大资本统治；实现
财富的公平分配；保护工人阶级的权利和成果；使人民过上有尊严的生
活，保障人民的教育，健康，文化和社会福利；实现更多的民主和人民

对公众事务的参与，争取更多的自由。社会主义也是在反对民族主义—沙文主义，法西斯主义以及反对各种形式的歧视，社会和政治的压迫中形成的。

塞劳进党服务于广大的体力和脑力劳动者。维护工人阶级的人民的利益。我党维护工人阶级的代表，客观上代表着农民和中小阶层人民的利益。我党自建立之日起维护社会绝大多数人的利益，不同于自私自利的大资本家。为了社会的和谐和利益，塞劳进党将爱国主义作为它的政策之一，并在实现的过程中成为一支起决定作用的国家力量。

塞劳进党勇敢地站在为塞浦路斯的自由和民主实现的最前列而斗争，反对殖民主义，帝国主义和法西斯主义。今天，塞劳进党尽自己所有力量保护我们国家的独立和完整，实现土耳其占领区的解放和国家，人民的团结。

塞劳进党忠于马克思列宁主义，远离教条主义，以清晰的立场，而不是自私的立场，用辩证统一的方式详细阐述了军事理论。

像其他欧洲的进步势力一样，塞劳进党努力为人民而奋斗，而不是为了垄断；为欧洲的和平而不是军事化；为欧洲的民主和人民的独立，而不是大资本，垄断，寡头和布鲁塞尔那些肆无忌惮的权力。

塞劳进党坚定自己的国际主义意识形态，与人民一道为实现和平、国家独立、民主和人权而斗争。它支持全世界的工人阶级反对跨国公司的全球化和资本剥削，实现社会进步和社会主义。塞劳进党协调政党之间的联合行动以及能够表达工人阶级的社会利益。它与和平势力一道反对资本主义和侵略战争，反对所谓的新世界秩序。

1990 年之后，随着社会主义的解体，意识形态领域的斗争不可避免地处于非常困难的时期。我们的思想作为我们行动的指南，我们必须在新的形势下，在意识形态领域的斗争中采取新的方式。

**三　塞劳进党为人民利益而斗争**

塞劳进党强调，要在许多层面开展政治和社会斗争；比如在政治领导、国会、大众媒体、社会网络层面、有组织的团体和普遍的大众层面。不要低估我们在政治和交际层面斗争的重要性，我们必须充分发挥我们的主动性，充分参与工人组织活动和各种政治和社会斗争。塞劳进党和各位党员们承担主要责任，而且还有所有的发生在我们身边社会经济现象。他们应该将阶级斗争的道路看作是一个资本主义社会的整体特征。

在适当的时候组织并发动全体动员是十分必要的，因为他们会构成有力的武器，不管我们是否掌权或处于反对的位置，我们都必须加以利用。此外，我们必须明白动员大众必须强调一致性和战斗性，他们增强工人阶级的阶级和政治意识形态，尤其是年轻一代。

塞劳进党着重强调了社会主义的阶级特征及其存在的问题。人民开始觉醒，成熟，意识敏感，他们提出了之前没有提出过的想法，但是一切都是通过斗争取得的，甚至在必要的时候要牺牲。

我们必须要相信我们自己，同时也要鼓舞其他人要一致坚持斗争。

要铭记欧盟之下的总体环境，大资本主义的侵略强度，备忘录的政策，"三驾马车"以及右翼政府的极端的新自由主义政策。塞劳进党强烈支持群众运动，并希望做到以下几点：促进社会正义的实现以及公平分配，生产的财富以及经济增长成果的再次分配；保护公共财富（半政府组织、自然资源等）；保护和扩大福利国家；保护工人、农民和工人阶级所得，确保他们工作的权利，保护弱势群体，尤其是生活在贫困线以下的失业者、妇女、罪犯和青年人；保护组织和贸易联盟的活动，促进劳动关系的体制规范化；提高生活质量。

塞劳进党支持左派的人民运动的群众组织（泛塞浦路斯劳工联盟组织，塞浦路斯农民联盟，妇女进步运动，联合民主青年组织）以及紧密地同他们合作，保护并扩大工人阶级、农民、妇女和青年人的权益。

塞劳进党支持贸易领域，公共领域和广大的公共领域，教育领域，银行，教育和科学界的斗争，以及一些专业领域比如我们积极参与的艺术和自我参与。

在贸易联盟活动中，塞劳进党有义务起一个关键的作用。在泛塞浦路斯工人联合会的队伍中，以及其他的贸易组织比如公务员、教师、银行人员等，塞劳进党必须通过自身的榜样和武装力量，鼓舞和启发工人阶级。同时塞劳进党党员积极参与这些组织和运动，增强政党在所关心的问题上制定政策的正确性。

为了增强政党和社会运动、专业团体和更广泛的社会之间的联系，塞劳进党应该着重强调每位党员不仅积极参与左翼政党的人民运动组织，而且也要更广泛地参与有组织的团体活动。

对于普通大众的干预，塞劳进党强调不能只基于一个中心计划。我们的干预和果断的政策应该从领导关系出发，然后再扩散到每一位党员。自信和斗争有必要成为文化的一部分和整个党员的工作方式。这是我党确认自身的唯一方式，也是与普通大众、社会运动、专业团体和任何或大或小的组织中与工人的联系的重要途径。

党员一方面需要反映群众的呼声，参与制定党的政策；另一方面要向党员反映群众的意见。党员能力的削弱在某些方面会导致我们在当代社会和一些组织，比如大家庭联盟、消费者、环境主义者参与能力的削弱。我们不应该低估任何斗争；从家长协会到工人联盟，从我们当地俱乐部的行动中追求高质量生活的社团。

塞劳进党将会增强我党与工人和人民之间的联系。只参与各种各样大的组织和运动是不够的，我们必须清楚我们所关心的问题，这样我们党员才能解决这些问题，对于提升自己的位置有更清晰的指导。这需要及时和共同的对话来实现特殊的地位、意见和行动。

塞劳进党强调，不能对我们公民所提出的有关国家机构，权力滥用和歧视等问题的要求漠不关心。塞劳进党和左翼广泛的人民运动应该系统地、持续地关注所要解决的问题和影响我们大众群体的问题。塞劳进党不能转化为一种解决个人问题的机制，而是一种群众机制。在某种程度上，这种不幸的存在会造成巨大的危害。群众关系不稳定；它侵蚀人的良心，鼓励党内自我提升。

塞劳进党坚决反对并与个人主义的思想作斗争。

这些解决问题的方法不只是关于个人的事，而是有关集体，我们不应该只关心个人的满足。

左翼政党必须要恢复人民斗争的社会模范，在解决或大或小的问题上，通过共同参与组织过程和我们运动的主体，共同参与广泛的贸易联盟，使我们在军事上以及其他问题上发挥重要作用。

可见，塞劳进党认为社会主义的核心价值是以人为本，这体现了社会主义的本质，符合马克思主义关于人的全面发展的社会目标。

## 第五节　塞浦路斯劳动人民进步党上台施政方略的经验和启示

2013 年塞劳进党下台后，2014 年 2 月 15—16 日塞浦路斯劳动人民进步党中央委员会专门召开纲领性会议总结近年来尤其是执政五年来的经验教训，这给我们留下了宝贵的资料和经验。

### 一　重新总结塞浦路斯社会政治环境的新变化

塞浦路斯在过去的二十多年里发生了巨大的变化。不仅在经济基础，而且在上层建筑也发生了深刻的变化。任何有关塞浦路斯社会和阶级结构的问题必须首先从全球，地区以及当地的水平来考虑是哪些特殊的因素造成了塞浦路斯社会关系的重大的改变。

1. 科学技术已经成为经济和社会运行必不可少的重要贡献力量。尽管科学技术的发展是提高人类生活水平的先决条件，但是在实际生活中并非如此。

2. 资本全球化是全球化进程的第二个因素，全球化的方向和内容取决于国家以及国际的阶级力量。这意味着资本全球化的发展继承了资本主义和新自由主义的特征。

3. 影响塞浦路斯社会变化的第三种因素是欧盟，塞浦路斯于 2004 年加入了欧盟，现在欧盟深刻影响着社会的阶级结构和政治行为。

4. 军事政变和土耳其入侵之后持续的占领和分割是又一个影响塞浦路斯社会变化的因素，导致塞浦路斯社会内聚力遭到持续的破坏，同时影响了人民广泛的阶级斗争。

然而，除了这些因素，我们正经历着现代历史中最困难的一个时期。

从国际层面来说，美国和北约在全球范围内无情地摧毁着人民的意志，无视国家主权、人权和自由。尽管新自由主义模式下的经济管理带来了悲剧的后果，资本主义体制的危机严重恶化，欧盟的统治阶层不仅没有改变经济发展过程，而且欧盟通过当前体制和结构的提升进一步增强了新自由主义的特征。除了欧盟对欧洲工人及人民权利进行攻击和破坏之外，欧盟还进一步军事化，侵略别国。

　　在塞浦路斯问题上达成共识是当前塞浦路斯面临的最大困难，这个困难也是土耳其不合作的首要原因，然而希族却中断之前的合作。赫里斯托菲亚斯政府通过多边外交政策并与谨慎而精确地处理塞浦路斯问题，希族解决塞浦路斯问题的观点一致，这为解决塞浦路斯经济特区的问题创造了先决条件，同时也有利于开采塞浦路斯的海底资源。一系列问题影响着塞浦路斯的经济和天然气开采，这些问题不应在任何条件下同时受到影响，然而，不可避免的是会影响到其他方面。尤其是没有任何一方有权在塞浦路斯解决的问题上强加一个过分的解决方案来作为开采塞浦路斯专属经济区天然气资源的一个先决条件。然而，另一方面，一个正确的解决塞浦路斯问题的方案将有利于经济的发展。相反，一个阻碍解决塞浦路斯问题的因素就是，希族所提出的若干责任将对塞浦路斯专属经济区的塞浦路斯共和国主权产生消极的影响。

　　塞浦路斯经济最先由2007年美国爆发的体制危机引起的，欧盟成员国的经济以致全世界都受到此次危机的影响。随后，由于银行家的错误政策和前塞浦路斯银行行长不切实际的监督方法导致塞浦路斯危机演变成银行危机，进而导致塞浦路斯经济脱离市场，不得不求助于欧盟稳定机制。在2013年3月，与预期相反，阿纳斯塔西亚政府同意强加给塞浦路斯的规定，在那些不合理的规定中，包含在存款问题上的政策。在3月政策的压力之下，塞浦路斯经济进入紧缩时期，同时紧缩政策的实行以及国家预算的削减导致塞浦路斯经济进入一个恶性循环期。对于政府立场解释是非常简单的。政府将"三驾马车"和围绕一系列中心问题的政治哲学结合在一起，采取一种激进的国家财富分配制度，这样损害了中小资产阶级的利益，维护了大资产阶级的利益。这也是许多政府采取的措施。塞浦路斯社会出现了一系列令人困惑的问题，如完整的机构和政治体系的破裂，主要是由于政治体制无法摆脱银行危机带来的影响。同时，近年来对塞浦路斯劳动人民进步党的强烈反对以及由危机所产生的严重的社会问题，造成极端右翼势力的崛起。

## 二　批判新自由主义与重塑经济之道

　　塞劳进党指出，当前塞浦路斯已经陷入了深度的经济危机，已深深地影响了经济活动的各个领域。当前的经济危机既是资本主义体制危机，也是经济发展的新自由主义模式的危机。经济危机是在资本主义体制驱使下寻求更快更高的利润率的结果。它不会促进经济的真正发展，只会导致金融市场的投机买卖。

新自由主义是发展资本主义体制最极端的形式和方法。它依赖于"自由市场"的那种最小的国家干预，反对福利国家和社会调控市场和财富的做法。新自由主义政策使全球经济危机更加恶化，没有达到解决经济危机的目的。

新自由主义政策的执行在欧盟尤其在欧元区占有重要的地位，塞浦路斯更是与"三驾马车"签署协议。实行最极端的政策，通过实行这些政策以及在政治和经济上对国家的严重影响，中小社会阶层和工人阶级由于社会结构的变化而发展壮大。

欧盟一体化过程中，经济和货币联盟发挥了重要的作用，欧盟成员国的主权也有特殊的利益。经济货币联盟的能力范围不局限于公共财政甚至影响整个国家的运作。因此，欧洲货币联盟是伴随着政策进入紧缩的公共区域而实现的，因此它限制了福利国家，严重损害了工人的权利和利益。

塞劳进党批判备忘录，指出了真正出路。几十年来，塞浦路斯经济面临结构性问题以及福利的发放问题。房地产领域，由于"泡沫"经济导致公共财政所取得的进步是短暂的，而且由于长期的经济衰退导致严重赤字。然而，这些并不代表经济危机产生的原因，而是经济危机严重恶化的结果。塞浦路斯危机从根本上说是银行业的危机，官方缺乏足够有效地监督，银行董事会也采取了错误的决定。

银行危机反过来又影响了塞浦路斯整体经济，因为由此产生了失业率的急剧上升以及就是流动性的缺乏。许多中小企业关闭和经济衰退加剧了政府同意通过发放十亿多欧元补偿银行的损失，但是却不会使用保险项目的资金补偿银行的损失。

在今天的经济形势下，普遍存在的经济现象就是由阿纳斯塔西亚政府与"三驾马车"达成了"备忘录的认识"。这个备忘录是按照矛盾的逻辑阐释塞浦路斯经济紧缩问题的。然而，在政策实施过程中的紧缩将导致经济衰退，经济衰退又进一步导致紧缩。

备忘录的实施不会直接促进增长，但是会间接促进经济从衰退中得以恢复。同时，工人和退休工人的收入不断减少，他们的权利被剥夺，不能享受应有的福利，这更加剧了危机的进一步深化。

作为塞劳进党，我们会努力寻求方法，摆脱备忘录规定的束缚。我们已经找到摆脱备忘录束缚的方法，使经济得到恢复，恢复国内的财政。国内财政问题是一个重要的问题因为它要求政治和社会保持一致，按照新的财政政策构建有序的经济框架。

我们激烈地反对备忘录政策以及政府的反人民政策，准备分析每一种决策，努力找到使塞浦路斯社会恢复和繁荣的方法。在这样的背景之下，我们要与那种反人民、反工人和反发展的备忘录中的政策作斗争。

塞劳进党坚决反对阿纳斯塔西亚政府在"三驾马车"政策上没有采取果断的措施。确实，政府是以"三驾马车"主义者出现，而不是"三驾马车"本身出现。

同时，我们努力保护工人权益和福利，努力寻求经济和社会负担的公平分配。

全球金融危机，全球银行问题，国家层面经济长期的结构缺陷导致最近经济条件的创新极其困难。阿纳斯塔西亚政府和欧元区采取的措施改变了经济结构和尖锐的社会矛盾及贫穷问题。

国家恢复经济增长的基本条件是通过银行严格的措施以及政府管理措施的实施，只有这样才可以有效地促进经济整合。如果没有财政支持，经济的复苏和政策的贯彻是很难实现的。

国家需要的是寻求合适的方法摆脱经济危机。主要目标是构建基于稳健的财政政策下的新经济模式，采用多种经济发展方式和调动个人积极性的社会凝聚力方式，这将是促进经济增长的重要社会特征。

重塑经济的基本特征包括：第一，要保留公共管理机制和适时采取的稳健的管理方式，适时进行重组，并实现现代化。这样才能更加有效地进行运作，构成经济发展的强大支柱，进一步增强公共财政。第二，经济政策将进一步支持中小企业的发展，通过鼓励刺激发展，给予它们特殊的支持并提供资金上的帮助。第三，一场新的农业改革迫在眉睫，实现绿色增长，实行彻底的贸易方法。整合乡村发展，推动并充分运用一切经济的、社会的、文化的和环境的优势促进改革。第四，在研究和创新领域取得重大的进步，促进研究者们增强他们的潜力，争取更多的资金。应该把促进经济繁荣和发展放在首要地位。第五，合理利用天然气资源吸引更多的投资，通过加强基础设施建设和液化天然气建设，创造更多的就业机会。同时，天然气的出现将导致电力生产的下降，有助于促进加工工业和出口等相关产业的发展以及塞浦路斯高耗能产业的发展。第六，推进和加强旅游产业的策略，塞浦路斯旅游业将提供更优质的服务，努力解决旅游的季节性问题。第七，实行促进工业发展的策略。第八，以新的方式投资合作经济。第九，合作区已经失去了它的真正的经济和社会特征。在实际中，它已经转变为一个国有商业银行，使人们在很大程度上受银行资本的控制。因此恢复原有的特征十分必要。第十，充分利用塞浦路斯在欧洲的地位，以及国家的地理优势，先进的科学技术和高技能工人，促进航运，法律，咨询以及其他服务行业的发展。第十一，不断加强生产领域吸引投资的政策。在研究、创新、电子科技、医疗和教育领域争取很多机会。第十二，通过技术革新促进生产率的不断提高，提高塞浦路斯企业的技术管理以及工人技术的培训次数。第十三，加强国家福利，对社会中的弱势群体给予资助。第十四，国家和社会作为一个整体，通过创新、高质量的工作在生产领域进行整合，再整合，努力解决失业问题。第十五，通过社会咨询和集体讨论的方法，保护和尊重塞浦路斯的劳动关系模式下的劳工机构。第十六，对国家收入公平的再次分配的社会政策进行重组，以有效地解决贫穷、社会歧视问题，保护社会弱势群体。第十七，构建一个统一的国家住房政策，削减住房政策上的投资，尤其是有关难民的投资，在人口密集区限制购房权限。第十八，采取切实措施减轻住房和中小企业的沉重债务的负担（如利率、费用、第一代移民的财产问题）。第十九，加强国家医疗、教育、体育和文化领域建设。确保医疗和教育领域更加普及。加快国家医疗计划的实施。第二十，塞浦路斯共产党对于紧缩政策和进一步的经济衰退可以为新的高质量工作创造先决条件持反对意见。同时，在面临劳动力市场的缺乏管制和福利政策紧缩的情况，要增强国家福利政策的实行，保护社会底层和弱势群体的利益。

### 三　反对腐败，提高社会透明度

自20世纪90年代以来，塞劳进党发现社会中的贪污腐败问题越来越严重，而且这些问题很棘手，因为长期积累的多种因素使得这些问题很难解决。在社会经济系统中，这种简单的利润和财富的现象叫作

"diaploki"（注：政治，政府和经济利益的相互交织）国家和商业利益以及官员的腐败与此相反的是社会的透明度。在社会透明度和责任制实行的条件下，腐败构成社会整体的一部分，会对社会产生深远的影响。

客观地说，经济危机导致这种腐败现象越来越明显。迫切需要加强调控和预防机制，因为这种现象的解决是社会的需要。如果不采用逻辑的方式推进，政治和公共服务就会回到战前的状态，因此，应该考虑各种交织的利益，努力找到产生腐败的土壤，客观地为私人参与公共领域提供先决条件。当然，"diaploki"现象存在于各个区域的大众媒体，教堂和其他的社会组织中。国家和社会需要以严肃的态度处理这个问题。

无论过去还是前几年的执政时期，塞劳进党都广泛地处理这种现象以及塞浦路斯社会的腐败问题，在2010年，塞劳进党也采取了许多行动和加强机构运作的方式来解决这种消极的现象。塞劳进党的许多政府成员也参与解决腐败问题。

对塞浦路斯左翼党来说，一个社会承受这种现象甚至是更糟的情况并不是一个健康的社会。对于政党自身尤其是它的军队来说，是需要持久的真诚来引导我们对社会所履行的职责。增强我们榜样的力量是十分有必要的。当然，我党的角色并不只局限于分析社会现象。通过我们的日常工作和活动，我们要提出解决问题的方法。如果没能解释资本主义固有的现象，就不能摧毁其特定的社会经济条件。

塞劳进党致力于在思想上彻底与交织的腐败现象作斗争，这意味着要改变固有的思想方法，形成一种不同的先进的社会意识。我们首先必须从这个方向出发，进而广泛地教育整个党和社会。

塞劳进党还提议在制度和组织上反腐败。塞劳进党决定并实行由塞浦路斯劳动人民进步党中央委员，塞劳进党左翼的新力量，以及前党内政府官员共同申明的关于公共资金和资源的提议。同时，还将进行对塞劳进党账户进行每年审计，并会在我们党的官方网站上公布一段时间，另外由党的成员对党的代表大会及日常活动开展检查情况等，这些结果将在几十年来不公开后将再次公开。

以各种各样的形式和在公共的地方张贴机构常规活动也是反腐的重要方面。必须努力扩大资金和资金来源的公开范围，三个权力机构（行政、立法、司法），所有的公共和政府官员、委员、主席和公共事业机构的行政委员会成员等。一般来说，资产和资金来源的申报公开是有效的，这能反映出谁来处理公共财产和行使民事权，谁充分利用自己的职位采取重要的决定并影响公共财政和公共管理。立法结构管理现代化的提出以及军事装备的购买都是旨在消除腐败和其他交织的利益，同时也要考虑国家安全问题和国防部门的保密性。同时，必须充分行使公共及半公共领域对公共权力的控制。

对于非政府组织的经济活动，尤其是资金方面，我们将在司法的框架内进行管理。选举法的现代化将包括增强对选举费用的控制。大众媒体对审计账目的公布，有助于公众了解到利益的受益者。

以经济罪以及偷税而被没收财产不管他是不是前国家政府官员，还是现公务员。立法中的规定要更加严厉，这样因违反国家的罪而对他们的处罚将会起到威慑的作用。

毋庸置疑，与这种腐败现象以及相互交织的利益问题作斗争是每个人的愿望。作为一个党，我们将继续从各个方向着手提高社会意识，努力培养拒绝腐败的文化氛围，以现存的严厉的法律与腐败行为做斗争。加强透明机制和民主建设。遏制腐败有助于重建人民对于机构的信心，这对于一个半占领的国家来说是十分重要的。

### 四　联盟与合作问题

联盟合作政策一直是塞劳进党的整体战略和策略的奠基石。当前特定的斗争正好进入关键期，这是决定塞劳进党斗争的主要目标，确定主要的敌人，以及找到潜在的可以结盟的关键时期。

塞劳进党认为，建立联盟的共同逻辑就是联盟的力量必须要比我们对手的力量强大。如果我们自身不能认识到主要目标，为了能够提升自己的力量，就必须找到联盟，实行合作。在我们主要斗争目标的基础上，我们潜在的联盟最终会采纳我们的意见。当然，促进合作也包含共同目标在内的一些因素。它包括政治，经济和社会前进发展的问题以及其他问题。这使得联盟问题变得十分复杂。合作联盟问题也受到一些现象以及个人本质问题的影响；事实和形势易受个人的选择、目标、个人和组织政策的影响。

从当前的合作联盟来看，由于客观因素和策略目标的影响，也由于相关的策略和政党选择的影响，联盟问题变得复杂。这些问题影响联盟的成熟主客观条件更难实现。每一个重大目标的实现都是以我们提前制定的策略目标的完成实现为条件的。

事实上，联盟是基于一些或大或小的共同特征的基础上建立起来的。联盟不会因为双方力量的不同而终止，也不会因为形势复杂难以解决而终止。联盟双方最小的共同特征可以表现为拥有共同的对手，这也是我们双方联盟的依靠力量。这也就是说，双方的共同特征可以用另一种方式表达，如合作采取支持政府的形式，或完全参与联合政府的形式。因此，我们要构建一个原则性的框架，在一些关键的问题上达成共识，最终建立一个多方联盟组织。合作的失败会导致合作双方之间紧张的局势。另外，政治上的孤立将对政策的实行产生非常不利的影响，最终会损害国家和人民的利益。同时，联盟并不是意味着各自独立性的终结，联盟不仅会实现双方既定的目标，而且也会创造更多有利的条件。

塞劳进党时刻关注着 1974 年之后的历史时期，并积累了几十年的经验，但今天的斗争进入一个新的完全不同于以往的时期。1960 年到 1974 年之间的斗争是为了实现塞浦路斯共和国主权的独立，同时努力解决塞浦路斯存在的问题以及国家发展问题。1974 年之后，斗争的主要目标是在土耳其占领区内实现解放，在解决双社群联邦体，双区摆脱占领等问题的基础上实现联合。同时，在塞浦路斯，资本主义进一步发展。2004 年塞浦路斯正式加入欧盟，2008 年进入欧元区，以及全球化的加剧，都为合作的实现创造了新的客观条件。

传统上的国家在本质上发生了变化。由于 2006 年爆发了前所未有的经济危机，国际资本地位降低，国家在经济上的干预有所收缩，政治和意识形态在新世界的秩序下变得独立，尤其在欧洲范围内。这些改变影响了政策过程，过去我们称之为"国家资本主义"。我们近几年的经历以及政治过程的变化为双方的合作增加了更多的困难，所有的这些因素导致国家资本主义更加倾向于右翼，这严重阻碍了我们与左翼政党的合作。

社会阶层也发生了改变，反过来也影响联盟的实现。中低阶层，农民，知识分子和其他阶层都陷入了贫困的边缘。这些阶层作为潜在结盟的阶级是通过有关塞浦路斯社会问题的解决而实现的。

随着国家政治生活的发展，众议院扮演的角色越来越重要，同时，国会成为一个重要的统治机构，尤其在双方联盟的框架下，国会的作用越来越重要。所有这些变化还需做进一步的研究与评估。

塞劳进党认为，塞浦路斯问题与合作问题密切相关。在合作的问题上最主要的就是解决塞浦路斯问题。只要塞浦路斯问题依然存在，就会对合作问题的解决产生决定性的影响，即使社会经济问题得到解决也无法弥补。塞浦路斯问题的存在会使合作的进行变得复杂，因为在许多情况下，特定的力量会影响到塞浦路斯问题。每一次的合作都涉及合作方在有关塞浦路斯问题以及其他问题上各方力量的平衡。由塞浦路斯问题造成的僵局还在持续。由经济危机所带来的改变会影响到塞浦路斯问题的解决以及联盟各方力量的平衡。

过去的经验告诉我们，要与其他民主进步力量在塞浦路斯问题上建立一个共同的政府组织是十分困难的。然而，问题的持续导致新的问题的出现。我们要做的就是明确提出一个让人民满意的解决方法。显然，只在原则问题和解决的大致方案方面达成一致是远远不够的。

当然，我们的解决方法必须要确保国家主权独立。国家拥有独立的国际地位，公民权、人权的得到尊重，由国会安排国家一切事务。虽然这与之前做的形式相似，但是实施的结果却是不同的。

塞劳进党不只满足于以口头的方式接受双区域两族联盟政治平等的解决方案。在此过程中，有关联合国安理会决议被联盟一次又一次地进行了不同的解释。其他人则反对双区域两族政策，反对联邦成为国家机构。只有极少数的人支持这种政策。在政策的实施过程中，该政策也受到了其他政治力量的直接或间接地反对。

综上所述，未来的联盟在塞浦路斯问题上必须采取一个更加稳固的形式。而不只是在原则问题和可行的解决方案的大致构想上达成一致。最主要的是要有详细实施的步骤。

那么怎么才能结成联盟呢？塞劳进党认为，联盟的结成离不开上述提到的条件，除此之外，还有以下因素。在当代条件下，同时使用这两种形式是十分必要的。我们随时准备将这两方面的因素结合起来。左翼寻求合作联盟的条件是着眼于解决越来越多的问题，而不仅仅局限于合作的形式本身。

合作和联盟也许与政府自身有关，也可能与联盟相关的经济和社会政策有关，更与塞浦路斯问题的解决有关。在个人问题上的合作也是我们联盟的重要组成部分，因为在这方面联盟扮演着必不可少的角色和作用。这是因为，从短期来看，有利于促进政治目标的实现，维护政党所保护的特定阶层人民的利益以及塞浦路斯问题的解决，同时结成联盟也会壮大双方的力量。

因此，结成联盟是可以实现的——基于不同层次的联盟如政治、经济、社会、生态、当地政治等。合作联盟可以在领导水平、基层民众、社会阶层、群众、阶级水平等基础上建立。如果可行的话，应该在议会中将所有这些条件考虑在内。合作联盟也许在目标、持续时间、形式和内容等方面有所差异。

当然，所有合作的形式都旨在实现各种目标，同时通过结成联盟，双方的力量也会增强。

**五　资本主义条件下政权的运转**

在资本主义民主所构建的政治框架之下，竞选问题以及权力运作和改革派的行动都为所有党派和以社会主义代替资本主义的改革运动创造了先决条件。国家的本质问题在权力的运作以及社会性质的转变方面都起着十分重要的作用。

经典的马克思主义者，尤其是列宁，正确地处理了改革条件下的这些问题，尤其是在实际的政治行动领域。他们不仅以理论分析的方式给出了解决这个问题十分重要的原则。这些原则是永恒的，对于现在分析阶级根源奠定了基础。

这些原则总结如下：

在体制和结构下的政治行动对于资产阶级民主是十分必要的。没有这种政治行动，想要在实现进步的和根本的转变方面得到人民的支持是不可能的。创造性的、辩证性的政治和社会行动是为了让工人阶级和更广泛的社会阶层明白，突破资产阶级民主范围限制的一场更加深刻的体制改革是必要的。当然，这也需要解决每个国家相关的政治关系和社会条件。

权力具有阶级性，它是统治阶级经济统治下在法律和制度层面强加的工具。这意味着我党在有关政府和权力方面制订策略意义的计划，必须要认真考虑这个因素，在有关现存国家性质方面不能存在任何含糊的现象。权力和统治是不同的。

显然，在这种情况下，塞劳进党必须采用马克思列宁主义的阶级分析的基本原则，将其运用在我们的评估上和政治策略上。

1. 共产党和左翼政党参与政治联盟的经验

塞党认为，一个重要的因素必须考虑在内，那就是政党所制定的策略是广泛积累而成的，尤其是在欧洲，共产党和左派政党在政府中的参与主张是在资本主义和资产阶级民主条件下的实现的。对于这个重要经验的积累，我们应将赫里斯托菲亚斯五年的管理经验也应该加入到我们的经验之中。这些经验最基本的特征如下：

对于在大多数情况下，与左翼政党的联盟，在积极的政治组织的基础上，创造了一种积极的动力，增强了自信与群众的积极性。

这种联盟有助于缓和反共产主义，同时也成为左翼政党的一个现实可行的政治解决方案。

然而，经验并不是同一的。也存在一些消极的经验积累，因此这也是我们应当认真考虑的问题。这种消极的经验大致会产生两种消极的影响：

第一，如果达成合作的条件尚不成熟，如果必要的收缩不足以包括原则的最小化，参与联盟的政治权力将极大地偏离原有的位置和原则。这样政党的特征和身份将会为了实现参与政府而做出牺牲。

第二，遗憾的是，一个频繁发生的现象成为一种规则，当左翼政党参与政权的时候，由于各种原因会导致出现无法履行承诺的现象进而导致政府不能满足工人和人民的需求，这也是左翼政党的失败。我们都有过这样的经历，以我们自身的条件，在经济危机下，我们必须有力地管理资本主义。其次是人民大众在面对左翼政党的政治信誉和选举百分比时的失望。

当我们分析的这些因素成为事实时，这些现象就会成为事实；一方面，在预期和现实方面存在差异；另一方面，因为执政联盟的参与，左翼特征正在发生改变。左翼政党在广大的群众运动中，逐渐地远离了传统的"将"角色。

左翼在国际和欧洲的运动无论是积极的还是消极的都是十分必要的。运动并不是为了被视为神圣的，而是为了辩证地、创造性地使用我们自身的政治策略。

2. 塞浦路斯当前条件下塞劳进党的权力运作问题

在塞浦路斯现有条件下，除了已有的事实，就如我们上面所提到的，塞浦路斯或多或少具有发达资本主义国家的特征，塞浦路斯还具有其他国家所没有的特殊条件。

一个重要的区别就是在每一个政治力量制定政治议程中，塞浦路斯问题起着决定性的作用。事实上，塞浦路斯问题关系到一系列的国家事务。而这在形成联盟和合作的权力运作过程中起着关键性的作用。

塞劳进党作为塞浦路斯工人阶级的政党，代表了所有塞浦路斯与希族、土族塞人、美国人、马龙派教徒和拉丁人之间的利益。事实上，塞劳进党是反抗国家主义和帝国主义的重要力量。土族塞人认为政党可以实现塞浦路斯再次团结，另外一个不可忽略的事实是政党是在解决国家统一问题方面制定策略的。

此外，除了右翼党，塞劳进党是大选时的最大的政治力量，是主要的、进步的，反对新自由主义的重要力量，这不同于其他欧洲国家。

综合我们之前所分析过的，塞劳进党积极参与权力实践，甚至在资本主义条件下，也去努力完成自身的职责和目标。

3. 有关权力运作的原则和条件

综合以上分析，我们知道要想积极参与统治，在特殊的条件之下要遵循以下原则。

首先，最重要的条件就是，尽可能地实现与其他政治力量的广泛合作。我们将共同的斗争和组织集中第一的原则以及最重要的塞浦路斯问题结合起来。这些集中必须是真实的，不是为了参与政治力量而临时建立起来的。在这个结构框架之下，如果我们的候选人有可能参与统治时，我们不应该排除这些因素。但是必须要清楚的是，这不是我们自身的目标，也不是联盟的先决条件。

第二个重要的先决条件就是，有关组织将成为左翼政党参与统治的基础，随着我们长期执政地位和社会激进主义的推动，这些组织将持续存在发挥作用。

关于我们所说的社会激进主义，我们当然不期望它发展壮大到推翻统治阶级。

然而，事实就是，政府组织不会改变资本主义体制，也不会让政治体制出现很多问题。我们可以通过我们支持工人阶级和广大群众的社会财富的再分配得以实现，也可以通过激进的民主改革增强普遍参与、社会控制，以及国家和社会普遍的民主力量的运作来实现。

当政党参与政治统治时，组织存在的激进主义自然地成为明显的特征。尤其是假如候选人是政党成员时，制订计划应该确保将自身立场和人民在长期的历史过程中所表达的要求保持一致，并且应该能够显示出左翼政党的这种积极的转变。

4. 在参与政治时需要考虑的限制条件和障碍

我党参与政治的真正的结果，如果不去满足工人阶级的社会期望，那么就存在着人民对联盟的失望和异化的危险，而且长期会损害党的信誉。

因此，政党必须要郑重考虑主观和客观的各种障碍，确保在执政过程中，面对所遇到的情况能够制定正确政策，并组成一个积极的、激进的组织。

一个必须要分析的问题就是我们对欧盟和欧元区成员的承诺。一个欧盟成员国有可能以正确的方向实行改革吗，例如实行重大的社会政策，实行独立的经济政策？尤其是在2009年欧盟采用里斯本条约之后，成员国在重大的社会、经济和外交政策上所实行的政策逐渐受到了限制。另外，欧盟的官方政策揭露了它的反人民性和新自由主义的特征以及紧张的阶级认同。

基于这些事实，在一个国家层面上尝试一种积极的社会激进政策，就意味着与欧盟政策相矛盾。我们需要对这个问题作进一步的分析，塞党和欧盟中其他兄弟党，在形势变得更加严峻的时候，需要有一个详尽的策略。

一个激进而进步的社会经济组织的存在和发展，即使没有超越了现有的经济社会体制，在社会保守力量之下，也将遭受国际资本主义强有力的经济和政治利益的影响。

第四个必须要考虑的重大的问题是国家的腐败问题。毋庸置疑的是，以阶级为基础的政府反对和抵制政策转变，担心会损害统治阶级的利益。这既不是左翼政策的原则结论也不是工人阶级和每一位公务员的主观印象。但事实是国家保护统治阶级的意识形态，以及统治阶级的占主导地位的经济和社会政策。

大众媒体在影响公众观点的认知和舆论方面发挥重要的作用。左翼政党的参与，尤其是参与重大的事务方面，在客观点给予了政府政策支持。这有利于国家建立反抗机制和对大众媒体的控制。

左翼作为一个强有力的政党，需要牢记的事实就是不应该对这种组织妥协，而应该准备与之战斗。

5. 政府参与国家管理之下的政党和人民运动的关系

无论在何种情况下，一个原则问题是，在国家政权之内，以及扩展到群众运动是对当权政府政党的认同完全是错误的。即使在苏联的社会主义国家和其他的社会主义国家，政权作为一个关键因素被扭曲时将对体制造成消极影响。

政党是一种政治机制；它代表了社会阶层利益，并将这种利益转变为一种政策和设想。它必须得到广大人民群众的支持，但不是通过国家规定的程序，即不是通过权力关系和授权关系，而是通过日常的政治活动和社会斗争得以实现。当然，在建立进步组织的过程中存在限制和阻碍。事实上，当前的政策本身就是一个政治组织，难以超越现有社会体制。党和人民群众运动必须以一种辩证方法，充分调动自己的自主性去积极应对出现的各种情况。在这样的框架之下，政府领导官员和人民群众运动的参与应该得到认真的分析。只有这样才能够保护运动免受那些负面影响，以便发挥积极性因素的作用。

对于政党和人民群众运动的关系来说，一个重要的因素就是，以一种辩证的方法，将党的立场建立在人民群众利益基础上，无论在任何情况下，即使是执政时都要在立场上要清晰，明确地与工人和人民站在一起。

# 第六章　塞浦路斯劳动人民进步党革新社会主义的前景展望

　　塞浦路斯劳动人民进步党在八十多年的历史长河中曲折发展。进入新世纪以来2008—2013年塞浦路斯劳动人民进步党总书记赫里斯托菲亚斯成为塞浦路斯共和国总统，塞浦路斯劳动人民进步党从幕后走上前台，由反对党成为执政党，这是党不断进行斗争的结果。但不幸的是在2013年的总统选举中，塞浦路斯劳动人民进步党未能继续执政，使塞浦路斯劳动人民进步党遇到前所未有的挑战。但我们不能否认塞浦路斯劳动人民进步党在保持塞浦路斯经济的快速发展、提高塞浦路斯人民的生活水平、实现塞岛统一与主权完整、使塞浦路斯实现社会主义社会等一系列问题所进行的积极探索和取得的成绩。纵观塞浦路斯的国内外形势，透视塞浦路斯劳动人民进步党对社会主义发展道路的探索以及所取得的理论与实践上的成就，我们可以预测，塞浦路斯劳动人民进步党在未来一个时期会克服换届选举的消极影响并不断发展壮大，同时，我们也应看到塞浦路斯劳动人民进步党的发展道路不会一帆风顺，在面临机遇的同时也面临着诸多挑战。

## 第一节　塞浦路斯劳动人民进步党革新社会主义的重要影响

### 一　对世界社会主义运动具有借鉴作用

　　苏东剧变后，世界社会主义运动一度陷入低谷，苏联和东欧国家纷纷改旗易帜，或者放弃马克思列宁主义或者放弃社会主义道路，社会主义阵营从此土崩瓦解。而在世界社会主义运动处于一蹶不振之际，塞浦路斯劳动人民进步党仍然坚持马克思列宁主义，坚持社会主义道路，取得了令世界瞩目的成就，成功推动了世界社会主义运动的复兴。所以，塞浦路斯劳动人民进步党所取得的伟大成就及其经验教训对其他资本主义国家走向社会主义乃至世界社会主义运动的复兴都具有重要意义。

　　塞浦路斯劳动人民进步党曾是欧盟中唯一执政的共产党，其目标是建设公平正义的社会主义社会。在苏东剧变后，面对苏联和东欧社会主义国家纷纷改旗易帜走向资本主义道路，塞浦路斯劳动人民进步党却在困境中不断寻求突破，始终坚持马克思列宁主义，始终为塞浦路斯建立社会主义社会而不断进行理论创新和实践创新。党通过和平的议会道路，进行议会斗争，最终在议会选举中脱颖而出，并在 2008 年总统选举中获胜并上台执政至 2013 年。塞浦路斯劳动人民进步党之所以曾取得如此之大的成就与其真正维护工人阶级和劳动人民的利益、实行灵活的方针与政策是分不开的。塞浦路斯劳动人民进步党的生存之道、发展之道是独立探索适合塞浦路斯国情的社会主义发展道路。而其探索过程中的经验和挫折对其他国家走向社会主义具有理论意义和实践意义，尤其是对于那些处于相似的历史条件和政治条件的共产党更具有借鉴意义。

### 二　对世界社会主义运动的复兴具有积极的推动作用

　　苏东剧变的影响正逐渐弱化，现存的各国共产党已经开始独立探索适合各国国情的发展道路。在当今世界，据不完全统计，目前除中国共产党之外，约有 120 个仍保持原名或坚持马克思主义性质的共产党，分布在 100 多个国家，党员总数约 1100 万，其中除中国之外的现行社会主义国家约有 740 万党员，在国外所有共产党中党员人数过万的有 30 个，执政或参政的有 20 多个。① 虽然世界共产党的力量得以稳固，但是世界社会主义运动并没有出现全面复兴的迹象。到目前为止，社会主义国家只有 5 个，中国、越南、朝鲜、老挝和古巴，资本主义国家中执政的共产党也寥寥无几，大部分共产党都被排挤而无法成为国内主流政党，有些政党为了能够进入议会也在发生转变。虽然在全球化的大背景下，世界各国的共产党和左翼进步政党可以加强对话与合作，但共产党所面临的世界局势依然险峻。

　　塞浦路斯劳动人民进步党的探索经验，也必然会对其他资本主义国家的共产党产生一定的启示和榜样作用。与此同时，塞浦路斯劳动人民

---

　　①　史志钦主编：《全球化与世界政党变革》，中共中央党校出版社 2007 年版，第 212 页。

进步党作为世界社会主义运动的有机组成部分，必然对世界社会主义运动的全面复兴起到推动作用。

### 三　对我国社会主义建设具有重要借鉴意义

塞浦路斯与我国一直保持着友好关系，塞浦路斯劳动人民进步党与中国共产党也始终保持着友好的党际关系，都肩负着复兴世界社会主义运动的责任。塞浦路斯劳动人民进步党的探索经验对于我国建设社会主义、处理国家分裂问题以及环境保护等方面都具有重要的借鉴作用。

首先，塞浦路斯劳动人民进步党解决国家统一问题的灵活政策对我国具有借鉴作用。虽然塞浦路斯仍然处于分裂状态，但在塞浦路斯劳动人民进步党的不懈努力下，两族的和平谈判取得了很大进展，国家的统一进程也向前迈了一步。塞浦路斯劳动人民进步党对于解决国家统一问题提出了很多灵活政策，积极推动了两族的和平进程。我国与塞浦路斯同样都存在着国家分裂问题，塞浦路斯劳动人民进步党的灵活政策对于我国处理台湾问题具有很大的借鉴作用。

其次，塞浦路斯劳动人民进步党处理环境问题的政策对我国具有启示作用。塞浦路斯劳动人民进步党认为，环境恶化的根本原因是社会制度，是资本主义追求超额利润的结果，所以要注重以人为本的可持续发展模式。塞浦路斯劳动人民进步党注重环境立法，注重预防和评估实施计划可能产生的环境后果，提倡公民参与环境政策的制定，强调合理的规划城市建设和振兴乡村经济以保护自然环境，并积极开展环境运动。塞浦路斯劳动人民进步党采取的保护环境措施对于我国解决环境污染具有重要的启示作用。我国目前环境恶化污染严重，给人民的健康带来巨大危害。所以，政府只有采取积极措施，走可持续发展道路，才能改善我国的环境。

最后，塞浦路斯劳动人民进步党的务实精神对中国共产党具有积极影响。务实精神是塞浦路斯劳动人民进步党不断发展的不竭动力。塞浦路斯劳动人民进步党能够在逆境中不断发展壮大与党的务实精神是分不开的。例如，塞浦路斯劳动人民进步党在自称是工人阶级的最高组织的同时，还强调是广大劳动人民的最高组织，突出了党的群众性；在坚持社会主义目标不变的前提下，由激进的革命道路转变为和平的议会道路；在国家经济发展中，已由单一的计划经济模式转向计划和市场相结合的混合经济模式。塞浦路斯劳动人民进步党始终是一个务实的党派。对于我国来说，务实精神也尤为重要。目前，我国正处于矛盾的凸显期和战略机遇期，中国只有处理好新时期的主要矛盾和广大人民所面临的问题，才能获得稳健发展。所以，中国共产党要大力发扬求真务实精神，促进中国的科学发展。

## 第二节　塞浦路斯劳动人民进步党面临的机遇

### 一　革新力量不断壮大的支持

　　第一，塞浦路斯劳动人民进步党是国内最重要的改革力量，可以获得更多革新力量的支持。20 世纪 90 年代以来，一方面由于科学技术和生产力的快速发展，当代资本主义经济、政治和文化等方面都发生了许多新变化；另一方面东欧剧变和苏联解体对世界社会主义运动产生了消极影响，党面临着如何在苏东剧变的困境中求生存、求发展的困境，这些都深刻的使塞浦路斯劳动人民进步党意识到应该进行理论反思和政策调整。所以苏东剧变之后，塞浦路斯劳动人民进步党就对其理论路线进行了全面调整。1995 年，塞浦路斯劳动人民进步党召开了第十八次代表大会，对《党的章程》进行了修改。塞浦路斯劳动人民进步党"十八大"对党章的修改具有非常鲜明的时代特征：首先是凸显两个先锋队，新党章在强调塞浦路斯劳动人民进步党是工人阶级的先锋队的同时，也强调党是塞浦路斯劳动人民的先锋队组织，突出了党是群众性；其次，强调民主集中制转变为强调民主运行机制，重视社会法制和公平正义。新党章明确指出坚持贯彻党的民主集中制，不断发展民主政治，加强党内民主和集体决策和运作；再次，塞浦路斯劳动人民进步党不再固守僵化的计划经济，主张计划和市场有机结合，允许包括私营经济在内的多种经济成分并存，实行以现代混合经济为基础的经济发展政策；最后，塞浦路斯劳动人民进步党高度重视党群关系，不仅在思想上也要在实际行动中与广大劳动者建立密切的联系，这样党的力量才会发展壮大。同时通过与工人阶级和劳动人民的广泛接触，吸收人民的经验和智慧，成功开展政治和社会斗争，使党永远成为塞浦路斯人民的先锋力量。

实践证明，塞浦路斯劳动人民进步党通过革新，党在以后的各届议会选举中的支持率逐渐上升，得票数不断增加，所占的议会席位也居高不下。同时，也使那些支持党的理论主张的力量和派别团结在党的周围，扩大了党的群众基础，壮大了党的力量。当前，塞浦路斯劳动人民进步党在其与时俱进的理论指导下，一定会不断发展。

**二　塞浦路斯成功加入欧盟是塞浦路斯劳动人民进步党的重要机遇**

2004年5月1日，塞浦路斯成功加入欧盟，实现了多年来的梦想。虽然加入欧盟存在风险，但总体上来说加入欧盟对塞浦路斯劳动人民进步党来说带来机遇。首先，塞浦路斯劳动人民进步党可以把欧洲议会作为一个平台，传播党的理论主张，并且可以团结左翼政党等所有进步力量，并不断提高党在欧洲议会的席位，进而提高党在欧洲议会的地位，发挥更大的作用。其次，塞浦路斯加入欧盟也对实现塞岛统一具有推动作用。欧盟为保证欧盟的团结和成员国的利益，定会制定相关协议并采取具体行动来协调两族矛盾以早日实现统一。再次，欧洲提供了一个3.4亿人口的市场，更激烈的竞争能促使塞浦路斯不断调整产业结构，提高产品竞争力，使塞浦路斯经济打入欧洲的广阔市场，提高塞浦路斯的市场份额，进而促进国内经济的发展。

# 第三节　塞浦路斯劳动人民进步党面临的挑战

**一　能否推动国家统一是塞浦路斯劳动人民进步党面临的最大挑战**

自从1974年塞浦路斯发生军事政变，继而土耳其入侵塞浦路斯之后，塞浦路斯就一直处于分裂状态，统一的塞浦路斯共和国已经名存实亡，1975年2月土耳其族成立了"塞浦路斯土族邦"，1983年11月土耳其又成立了"北塞浦路斯土耳其斯坦共和国"，从此塞浦路斯南、北分裂，直至今日也没有统一。虽然多年来在联合国的支持下塞浦路斯族和土耳其族双方直接和间接的举行了多次会谈，但双方因一些根本问题存在分歧，始终未达成一致，致使谈判最终都以失败而告终。赫里斯托菲亚斯在选举成功之后也曾公开表示，它将团结包括土耳其族人在内的所有塞浦路斯人民，克服困难，不断努力实现塞岛统一。双方领导人也同意重启两族谈判，都希望尽快结束两族分裂状态。但是塞浦路斯劳动人民进步党在国家统一问题上到底能走多远？前景仍然不乐观。所以，塞浦路斯劳动人民进步党如何调整政策和做出有效步骤以使塞浦路斯族与土耳其族和解，从而最终结束塞岛分裂实现国家统一，仍然是塞浦路斯劳动人民进步党面临的最大挑战。

**二 能否促进塞浦路斯经济快速发展是塞浦路斯劳动人民进步党面临的巨大挑战**

1974 年土耳其的入侵给塞浦路斯的经济造成巨大破坏，塞浦路斯历届政府及时制订了经济行动计划，不仅恢复了经济，而且取得了巨大的经济发展成就。20 世纪 90 年代至今，塞浦路斯的经济保持增长势头，第三产业突飞猛进，加工业制造业继续稳定增长，整个经济运行平衡，其整体经济特征突出变化是"两低一高"，即失业率低，通货膨胀率低，经济增长率高。

但是，塞浦路斯的经济过度依赖第三产业尤其是旅游业及相关产业，2000 年以来第三产业基本上占到 GDP 的 75% 以上。[①] 同时塞浦路斯经济结构单一并且具有对外依赖性。与此同时，2007 年始于美国的经济危机快速席卷全球，也给塞浦路斯带来了消极影响。不仅如此，塞浦路斯经济也受到欧债危机的影响，从 2010 年 11 月开始被评级机构降级。所以，塞浦路斯劳动人民进步党是否能够调整塞浦路斯经济的产业结构，制定相应的经济政策和发展战略，走出经济危机的困境，不断提高塞浦路斯经济的发展水平，提高塞浦路斯人民的生活质量，使塞浦路斯人民享有经济成果仍然是塞浦路斯劳动人民进步党面临的重大挑战。

**三 能否加强党的建设，也是塞浦路斯劳动人民进步党面临的重要挑战**

塞浦路斯劳动人民进步党自成立之日起，就十分注重党的建设。进入新世纪，国际国内形势发生的深刻变化要求党加强自身建设。首先，世界社会主义运动遭遇严重挫折，苏联和东欧国家执政的共产党纷纷丧失政权，一些发展中国家和地区长期执政的党也接二连三地或在竞争性政党体制下失去执政地位，或在非竞争性政党体制下垮台；其次，塞浦路斯国内也已经发生深刻变革，阶级结构发生变化，塞浦路斯的资本主

---

① 参见中国驻塞浦路斯大使馆经济商务参赞处网站。

义也发生了新变化，这些变化了的客观情况都要求塞浦路斯劳动人民进步党应该不断加强党的自身建设。加强执政党自身建设关系到塞浦路斯劳动人民进步党能否带领所有塞浦路斯人民包括塞浦路斯族人和土耳其族人实现塞浦路斯的变革、发展塞浦路斯的经济，也直接关系到党能否带领所有塞浦路斯人民走向社会主义。世界社会主义运动的历史已经证明：共产党只有思想坚定、组织团结、目标明确，其领导的社会主义事业才会成功；反之，社会主义运动和社会主义事业受到严重挫折，甚至是失败。

四　2013 年塞浦路斯劳动人民进步党未能获得连续执政地位的巨大打击

塞浦路斯劳动人民进步党未能获得连任，除了反对党的排挤和反对，更重要的是塞浦路斯劳动人民进步党在五年的执政期间并没有给塞浦路斯人民一个满意的答卷。所以，塞浦路斯劳动人民进步党能否总结五年的经验教训，调整自己的政策和战略，赢得下次选举的成功获得再次上台的机会对塞浦路斯劳动人民进步党来说是当前面临的最大挑战。

塞浦路斯劳动人民进步党在苏东剧变后进行的变革和转型，蕴含着丰富的经验，也有不少的教训。它对世界社会主义运动产生了重要影响，对中国特色社会主义建设也有不少启示。正确合理把握机遇、迎接分解各种挑战，塞浦路斯劳动人民进步党的发展前景仍十分乐观。

# 附录一　塞浦路斯劳动人民进步党章程

（1995 年塞劳进党十八大通过）

性质和目标

第 1 条

1. 塞浦路斯劳动人民进步党——AKEL 是塞浦路斯工人阶级和劳动人民的先锋队组织。成立于 1941 年 4 月 14 日，是塞浦路斯共产党的延续。该党成立大会于 1926 年 8 月 15 日在利马索尔举行。

2. 塞浦路斯劳动人民进步党是工人阶级和劳动人民的最高组织形式。它由志愿联盟创立而成，包括各民族的工人、办公人员、农民、专业人士、技工、科学家、知识分子和其他劳动人民，是反抗各种剥削和压迫、致力于改善塞浦路斯人民生活并创造一个民主的和人道的社会主义社会的志愿联盟。

3. 塞浦路斯劳动人民进步党效忠于工人阶级和劳动人民的事业，并且巩固其政治、自由和社会斗争的成果，这些成果丰富了我们民族的历史。

4. 在行动上，塞浦路斯劳动人民进步党以马克思主义列宁主义为指导，通过无止境的知识的进步和经济政治演变来发展马列主义。

5. 通过其意识形态上、政治上以及组织上的内聚，通过政党民主的运行，通过集体努力，党员自觉参与和行动，通过党同劳动者以及塞浦路斯人民不断扩大和加强的联系，塞浦路斯劳动人民进步党形成了其力量。

6. 塞浦路斯劳动人民进步党的最终目标是建立民主和人道的社会主义，一个以和平和自由、政治和社会公正以及尊重人权为基础的高级社会。在塞浦路斯建立社会主义社会是塞浦路斯人民的愿望得到自由民主的表达的结果。

7. 塞浦路斯劳动人民进步党认为社会和政治发展的必要前提是：政党的自由运行，民主的获得，政治主权的行使和改变以及国体或者社会体系的改变。这些发展要遵循人民通过民主和自由选择。

8. 塞浦路斯劳动人民进步党的所有行动都是受人道的和民主的理想激发的。该党认为其国家职能和国际职责是不可分的。这也同样适用于努力寻求全球问题的解决方法。塞浦路斯劳动人民进步党，忠诚于国际主义原则，平等共处，互不干涉，在地方和国际上积极支持团结反对帝国主义的力量，进步力量，和平和社会主义的统一。塞浦路斯劳动人民进步党以国际主义精神和国际主义者的团结精神教育党员，同各种受到政治、社会和民族压迫努力斗争的所有劳动人民，一起反对帝国主义，新殖民地主义和种族主义。

9（a）在反对帝国主义，争取解放和反侵略斗争的现阶段，塞浦路斯劳动人民进步党在为实现一个独立的、主权的、联合的、不结盟的以及非武装的，没有外国军队，殖民者以及军事基地的塞浦路斯国家而奋斗；所有的人民，无论是希族塞人、土族塞人、马龙人、亚美尼亚人还是拉丁人都将和平共处，团结一致地建设他们共同家园的美好明天。塞浦路斯劳动人民进步党在为保护和实现世界和平、民主，保护人权和政治权利，提高工人阶级以及所有城镇和乡村劳动者的权益，为反抗经济、社会和精神压迫而努力。

（b）在解放塞浦路斯的斗争中，塞浦路斯人民的主要敌人是土耳其占领军和支持土耳其的帝国主义力量，以及他们地方的帮凶及支持者。反对以上势力，需要付出长期的毫不妥协的斗争。参与支持此次斗争的进步力量是工人、办公人民、农民、专业人员和技工，以及国家中产阶级——所有那些利益不和塞浦路斯的敌人的利益相关的人。他们是希族塞人、土族塞人、马龙人、亚美尼亚人还有拉丁人。为了实现反帝国主义、解放和反侵略斗争的目标，必须将各种力量联合在统一战线内，城市和乡村工人阶级以及广大劳动者的联盟是统一战线的基础。塞浦路斯劳动人民进步党一贯地站在为建立该统一战线而斗争的前线。塞浦路斯劳动人民进步党认为希族塞人和土族塞人之间的友好关系是该统一战线的组成部分并且始终如一地为其达成和发展而努力。

（c）塞浦路斯劳动人民进步党始终在为创造一个高级的民主社会而斗争。该高级的民主社会的主要特征是：法治，民主的并且基于人民主权、人权，任人唯贤，现代和高效。一个主权独立的国家、其政策将是不结盟，在国际法的基础上，与世界上所有民族保持和平、友好与合作。经济发展政策适于现代混合经济的发展而制定并服务于人民和国家，同时注重保护自然环境。社会政策确保持续改善人民的生活标准、健康、教育和运动。文化政策确保智力和艺术创作，同时尊重我们国家和民族的文化遗产。

10. 塞浦路斯劳动人民进步党在斗争中，怀着爱国情怀，为自由、民主和捍卫和平而战，支持社会公正和安康。通过日常与工人阶级和劳动人民的广泛接触，塞浦路斯劳动人民进步党将有能力接受人民的经验和智慧，并成功地开展政治和社会斗争，使党永远成为塞浦路斯人民的先锋力量。

第 2 条　党员

塞浦路斯劳动人民进步党的党员可以是塞浦路斯的永久性居民，也可是居住在有塞浦路斯劳动人民进步党组织的国家的任何塞浦路斯人，只要他接受党的原则和党章，就可以成为塞浦路斯劳动人民进步党的一员。

第 3 条　入党

加入塞浦路斯劳动人民进步党遵循自主自愿的原则。政党成员来自于工人、上班一族、农民、专业人士、艺术家、科学家、知识分子和其他劳动人民（无论男女，无论哪个民族）以及关注社会活动的人民。必须有两个了解入党申请者的党员推荐其入党。由党的基层组织通过多数投票做出决定。再将决议立即通知政党上级组织机构，然后申请者可以拿到党员证。如果党的基层组织拒绝接受入党申请者，该申请人的推荐者可以要求较高一级的党组织进行再次审查，即从党的上级组织机构重新开始。只有经过地区委员会的批准，其他政治组织或政党的普通成员才能够加入塞浦路斯劳动人民进步党。只有经过中央委员会的批准，其他政治组织或政党的领导干部和个人才能够加入塞浦路斯劳动人民进步党。相应决议结果要通知相关的政党组织机构。塞浦路斯劳动人民进步党的党员不能加入其他政党或政治组织。

第 4 条　党员权利

所有的塞浦路斯劳动人民进步党党员权利平等。党员享有如下权利：

1. 自由参与制定党的政治路线、党的政策和决议的形成的讨论。

2. 在党组织和其属于或者参加的政党机构内部，信仰言论自由，针对正在讨论的问题，关于某个党员或者干部甚至某一领导机构可以自由言论。自由开展批评活动。

3. 参加党的领导机构的选举，同时拥有被选举进入领导机构的权利。

4. 就党的或者其他问题向相关的党指导机构，甚至中央委员会以及中央检查委员会反映，并且会在不超过两个月的时间内得到答复。

5. 党员有权从党基层组织处得到及时、全面、客观的关于党的活动和决议的信息。

6. 党员有权在党基层组织内部得到及时、全面、客观的关于被要求参与讨论和决策的问题通知，以及此种讨论的结果。

7. 党员有权参加要做出与其活动和行为相关的决议的党机构或者党组织会议。

8. 退党自由。

第 5 条　党员义务

所有塞浦路斯劳动人民进步党党员义务平等。党员义务如下：

1. 遵守党章和党规，并为党的纲领的成功贯彻执行而努力。

2. 属于某一个党的基层组织并且为其工作，并交纳应付款项。

3. 尊重党的决议，自觉遵守，参加党的活动并且在实践中贯彻党的政策和策略。

4. 维护和加强党的团结，在任何情况下都要保护党。

5. 以达到加强党的影响和威望的行事方式来规范自己的行为。

6. 要保持与周围工人和劳动人民的紧密联系。在日常的问题和活动中要起到先锋带头作用。

7. 属于其专业组织。必须努力启发劳动人民，使其成为专业组织或者其他群众组织的成员，并始终对此种组织的独立、纲领和性质表示尊重。

8. 改进个人意识形态背景，发展个人政治能力，在自己犯错或有不当之处的情况下，勇于接受批评并且进行自我批评。

9. 遵守和保护人才、正义和道德原则。

10. 更换住处或工作单位时，要通知其所在的党基层组织。党员通知党组织后即可更换所属党基层组织。

第6条　组织原则

党的组织结构和活动的基础是民主集中制，要不断扩大民主。民主集中制原则从经验和新的政治思维中得到丰富，并保证充分的党内民主、统一的路线和领导、纪律的自觉遵守。

1. 党内民主的保证措施：

（a）每个党员都有权积极参与党的方针和策略的形成和执行以及形成自己的理论观念。

（b）每个党员都要积极在各种党机构和组织会议上参与有关党的问题、目前状况、指导方针和活动的自由而坦诚的讨论。

（c）在由党组织的公共对话框架内，党员可以通过党的新闻媒体对与党的政策相关的严肃问题发表各自的看法。这种公共对话将由中央委员会和其他领导机构进行通告。如果至少1/3的党员通过党基层组织提议针对某一特定问题进行这种对话，同样可以进行这种公共对话。如果得出了约束每个党员的决议，该公共对话即结束。

（d）关于党员有权提出异议或者提交建议，表述各种不同意见，目的是努力激发主动性和党机构及组织在各个领域的活动的决议的制定以确保个人对集体的贡献。

（e）根据其权利，每个党员必须在领导机构的任命和选举中发挥积极作用，并且有权被选举成为这些机构中的一员。

（f）有权通过党基层组织获取及时、充分并且客观的信息。

（g）所有的领导机构必须承担起定期向选举它们的党组织负责的义务并且要特别关注表述的观点。

（h）根据其权利，党员必须要开展自由批评，对决策制定的正确性和执行进行建设性的管理，并且有权指出相关党组织、党的干部以及党员的缺点和不足。无论是集体或者个人在任何场合都要进行实质性的、负责任的、客观的批评与自我批评。

（i）每个党员有权通过党机构再次将问题提出。如果发现新的思路，这就证明了再审查的正确性。

（j）对于严肃的问题，中央委员会或者其他领导机构在讨论中要依靠全体党员。在制定决策时，要认真考虑全体党员的意见。

（k）虽然已经制定了决议，但如果中央委员会或者其他领导机构觉得有必要询问全体党员，他们就可以征求全体党员的意见。此时它们把党员的意见看作是最普遍的意见，把党员的支持当作他们最广泛的支持。

2. 确保统一战线和领导地位

（a）所有党组织联合成紧密的团体，发挥整体的作用。

（b）通过每个下级组织的努力，党组织和所有的党员在框架内根据党章的规定贯彻执行更高级别党组织的决议。

（c）在统一的领导中心——中央委员会的领导下，开展党组织的所有活动。中央委员会是两会期间最高权力机构。

3. 确保自觉遵守纪律

（a）接受并遵守党的组织原则和党章的规定。

（b）关于党机构制定的决议，即使不同意，党员也要遵守决议并且做到贯彻执行。有组织的团体、在党的框架或组织外行动趋向，或者背离党的纪律以及固执己见行动、小团体主义活动政治平台的设立在党内都是不允许的。

（c）党纪的力量是针对无视其所在组织或者机构的所有党员。所有党机构都具有集体领导责任但并不是使每个人脱离个人责任。在党的机能中，党员要支持集体行动并且反对专权、偏袒以及个人崇拜。民主集中制的以上三个组成元素构成了一个统一并且不能分割的整体，确保了党的团结、紧密和有效。

第7条　组织机构

塞浦路斯劳动人民进步党的最高权力机构是全国代表大会，大会代表选举党的中央委员会和中央检查委员会。省党组织的最高领导机构是选举省委员会的省代表大会。城镇党组织的最高领导机构是选举城镇委员会的城镇代表大会。农村地区党组织的最高领导机构是选举农村委员会的农村地区代表大会。地区党组织的最高组织是选举地区委员会的地区代表大会。自治城镇或农村党组织的最高领导机构是选举书记和自治区委员会的组织大会。城镇、农村的党基层组织的组织机构是选举党基层组织书记及公务员的年度全体大会。

第8条　领导层的选举

（a）党的领导机构和官员是通过无记名投票选举产生的。选举程序依据党的规章执行。每个机构按顺序公布成功人选结果。

（b）有效选举是指相关机构的80%—100%的党员参与投票。

（c）相关机构50%的党员出席会议即构成法定人数。

（d）除基层党组织外，各党机构的日常选举活动，从其党员中选举产生，其书记处必须对本机构的全体会议负责。

第9条

中央委员会和中央检查委员会的人数，分别依据即将离任的中央委员会和中央检查委员会的建议，由全国代表大会决定。省委员会的人数，依据即将离任的省委员会的建议，由省代表大会决定。城镇委员会、农村地区委员会和地区委员会的人数，依据即将离任的各自机构的建议，由相应的代表大会决定。自治区委员会的人数，依据自治区委员会的建议，由自治区党组织大会决定。基层党组织办公署的人数由基层党组织大会决定。特殊情况下，中央委员会和自治区委员会有权指派少量干部，但不能超过全体党员总数的5%，并且原本不是以上两机构的候选人。指派的党员具有各自机构的党员的所有权利。

第10条

在政治方针、策略和党的决议框架内，所有党组织对于本地或工作地所要面临的问题，负有直接责任。为了起到指导作用，为了宣传决策及学习专门主题，党组织召开党员干部大会。类似的会议具有咨询的和提供信息的特性。

第11条　附属机构

（a）中央委员会和省委员会选举出附属机构来研究各种问题，制定和提交建议与提案，并且负责党的领导机构所制定决议的实际执行。

（b）地方和中央级别各自的党组织会议选举相似的专业机构。所有的这些机构都是在相应的机构规定的框架内运行并对其负责。

党的高级领导机关

第12条　代表大会

1. 代表大会是党的最高权力机构。如果60%的代表出席，代表大会即构成法定人数。常规全国代表大会由中央委员会每五年召开一次。以下三种情况下：（a）中央委员会决定；（b）中央委员会的1/3的成员辞职；（c）全体党员的1/3通过党组织要求召开，特别代表大会就会召开。在这种情况下，中央委员会必须在两个月内召开特别代表大会。如果中央委员会拒绝召开特别代表大会，要求召开特别代表大会的党组织有资格组建一个组织委员会负责召集并且组织上述特别代表大会。

2. 代表大会中的陈述的方式以及代表的选举办法由中央委员会根据党的规章来管理。代表大会的代表由基层党组织通过无记名投票选举产生。代表必须具有至少三年连续且积极的政党生涯。新成立的基层党组织成员作为代表大会代表的，不受党龄条件的限制。即将离职的中央委员会和中央检查委员会成员也是代表。

3. 中央委员会和中央检查委员会委员的候选人由基层党组织通过无记名投票选举产生。候选人必须具有至少七年连续且积极的政党生涯。候选人的选举程序依照党的规章。如果被其所属的基层党组织选举产生，即将离职的中央委员会和中央检查委员会成员也是候选人。

4. 塞浦路斯劳动人民进步党全国代表大会：

（a）就中央委员会和中央检查委员会的报告、陈述和主题，以及关于党的中央财政的经济审计报告展开讨论并且作出决策。

（b）为了使党更好地行使职责，修正规划、党章和党规。

（c）制定党的总政治路线和策略。

（d）选举出党的中央委员会和中央检查委员会，中央委员会和中央检查委员会要为他们的工作对代表大会负责。

（e）如果有两个以上的提案，代表大会的决议由绝对多数或者相对多数通过的决定产生。除非代表大会做出另外的决定，决策通过公开投票进行。代表大会的工作要依照党的规章执行。

第13条　中央委员会

1. 在两次全国代表大会期间，中央委员会根据程序、党章、总政治路线和策略以及代表大会的决议来指导该时期党的工作。

2. 选举后的中央委员会召开代表大会期间的全体会议并从中央委员会的委员中选举出总书记。在随后不到15天的接下来的会议中，中央委员会从其委员中选举出政治局委员和中央委员会书记处成员。中央委员会中选举出的代表大会主席团成员在选举出的总书记的领导下负责各种机构选举期间党的工作。

3. 中央委员会全体会议每 4 个月定期召开一次，特别地，当政治局认为有必要或者其 1/3 成员以书面形式要求时，召开全体会议。

4. 严重的，可以召开由中央委员会和中央检查委员会的委员以及省代表会议代表参加的泛塞浦路斯大会。省代表会议的代表是依据党的规章和代表大会的模式决定的。特别地，由他们选举出的所有机构组成，也就是，省委员会、城镇委员会、农村地区委员会、地区委员会、自治区委员会、书记处和基层党组织办公署。

第 14 条　中央政治局

1. 在中央委员会两次全体会议期间，政治局指挥该时期党的工作。它处理关系党的利益的一切事情。它就其行为向中央委员会负责并在每次常规全体会议上汇报其工作。政治局委员的数量由中央委员会规定且不能超过中央委员会人员的 1/5。

2. 政治局至少 15 天定期召开一次会议，特别地，当中央委员会书记处认为有必要或者其 1/3 成员以书面形式要求时，政治局会议召开。

3. 政治局在与国内外其他政党及组织的关系中代表党，在与政府及其他机构的关系中也代表党。

第 15 条　中央书记处

中央委员会书记处推进中央委员会和政治局决议的实施并且处理当前问题。其成员必须来自政治局。中央委员会书记处成员人数由中央委员会决定。

第 16 条　中央检查委员会

中央检查委员会由全国代表大会选举产生并对其负责。其人员多少由全国代表大会依据即将离任的中央检查委员会提议来确定。

1. 中央检查委员会负责检查全国代表大会和中央委员会的决策以及党在各领域中的决策和策略的执行情况。

2. 中央检查委员会控制着党的财政。

3. 如果违反程序、党章、党规，为了党的运行，中央检查委员会承担责任。

4. 中央检查委员会确保对中央和党的其他机构的各种问题的及时检查。

5. 中央检查委员会检查由党组织和机构制定、与纪律措施相关的决议的反对意见。

6. 中央检查委员会每年至少通过中央委员会就其工作向政治局、中央委员会报告一次。中央检查委员会在党的代表大会上提交工作报告。

7. 关于中央检查委员会运行方式，它提出一些在中央委员会和中央检查委员会的联合会议上定案的规章。这些规章最终由代表大会决定。

8. 中央检查委员会的决议只能由代表大会修改。

9. 中央检查委员会的委员可以属于除中央委员会之外的其他选举处或咨询性的党机构。

10. 中央检查委员会的委员参加中央委员会的会议，可以参与讨论但没有选举权。中央检查委员会主席也参加政治局的会议但没有选举权。

党的省级组织

第 17 条　省代表会议

1. 省代表会议的最高权力机构是省代表大会，在两次代表大会之间是省委员会。

2. 省代表会议的常规大会由省委员会每四年召开一次。当（a）中央委员会决定；（b）省委员会决定并得到中央委员会同意；（c）省委员会 1/3 的成员辞职；（d）省 1/3 的党员通过其党组织要求召开，特别大会就会召开。这种情况下，省委员会必须在两个月内召开特别大会。60% 的选举代表出席，省代表大会即构成法定人数。

3. 省代表大会就省委员会的账目报告和关于党的省财政的财政审计报告展开讨论并作出决议。省大会也讨论党组织的问题且选举省委员会。

4. 至于在省代表大会中陈述以及代表的选举，以及选举省委员会候选人，党的规章适用于此。代表必须具有至少三年连续且积极的政党生涯。省委员会的候选人必须具有至少五年连续且积极的政党生涯。新成立的基层党组织成员出席代表大会不受党龄条件的限制。

5. 省代表大会的决策依据第 12 条（第 5 段）的规定做出。

代表大会的工作依据党的规章执行。

第 18 条　省委员会—省委员会书记处

1. 省委员会根据代表大会、省代表大会和党的最高领导机构的决议来指导省党组织的工作。

2. 省委员会全体会议每 3 个月定期召开一次，特别地，当省委员会书记处决定，或党的中央委员会政治局要求，或其 1/3 的成员以书面形式要求召开，全体会议召开。

3. 选举后的最迟 7 天内，省委员会要召开会议并且从其成员中选举出省委员会书记、纪委书记及书记处。书记处成员数由省委员会决定。省委员会书记和书记处选举之前的时期，由省委员会选举出的主席团成员负责党组织工作。

4. 省委员会书记处推进党的最高领导机构决议的执行并且处理与省党组织相关的现行问题。

5. 第 9 条的规定适用于关于省委员会成员的推选。

基层组织

第 19 条　城镇委员会

1. 城镇党组织的最高领导机构是城镇代表大会，两次代表大会期间，最高机构是城镇委员会。

城镇委员会的各项工作以代表大会、省代表大会、城镇代表大会和党的最高领导机构的决议为指导。

2. 城镇委员会每三年召开一次城镇党组织常规大会。特别地，当：（a）省委员会决定；（b）城镇委员会决定并得到了省委员会同意；（c）1/3 城镇党组织成员通过其党组织要求，大会召开。60% 的代表出席大会即构成城镇代表大会的法定人数。

3. 城镇代表大会中代表的选举方式以及城镇委员会中代表的选举依据党的规章进行。代表至少应有两年党龄，城镇委员会候选人至少应有三年党龄。

4. 城镇党组织大会依据党的规章对城镇委员会的报告、城镇党组织存在的各种问题进行讨论并作出决议，并选举产生城镇委员会。

5. 一般情况下，城镇委员会全体会议每三个月召开一次。特别地，当城镇委员会书记处认为有必要召开、省委员会要求召开或城镇委员会 1/3 成员以书面形式要求召开时，城镇委员会全体会议召开。

6. 选举后的最迟 7 天内，农村地区委员会要召开会议并从其成员中选举出农村地区委员会的书记及其书记处。书记处成员数由农村地区委员会决定。

7. 农村地区委员会书记处推进党的最高机构决议的实施并依据代表大会、省代表大会和农村地区代表大会的决议组织工作。

第 20 条　农村地区委员会

1. 农村地区党组织的最高领导机构是农村地区代表会议，两次代表大会期间，最高机构是农村地区委员会。农村地区委员会的各项工作以代表大会、行政区代表大会、农村地区代表大会和党的最高领导机构的决议为指导。

2. 农村地区委员会每三年召开一次农村地区党组织常规大会。特别的，当：（a）地区委员会决定；（b）农村地区委员会决定并得到了行政区委员会同意；（c）农村地区党组织 1/3 党员通过党组织要求召开时，大会召开。60% 的代表出席大会即构成农村地区代表大会的法定人数。

3. 农村地区代表大会中代表的选举方式以及农村地区委员会中代表的选举依据党的规章进行。代表至少应有两年党龄，农村地区委员会候选人至少应有三年党龄。行政区委员会有权提名一定数量的农村地区委员会候选人，且不受居住地和所属基层党组织的限制。

4. 农村地区党组织会议依据党的规章对农村地区委员会的报告、农村地区党组织存在的各种问题进行讨论并做出决议，并选举产生农村地区委员会。

5. 一般情况下，农村地区委员会全体会议每三个月召开一次。特别地，当农村地区委员会书记处认为有必要、行政区委员会要求召开或农村地区委员会 1/3 成员以书面形式要求召开时，农村地区委员会全体会议召开。

6. 选举后的最迟 7 天内，农村地区委员会要召开会议并从其成员中选举出农村地区委员会的书记及其书记处。书记处成员数由农村地区委员会决定。

7. 农村地区委员会书记处推进党的最高机构决议的实施并依据代表大会、行政区代表大会和农村地区代表大会的决议组织工作。

第 21 条　地区委员会

1. 在省委员会的领导下成立地区党组织。地区党组织负责团结并且领导农村地区的基层党组织。

2. 地区党组织的最高机构是地区代表大会。地区委员会每两年召开一次地区代表大会。两次代表大会期间，最高机构是地区委员会。地区委员会的各项工作以代表大会、省代表大会，地区代表大会和党的最高领导机构的决议为指导。

3. 地区委员会的运行适用于第 20 条的规定。地区代表大会的代表和地区委员会的候选人必须至少具有两年党龄。地区委员会的成员人数由地区代表大会依据地区委员会的建议决定。代表和地区委员会候选人的选举程序依据党的规章指导进行。

第 22 条　混合委员会

1. 在省委员会、城镇委员会、农村地区委员会和地区委员会的领导下成立混合委员会。他们负责团结并领导某个地区、街道、郊区、村庄或者大量相似的专业群体的基层党组织。

2. 为了指导混合委员会，混合委员会由每两年召开一次的相关基层党组织全体会议选举产生，并对其负责。混合委员会成员人数由自治区代表大会决定。其成员必须至少具有两年党龄。如果有必要，混合委员会可以从其成员中选举产生混合委员会书记处。书记处成员数由机构本身决定。

第 23 条　党支部

1. 党支部是党的基础，在工作场所或者居住场所成立。特殊情况下，可以在不同职业间创立。

2. 由混合委员会或地区委员会决定成立基层党组织并要得到上一级的批准。

3. 党支部由 3 个及以上成员组成。若成员不足 3 人，就与可能成立的党组织联系。当人数和条件符合的地方，这样的团体即形成。

4. 成员多于 10 人的党支部均由其办公署指导。成员少于 10 人的党支部由其书记指导。书记和办公署的成员都是通过党支部大会选举产生并对其负责。任期一年，至少应有一年党龄。

5. 党支部是其行动领域的先锋和领导力量。

（a）党支部积极地为党的决议的形成贡献力量。它提出其所在区域的问题承担其政治和组织职责。它开展启迪教化工作，引导并积极推行党的决策。

（b）党支部在政治及其他活动、努力组织职业工人和其他组织，以及提高群众组织和党的职责和目标中发挥积极作用。为了协调职业的或其他组织以及工作场所的活动，当党组织认为必要时，党的团体就成立了。

（c）党支部通常是每月召开一次大会。特别地，当其办公署或者书记认为有必要、不存在办公署的地方，或其上一级机构要求，或者其1/3的成员以书面形式要求，会议召开。

第24条 遵守党的纪律

1. 保卫和增强党的凝聚力和团结是塞浦路斯人民进步党党员和党组织的基本义务。对破坏党的团结、违反党的纪律、在党内拉帮结派、蓄意违反党章和党规任何规定的党员都要受到党纪制裁。

2. 如果党员反对党的决议、违反党的纪律和党的伦理道德、破坏党机构或党的干部的声望、诉诸行动来危害党，视情形受到如下制裁：（a）批评或批评加警告；（b）撤销党内职务；（c）暂时或无限期停职；（d）开除党籍。

3. 所有党组织都可以实施制裁。基层党组织不需经过上级批准可进行批评或批评加警告。撤销党内职务可由党员所在组织实施且需经上级直属机构授权。暂时或无限期停职及开除党籍需经城镇委员会，农村地区委员会或地区委员会（没有这类委员会的地方须经省委员会）授权；如果涉及省委员会、中央委员会或中央检查委员会的成员，则须相应地通过省委员会或中央委员会的批准。

4. 开除党籍或退党的，党员证收回。停职的党员在停职期间必须缴纳党费并且遵守党的决议。

5. 言行与党员身份不符、党风或个人作风与党的伦理道德要求及原则不符将被驱逐出党。每一项处罚的目的都是要加强党的团结、纪律性和党的革命的道德规范，约束全体党员。关于处分的任何决议都要经过深思熟虑并念及同志友谊。

如党章第4条第二段规定，党员在党机构和党组织内或者通过公开对话表达其个人看法不会受到处分。

6. 对党机构的处分有以下几种：（a）党内通报；（b）公开通报；（c）撤销其领导权或其所有机构及临时机构。

7. 如果整个党组织犯了错，则该党组织可能将面临解散或重组。中央委员会有权解散或重组省党组织。省委员会有权解散或重组地区党组织、城镇党组织或和农村地区党组织。在省委员会的授权下，城镇委员会、农村地区委员会和地区委员会有权解散或重组省党组织。在省委员会的授权下，党的上级直属机构有权解散或重组党支部。只有中央委员会和省委员会有权同党员进行沟通或曝光行政处分。

8. 在接到指控通知前，不得对任何党组织或党员实施处罚。他们有权发表自己的意见，有权向相关责任机构说明情况。

9. 前党员要求重新加入党组织的申请须经基层党组织审查和决定，并须经上级直属机构的批准。在违纪处分实施一年以后，由作出处分决定的原机构或上级机构对违纪处分进行再次审查。

10. 受到党纪处分的党组织或者党员可以在一个月内向上级党组织甚至中央委员会和中央检查委员会提起上诉。上级党组织必须在2个月内对其上诉进行审查。被免职、开除党籍或驱逐出党的中央委员会和中央检查委员会的党员在没有加入其他政党组织或者政党的前提下，有权向党的代表大会提起上诉。

第 25 条　党的财政

1. 劳动人民进步党的经费来源有：（a）党费；（b）各种捐款、捐献或者补助金；（c）各种印刷品的销售收入；（d）各项职能收入；（e）在公共机构里任职的党员的奖励。

2. 党员都要缴纳党费。最低党费金额和交费方式由中央委员会决定。

3. 负责党的财政的中心是中央委员会。中央书记处控制财政并报告政治局和中央委员会。中央委员会在党的代表大会上提交经审计的资产负债表，并在讨论过程中分发给代表。

4. 在省负责党的财政的机构是省委员会。省委员会书记处控制财政并及时向行政区委员会报告。省委员会在省党组织大会上提交经审计的资产负债表，并在讨论过程中分发给代表。

5. 中央委员会和省委员会每年向基层党组织通告党的财政。

第 26 条　公职

1. 党员可以通过投票被选举为公共机构人员，或者由党提名的机构、委员会的成员担任。在职责的履行中，以党的政策和决议为基础发挥主动性来提升劳动人民的权益乃至国家利益。

2. 在公共机构任职中，党员在财务上既不会获得好处也不会蒙受损失。

3. 党员控制的公共机构处于党的管理之下。

4. 选举出任议会议员的党员形成一个议会组织作为党的政策在众议院的宣传机构。当其他党员选举为其他公共机构（市政当局等）的人员时，遵循类似程序。

第 27 条

由于党的干部对党的理想和目标的信念及承诺，和为了广大劳动人民和国家的利益而积极工作，他们是行为、道德规范、无私奉献和人类其他优秀品性的典范。党的干部由于面对友情或者亲情，在优先选择问题上绝不能妥协，要淡泊名利，必须要诚实客观作出判断。

第 28 条

未在塞浦路斯劳动人民进步党党章条款或者党规中涉及的决议由中央委员会依据党的一般原则作出规定。

第 29 条　党徽

第 30 条　党歌

是 1941 年诗人泰富克拉斯安西斯富有诗意的音乐作品，名称就是"塞浦路斯劳动人民进步党之歌"。

# 附录二　塞浦路斯劳动人民进步党第二十一次代表大会政治决议

塞浦路斯劳动人民进步党第二十一次代表大会于 2010 年 11 月 25 日至 28 日在尼科西亚召开。大会是数月的大会前工作，党内同志和公众对话以及深入的反思的高潮。

塞浦路斯劳动人民进步党在特殊条件和新的特定现实条件下召开了二十一大，这具有重要意义。这些现实条件是：（a）选举赫里斯托菲亚斯为塞浦路斯共和国总统，（b）塞浦路斯劳动人民进步党是执政党，（c）正在努力解决塞浦路斯问题和所有与塞浦路斯问题发展相关的问题，（d）增加塞浦路斯在国际舞台上的威信，（e）政府的重要工作，（f）世界经济危机对塞浦路斯的影响和处理这些问题的斗争，（g）国内战线的情况。

大会再次肯定选举赫里斯托菲亚斯为塞浦路斯共和国总统不仅对塞浦路斯劳动人民进步党和广泛的群众运动具有历史意义，而且对塞浦路斯和所有塞浦路斯人民也具有历史意义。选举赫里斯托菲亚斯当选国家总统也对欧洲和国际左翼运动产生了积极影响。

赫里斯托菲亚斯的当选扭转了长达十年之久的偏见和为找到公正的解决塞浦路斯问题和社会更加公正的发展开辟了新的希望前景。自从赫里斯托菲亚斯大选获胜的两年来已经证明评估的正确性，它构成了重大历史事件，每天都在实现人民的愿望，尽管总统及其政府工作会遇到许多障碍。

在丰富的、自由的和民主的讨论之后，大会通过了"中央委员会关于塞浦路斯劳动人民进步党第二十一次代表大会的主题报告"，塞浦路斯劳动人民进步党中央委员会总书记安德罗基普里亚努的介绍性讲话，中央委员会控制报告和党的中央委员会经济事务报告。大会选举了新一届塞浦路斯劳动人民进步党中央委员会和控制委员会。

审议结束后，二十一大谈论了和采取了以下的政治决议，制定了直到下一次大会党的政策框架。

国际形势的发展

1. 塞浦路斯劳动人民进步党第二十一次代表大会是在帝国主义新秩序与北约及其盟友持续巩固，也包括欧盟的领导政权，寻求维持和扩大在各个领域的霸权而展开其经济、政治和军事战略的条件下召开的。同时，由跨国公司主导的全球化正在加强。帝国主义势力在很大程度上打着"共产主义危险"的借口代替恐怖主义的危险，在打击恐怖主义的名义下他们企图使他们罪行和政策"合法化"。没有恐怖主义他们就图谋恐怖主义。塞浦路斯劳动人民进步党谴责任何形式的恐怖主义，为无辜的人、受害者和人民带来了匮乏。恐怖主义并没有促进人民斗争，恰恰相反，却给帝国主义打击这些斗争带来借口。帝国主义的罪行铸就了恐怖主义。打击恐怖主义必须消除其产生根源，如由于帝国主义本身引起的、困扰着整个世界的贫穷、饥饿、疾病、剥削、不公正、不平等和压迫。打击恐怖主义必须尊重国际法，每个国家的主权和领土完整以及人民尊严。此外，我们反对以所谓的民主化为借口，政治颠覆或推翻不友好的美国不喜欢的政府和制度。然而无论多么强大任何国家都不可能有权实行它自己的观念和生活方式。每个人都有权选择他们自己的发展道路和发动斗争。

2. 通过破坏国际法和实施双重标准政策和做法，侵略和战争正在塑造帝国主义新秩序；通过各种教条主义理由替代联合国，如"先发制人"，在某些情况下，通过一定的所谓的维和和"人道主义使命"等口号；通过国际关系的不断军事化，升级军备竞赛来不断扩大其势力范围，扩大美国和北约的军事基地，挑起种族或宗教摩擦和支持腐败的司法制度进行推广；通过所谓的天鹅绒革命和颜色革命，遏制人权自由，并通过实施反恐法律进行推广。

3. 在现代世界，帝国主义之间的斗争也在国家之间、独立国家内部和国际垄断组织中发展着，竞争也涉及盟国或者联盟内国家。

4. 塞浦路斯劳动人民进步党第二十一次代表大会再次谴责了所谓的世界新秩序和跨国公司的全球化，认为跨国公司的全球化是"新秩序"在经济领域的体现。我们谴责战争，干涉和违反国际法。我们要求北约解体，它没有任何存在的理由。我们毫无保留地表达了那些为自由、独立、民主和社会进步而奋斗的人民的团结。

5. 一方面，所谓的世界新秩序巩固它的国际立场，然而，同时国际舞台上的其他方面的发展也具有重要意义，不应该被忽视。"新秩序"在世界各地遇到阻力。中国正逐渐成为一个经济大国，其国际影响力也不断提高。俄罗斯的影响力不断加强，正在迈向超级大国。在拉丁美洲，革命正在发展。

6. 帝国主义的对立面是共产党和工人党的进步运动。苏联解体和东欧剧变后，进步运动在不利条件下继续进行活动。在我们的时代，进步运动具有意识形态和政治性质，在某些情况下，它也延伸到党内。因此，进步运动继续关注思想政治凝聚力的缺乏，因为凝聚力会影响效率。右翼和社会民主主义培养了虚无主义，这利用了之前社会主义国家的错误和扭曲，所以必须予以打击。不幸的是，甚至一些共产主义政党和左翼政党通过批评和自我批评也支持这一进程，这等于放弃了他们的性质。

7. 塞浦路斯劳动人民进步党第二十一次代表大会向为争取民族独立、民主、社会进步和社会主义奋斗的进步党和进步运动致以温暖的问候。它表示对他们坚定不移的支持与团结。大会以最激烈的方式谴责了企图在欧洲和其他地区无知的将共产主义和法西斯主义相提并论。

8. 塞浦路斯劳动人民进步党第二十一次代表大会重申了我们党的立场，即继续为国际和地区的共产党、工人党和进步党最大可能的合作、协调以及团结而奋斗。采取共同行动和政策，无论何时都应该以尊重一个特定政党的性质为基础。我们不赞成任何企图坚持排外思想、家长作风和监管运动，干涉其他政党的内部事务和采取可能损害左翼政党之间团结的草率举措。当然，这并不否定每个政党对有关左翼政党的现实持有重要观点的权利，当然是在互相尊重的框架内。

9. 尽管世界经济出现复苏迹象，但世界经济危机仍然给世界带来破坏。经济危机是资本主义制度的结构性危机。资本主义发展生产力并使生产最大化。然而同时，它将财富和权力集中在拥有生产资料的少数人手中，尤其是跨国公司。资本主义的基本矛盾是资本主义危机的根本原因。在全球范围内实施新自由主义已经导致了目前的前所未有的经济危机，无论其广度、耗时、强度都是前所未有的。世界上的劳动人民都为危机付出了沉重代价。数百万人失业。资本，在处理危机的借口下，遏制劳动人民的利益，对劳动关系和劳动人民权利发动攻击。资产阶级政府正在寻求通过增加劳动人民的负担的途径来克服危机。因此，阶级斗争在全球正在加强，世界上数百万的劳动人民为保卫他们的权力和取得的成绩而奋斗。资本主义的辩护和不受约束的市场体系已遭到那些谈论社会繁荣和结束历史和阶级斗争的人们的驳斥。世界经济危机更需要社会主义思想，需要没有剥削和追逐利益的社会，也需要从剥削中解放出来和需要社会团结。

10. 二十一大向全世界正在为他们的正当事业和权利斗争，为反对资本主义、新自由主义和跨国公司的无政府状态而斗争，向社会正义和社会主义而斗争的劳动人民致以温暖的问候。世界经济危机动摇了资本主义的基础，然而，这并不意味着剥削制度即将结束。控制人民意识的宣传机制作用很大。需要许多有组织的斗争，因此，真正的自由和社会正义的太阳将会升起。以阶级为基础的力量和国际工人以及共产主义运动的职责就是处于这些斗争的最前线，通过其政策团结更广泛的力量和群众。

欧盟

塞浦路斯劳动人民进步党第二十一次代表大会重申了党的立场：欧盟是资本主义政治和经济一体化的形式。今天新自由主义主宰着欧盟，基于《里斯本条约》的欧盟越来越依赖于北约的结构和政策。欧盟与我们的愿望和欧盟的左翼政党的一贯原则相距甚远，与建立一个民族、劳动人民团结、社会公正与和平的欧洲相距甚远。塞浦路斯劳动人民进步党将继续致力于这一愿望。它将继续保卫欧洲劳动人民的权利，反对欧洲议会和左翼团体中的新自由主义。塞浦路斯劳动人民进步党不会赞同欧盟的教条式立场。在劳动人民和群众动员的压力下，欧盟内部出现了积极发展。总统赫里斯托菲亚斯对欧洲议会和部长理事会的干涉使在一些情况下做出的决定具有积极作用。塞浦路斯劳动人民进步党将继续在其社会经济标准的基础上研究欧盟政策。我们将继续评估那些来自欧盟的积极因素。同时，我们将继续与所有反对我们价值观的力量作斗争，并提交建设性的建议。塞浦路斯劳动人民进步党将继续发展与欧盟的机构和政治社会力量的关系。塞浦路斯劳动人民进步党参与欧盟事务的主要关注仍然是促进塞浦路斯事业。

塞浦路斯问题

1. 大会重申了塞浦路斯劳动人民进步党的长期立场：塞浦路斯问题是一个国际问题，是一个侵略、占领和外国干涉问题。塞浦路斯问题是土耳其侵犯塞浦路斯共和国独立、领土完整和主权问题；是民族清洗和非法殖民统治，以及占领政权侵犯塞浦路斯人权的问题。同时，在国内塞浦路斯问题也是如此，这涉及两区两族的民族关系，塞浦路斯共和国转变成两区两族联邦。塞浦路斯劳动人民进步党认为降级和无视塞浦路斯问题的国际方面和国内方面是错的。

2. 产生和延续塞浦路斯问题有许多具体责任，其主要责任是土耳其一直奉行并继续对塞浦路斯实施侵略政策。美国和北约帝国主义对塞浦路斯的独立实施干涉和阴谋，并纵容甚至支持土耳其不可分割的和拥有无与伦比的责任的政策。其后，我们认为塞浦路斯在北约的机制和结构内不能获得其权力。在希腊取消民主的七年中，雅典军政府对塞浦路斯进行了可耻的阴谋并不断促进这些阴谋。两区的民族沙文主义势力，尤其是法西斯主义的卖国行动不可能通过土耳其计划和外国侵略颠覆塞浦路斯共和国。谴责法西斯主义和民族沙文主义的罪行是不可或缺的精神发泄，必须使希族塞人和土族塞人在互相尊重的基础上发展两族关系。大会赞赏总统赫里斯托菲亚斯表现的政治勇气，努力恢复有关塞浦路斯问题责任问题的历史事实。大会认为应授予塞浦路斯劳动人民进步党荣誉勋章，因其坚定的反对外国侵略和法西斯极端右翼的卖国行动。

3. 自从 1974 年以来，解决塞浦路斯问题的所有努力遭遇土耳其的阻挠，它顽固地坚持两个独立国家，并主张拥有塞浦路斯的主权。多年来希族塞人在处理塞浦路斯问题时无论产生了什么失误都不能消除土耳其的责任，土耳其和土族塞人沙文主义领导层的职责是使塞浦路斯问题永久化。

4. 塞浦路斯劳动人民进步党第二十一次代表大会重申了党的长期立场，即塞浦路斯问题必须在联合国的框架内，在欧盟有关协议、1977年和 1979 年高层协定、国际法和欧洲法的基础上得到解决。在 2006 年7 月 8 日协议和 2008 年 5 月 23 日和 7 月 1 日赫里斯托菲亚斯与塔拉特联合声明针对解决塞浦路斯问题做了具体的规划，解决方案提供正如联合国决议所制定的政治平等的两区两族联邦解决方案，具有统一国家，唯一主权，唯一的国际人格和唯一的公民权。

5. 两区两族联邦解决方案显示了希族塞人和土族塞人的历史性妥协，自1977年以来已经通过。它已经纳入联合国决议，并提请国际社会和欧盟的支持。我们希望它成为解决塞浦路斯的方案。塞浦路斯劳动人民进步党完全坚持其立场，即希族塞人必须坚定两区两族联邦解决方案的目标，并不断实现这一目标。正如一些集团所建议的，放弃这一目标就不会带来更好的解决方案。放弃这一目标会剥夺国际社会和欧洲对塞浦路斯的支持；将会使土耳其有机会以官方的途径要求承认塞浦路斯是两个国家；将为土耳其的盟友提供支持两个国家的借口；将向希族塞人同胞传递错误信息，即我们不想与他们生活在共同的国家；将消除解决塞浦路斯问题的前景；将导致分裂，并给塞浦路斯人民带来新的困难。

6. 解决方案必须提供：

撤出土耳其占领军和结束殖民主义这一战争罪行。大量的定居者必须回到他们的国家，除了一些需要联邦政府授予公民权的定居者，由于人道主义原因他们继续留在塞浦路斯，这不会改变塞浦路斯的人口构成。塞浦路斯劳动人民进步党认为独立的国际组织登记今天所有定居在塞浦路斯的人们是非常必要的。

恢复塞浦路斯共和国的领土完整和主权，以及恢复国家、人民、制度和经济的统一。

消除不合时宜的制度保证，自2004年以来塞浦路斯就成为欧盟的成员国。

捍卫所有塞浦路斯人民的人权和自由，包括难民和合法拥有者的回归国家的权利和财产权。塞浦路斯公民必须享有欧盟公民享有的一切权利。

7. 人们将通过在两个区进行的公投来最终判断解决方案。塞浦路斯劳动人民进步党支持共和国总统的立场，即如果两区的领导人不存在一致的解决方案就只能进行全民公决。

8. 塞浦路斯是在世界上武装军队最密集的国家之一。我们的人民遭受了目前外国军队和使用武力带来的灾难。我们国家的民族遭受着塞浦路斯过去服务于帝国主义利益时的苦难。我们的国家、人民和地区和平与稳定，以及邻近民族将受益于非军事化的塞浦路斯。塞浦路斯劳动人民进步党仍然坚定立场，即解决塞浦路斯问题必须使塞浦路斯非军事化。塞浦路斯作为和平的桥梁可以为世界和欧盟做出巨大贡献。

9. 所谓的英国军事基地破坏着塞浦路斯的领土完整，他们是外国机构和殖民主义的残余。塞浦路斯劳动人民进步党将继续呼吁消除这些军事基地。解决塞浦路斯问题和巩固联邦国家应希族塞人和土族塞人统一，一起斗争使塞浦路斯从英国的军事基地中解放出来。只要军事基地在塞浦路斯存在，英国必须尊重塞浦路斯共和国，并承担有关军事基地的责任，他们必须尊重居住在塞浦路斯的公民或对军事基地领土有财产权的公民的权利。

10. 自从 1974 年以来，通过对我们国家和地区特定环境的客观分析，对塞浦路斯共和国可能性的客观分析，我们可以得出结论是必须和平的解决塞浦路斯问题。自从 1974 年以来，经过 36 年的发展，我们重申了解决塞浦路斯问题立场的正确性。和平解决塞浦路斯问题的努力意味着两区进行对话，同时使问题国际化，以最大可能地争取支持我们的立场的国际力量，避免土耳其的阴谋。

11. 关于国际化，塞浦路斯劳动人民进步党第二十一次代表大会对总统及其政府的国际活动表示满意，因为他实施了一个多维的和全方位的外交政策。政策加强了与传统友好国家的关系，这些传统友好国家支持塞浦路斯事业并与许多国家在互相尊重的基础上发展了友好关系。外国总统的多次访问，英国谅解备忘录，与俄罗斯的合作协议，希腊总理访问塞浦路斯，罗马教皇本笃十六世，俄罗斯、斯洛文尼亚、塞尔维亚和叙利亚总统，黎巴嫩总理，以及即将到访的总理默克尔和总统莎科齐，都证明了我们的外交政策的正确性和为塞浦路斯事业做出重大贡献。另外，他们反驳反对派声称我们外交政策中所谓的思想定势和所谓国际孤立。

12. 忠于竞选前的承诺，自从总统赫里斯托菲亚斯就职以来就努力为恢复两族对话和扭转自从 2004 年国际和欧盟对希族塞人的不公正的局面。正如 7 月 8 日协议规定的，工作组和技术委员会开始工作。2008 年 5 月 23 日和 2008 年 7 月 1 日的联合声明制定了并通过了谈判的基础。联合国秘书长认为解决塞浦路斯问题是塞浦路斯的所有权，没有繁忙的日程和仲裁，同时联合国将起到促进作用。最终，于 2008 年 9 月开始了直接谈判。同时，总统赫里斯托菲亚斯及其政府在国际和欧洲的活动，立场，政策和政治意愿被所有国家承认，并扭转国外消极局面。以赫里斯托菲亚斯为总统塞浦路斯共和国赢得了很强的声誉，使我们能够在更好的条件下奋斗。

13. 塞浦路斯劳动人民进步党第二十一次代表大会认为在两族领导人会谈期间，总统坚持解决塞浦路斯问题的原则。他维护所有塞浦路斯人民，希族塞人和土族塞人的利益。他驳回了所有土耳其有关商定两个国家前景的提案，因为这些提案违反联合国和欧盟的决议和原则。在谈判中，总统赫里斯托菲亚斯提交了认真的、精心阐述的、逻辑性强的、具有建设性的、可行的和现实的建议。这些提案符合希族塞人的长期立场，并能够实现统一和建立联合国决议陈述的政治平等的两区两族联邦；这些提案旨在以最正确的方式解决 36 年来积累的占领和分裂问题。占领和分裂问题真实地存在着，没有消失，却唤起我们的正义事业和一些原则的宣言。共和国总统的提案得到国家和欧洲的赞同，所以加强了我们的谈判立场。土族塞人同胞已经接受了他的提案，如果土耳其能够接受，这将为解决塞浦路斯问题开辟道路。

14. 塞浦路斯劳动人民进步党第二十一次代表大会完全支持总统赫里斯托菲亚斯提交的希族塞人的提案，尤其是有关治理和财产的提案，以及关于加强领土和定居点问题、法马古斯塔问题和国际会议问题谈判的三个提案。更具体地说，大会强调了关于财产问题的提案的实质是保障所有权，承认第一个合法拥有者，并在特定时期不能削弱共同体，因此每一个希族塞人都应该有权在塞浦路斯定居和获得财产。

15. 塞浦路斯劳动人民进步党第二十一次代表大会以最有力的方式表明了坚持支持总统赫里斯托菲亚斯的这一政策、处理方式和举措，大会也表达了对他的绝对信任。大会坚决抵制各种政治势力和传媒的攻击和批评，大会认为这些不断的批评是不公正的并具有破坏性。大会认为对总统的攻击往往偏离政治文化的界限，而且这些攻击和批评总是在削弱希族塞人一方，破坏谈判立场，并传达着特定集团不想找到解决方案或者他们为任何解决方案做准备的信息。

16. 塞浦路斯劳动人民进步党第二十一次代表大会认为来自各阶层

的政治力量和知名人士认同对总统赫里斯托菲亚斯和塞浦路斯劳动人民进步党的攻击和批评，这些政治力量和知名人士：从未接受由联合国有关决议规定的两区两族联邦解决方案而选择分裂；把小党的利益放在塞浦路斯劳动人民进步党的利益之上；为他们自己2004年的立场辩护；有意或无意地与企图回归到2004年的解决方案和程序的外部势力结盟；塞浦路斯劳动人民进步党将继续作为这些势力的堡垒，维护塞浦路斯共和国总统和党的政策。

17. 自从直接谈判的两年来，塞浦路斯劳动人民进步党第二十一次代表大会认为我们已取得了一些成绩，尤其体现在治理、经济和加入欧盟，并已经与塔拉特讨论了。大会拒绝否定已经取得进展的谈判，同时大会肯定了双方在塞浦路斯问题的立场存在差距。这是由于土耳其在塔拉特为谈判代表的谈判中，也在现在与艾格鲁为谈判代表的谈判中提出的议案在商定的框架之外，并且指导思想是两个国家两个民族，这一思想仍然是土耳其国家安全委员会的官方立场。

18. 正如塞浦路斯劳动人民进步党所预言的，土族塞人领导人艾格鲁的设想已经付诸实践，这是非常消极的事态发展。艾格鲁信奉分裂主义，无论他在谈判中表现了怎样的善意，他的唯一目标就是服务于安卡拉的政策。他提交的财产问题的提案的思想是：唯一的补救方法是补偿和财产交换。他拒绝与领土问题和定居点问题一起讨论财产问题，这表明他对解决方案缺乏良好的政治意愿和政治决心。此外，土族塞人和安卡拉的赤裸裸的谎言和歪曲希族塞人的立场极力掩饰他们的消极思想和艾格鲁在国际社会中的行为。塞浦路斯劳动人民进步党第二十一次代表大会认为艾格鲁的政策与土族塞人希望找到解决塞浦路斯问题的方案的愿望存在分歧。

19. 塞浦路斯劳动人民进步党第二十一次代表大会认为直接谈判是转折点。一方面，首次全面的谈论塞浦路斯问题的多个方面，首次在一些问题上达成一致。另一方面，两区在核心问题上仍存在分歧，甚至一些重要篇章由于土耳其的阻碍还没有加以讨论。艾格鲁也许会质疑那些观点，增加了对会谈前景的关注和反思。

20. 塞浦路斯劳动人民进步党第二十一次代表大会重申了总统赫里斯托菲亚斯的政治意愿已经在多次实践中得到证明，但对于解决塞浦路斯问题是不够的。为结局方案开辟道路的一个不可或缺的前提条件是土耳其政策必须修改，并最终符合联合国决议。遗憾的是塞浦路斯两个民族两个国家的思想和出于安全的原因土耳其必须控制塞浦路斯的观点继续指导土耳其政策。大会确定除了一些口头的立场，安卡拉不会采取必要步骤去解决塞浦路斯问题。土耳其的国内对峙和国家加入欧盟进程面临的问题使土耳其领导人更加不愿意做出决定。我们支持总统赫里斯托菲亚斯的与土耳其领导人进行直接谈判的立场。塞浦路斯劳动人民进步党也必须寻求类似的接触。塞浦路斯劳动人民进步党团结土耳其的左翼政党和进步力量，并将发展与他们的关系。

21. 大会进一步断言国际社会的特定集团想促进土耳其喜欢的解决方案，他们认为地区的宝贵盟友和伙伴继续计划支持土耳其政策，对自己一方施加压力，并通过烦琐的日程和仲裁实施解决方案。

22. 后者断言不能鼓舞希族塞人，而只会削弱我们争取解决塞浦路斯问题的斗争。相反，尽管我们面对许多困难和艰辛，我们必须更加努力，因为随着时间的推移问题的解决变得更加困难。时间和既成事实对解决方案和统一不利。大会断然拒绝长期的基于土耳其在国际事务中的立场减弱思想的解决方案。这些理论与现实冲突，没有任何科学依据和可行性。无论何时塞浦路斯采取相似的思想和观点，它会导致最糟糕的冒险和挫折。大会也拒绝把塞浦路斯问题作为一个普遍的法律原则问题。相反，我们必须利用国家和欧洲法律武器。然而，塞浦路斯问题首先是政治问题，应该在政治基础上解决。塞浦路斯劳动人民进步党第二十一次代表大会强调了塞浦路斯劳动人民进步党的行动和政策的决定性标准是解决方案。

23. 在不断争取解决塞浦路斯问题的努力中，塞浦路斯劳动人民进步党第二十一次代表大会认为以下内容是非常重要的：

在联合国的框架内解决塞浦路斯问题，其解决方案的过程要通过联合国秘书长的良好服务。

与联合国决议规定的两区两族联邦解决方案保持一致。

在塞浦路斯的所有权下保持谈判。坚持塞浦路斯的所有权并不意味着免除土耳其的责任或拒绝国际利益，此外我们正寻求各种方式。塞浦路斯的所有权使塞浦路斯不会从外国寻求解决方案或为了其他国家的利益，除了塞浦路斯人民。

继续坚持击退任何繁忙的日程和仲裁以及采取直接贸易的阴谋。

继续保持谈判中的积极性和建设性，提交实现解决塞浦路斯问题的方案的合理的可行的提案。

我们应该保护我们在国际和欧洲的威望和信誉，那是我们保证得到国际支持最有力的武器。

继续加强和升级与希腊的友好关系，因为希腊是我们的支持者。

继续利用国际和欧洲因素，加强我们与安理会常任理事国的关系和接触，尤其是俄罗斯、法国和中国。

不断谴责土耳其的偏离解决方案和联合国决议的提案和政策。不断指出需要国际社会和欧盟对土耳其和土族塞人施加影响和压力。

不断推进总统赫里斯托菲亚斯的三项提案，并将其作为加速谈判的唯一正确答案，创立关于解决方案和法马古斯塔问题动态发展和解除希族塞人所谓的隔离，由于土耳其占领在某种程度上这是存在的。

我们仍然坚定立场，当双方将对塞浦路斯问题的所有内部方面达成一致协议时必须召开国际会议。国际会议必须解决塞浦路斯问题的国际方面。除了那些直接涉及的塞浦路斯问题，联合国安理会的常任理事国和欧盟必须参与国际会议，此外，必须保证塞浦路斯共和国的参与。

土族塞人区和统一

塞浦路斯劳动人民进步党第二十一次代表大会表达了土族塞人爱国主义力量的赞赏和尊重，他们仍然致力于联合国决议规定的政治平等的两区两族联邦解决方案，并为实现这一解决方案而奋斗。两区两族联邦解决方案遭到希族塞人和土族塞人区各界的攻击。两区坚持这一解决方案的力量有责任捍卫日常基础并指出这是国家统一的唯一解决方案。在争取国家统一的斗争中，土族塞人区必须发挥重要作用。承认安卡拉发挥决定性作用在任何情况下都不意味着削弱土族塞人区和代表它的政治力量。仍然致力于联邦解决方案的土族塞人政治和社会力量可能对土耳其和土族塞人领导人施加影响使其在塞浦路斯问题上寻求建设性的政策。塞浦路斯劳动人民进步党将通过对组织和普通百姓的特殊关注而继续培养和发展与土族塞人区的爱国主义力量的友好关系。

占领和分裂阻碍了希族塞人和土族塞人之间的关系正常化。不论占领地区存在多少障碍，塞浦路斯劳动人民进步党将继续研究并提出国家和社会方式扩大两区各个领域关系。塞浦路斯劳动人民进步党将继续揭露和打击那些以某种方式或其他方式阻碍希族塞人和土族塞人之间的友谊和合作关系。

塞浦路斯劳动人民进步党第二十一次代表大会再次邀请我们的土族塞人同胞为拯救我们的共同家园而共同奋斗。

统一政策和形成和平相处的文化是实现两族关系正常化，找到解决方案和保障解决方案的有效性不可或缺的前提。因此，塞浦路斯劳动人民进步党将继续通过实行具体的措施和活动努力形成统一的标准并形成和平共处的文化。作为塞浦路斯劳动人民进步党，我们感谢外国组织和他们对统一事业的支持。然而，我们着重强调统一首先是塞浦路斯人民以及代表他们的组织的责任。再者，统一首先是一个政治过程，不能忽视，但相反，应努力深入研究由分裂产生的问题。

民族沙文主义一直是塞浦路斯邪恶的恶魔，是外国侵略塞浦路斯的手段。塞浦路斯劳动人民进步党仍然是坚定反对民族沙文主义和所有极端右翼制造两族仇恨的思想和理论的坚强斗士。

欧盟、塞浦路斯问题和土耳其

1. 自从 2004 年以来，塞浦路斯成为欧盟的正式成员。塞浦路斯加入欧盟时，希腊已经是欧盟的成员，以及土耳其加入欧盟的目标产生了有利于解决塞浦路斯问题的关系是时机。尽管土耳其加入欧盟困难重重，但塞浦路斯劳动人民进步党相信有力的关头依然存在，我们必须继续利用。成为欧盟的成员为成功解决许多塞浦路斯长期分裂产生的问题，以及解决塞浦路斯统一等问题提供了答案。塞浦路斯劳动人民进步党从来没有对欧盟抱有任何可能性的幻想。然而，欧盟的原则的基础是如果在塞浦路斯实施的方案能够在很大程度上满足两个区的担忧，并有助于为所有塞浦路斯人民建立一个和平的安全的未来。

2. 由共和国总统的倡议，塞浦路斯指导小组成立，并由巴罗佐先生和毛雷尔先生领导，并担任欧盟委员会主席有关塞浦路斯问题的特别代表职务。塞浦路斯劳动人民进步党第二十一次代表大会感谢总统及其政府所做的工作，以及政治力量在欧洲政治领域开展的活动。大会拒绝对欧洲因素利用不充分的指控。然而仍然存在使塞浦路斯统一而更好利用的空间。

3. 塞浦路斯劳动人民进步党第二十一次代表大会重申了支持土耳其加入欧盟的立场，然而前提条件是它履行一个国家加入欧盟的所有义务。土耳其一直是塞浦路斯的邻国。这一邻国必须是民主国家，并坚持睦邻友好原则，成为友好的伙伴关系，而不是敌对国家，一个不断威胁整个地区的源泉。土耳其的民主化是其加入欧盟的先决条件，这不仅对塞浦路斯和土耳其的其他邻国具有积极意义，而且对土耳其人民来说也具有积极意义。

4. 土耳其必须履行欧盟的具体义务，并且对塞浦路斯也必须履行义务，这是毋庸置疑的。欧盟本身必须要求在一个确定的方式上履行土耳其的承诺，包括土耳其对塞浦路斯做出的承诺。这是欧盟利益呼吁的和欧盟成员国之间团结的原则。只要占领仍在持续，我们就反对土耳其加入欧盟。

内部治理

1. 塞浦路斯劳动人民进步党第二十一次代表大会指出尽管世界经济危机带来了困难，但赫里斯托菲亚斯政府的亲民计划正在被实施，也取得了一些成绩。一个非常重要的工作已经并将继续改变塞浦路斯的现实并提高人民的生活质量。赫里斯托菲亚斯政府已经处理和解决塞浦路斯社会长期存在的问题；扩大福利国家坚决支持需要国家和社会援助的阶层，进行根本性的变革以促进社会现代化和渐进改革以及引进革新，直到几年前这些对于塞浦路斯来说都是不可想象的。正在解决水资源问题，解决农业债务问题，支持饲养禽畜农民，维护社会保障基金的可持续性，改善公共交通，出台对贫困线以下低收入的养老金领取者的支持计划，建立复活节奖金，提高对难民和学生的福利，这些都是具体的例子。

在一般情况下，赫里斯托菲亚斯政府执政以来，社会福利增加30%。除了一些具体的措施，我们已经制定并实施了全方位的住房政策，制订移民政策和阿卡马斯问题的解决方案。正在促进公共管理的现代化和行政程序的简单化。已经为塞浦路斯的现代城市和发展空间规划和管制建立了良好基础。地方自治的改革也构成了根本性变革。在教育领域实行了教育改革。第一次为能源领域建立良好基础，能够推广能源政策。在环境领域，可持续发展和建立固体废物综合管理单位，建设覆盖所有市区和地方社区的绿地。国民警卫队的法制管理正在统一和现代化。

2. 塞浦路斯劳动人民进步党第二十一次代表大会强调政府工作从来没有遇到反对派如此强烈的消极立场和其他势力不断施加的障碍和困难。尽管存在这些困难，大会呼吁政府继续实施方案和政策。大会指出更加坚定政府工作，需要更加全面的和系统的规划，政府工作也需要大众化。政府工作的规划和大众化是消除对反对派和其他势力的虚无主义的最有力的回击。塞浦路斯劳动人民进步党也已经在规划和大众化中发挥重要作用，但也维护政府的工作。

3. 塞浦路斯劳动人民进步党通过分析和干预，建议和提案，应继续协助政府实施各项政府计划。塞浦路斯劳动人民进步党中央委员会咨询局被呼吁通过具体政策、措施和行动加强其工作，并向政府提交。

4. 因为我们国家积极参与世界经济，所以世界经济危机自然也影响了塞浦路斯。旅游部门和建设部门是受影响的主要部门。危机对许多其他世界国家的影响少得多，重灾区是欧洲。这是由于塞浦路斯经济的稳健性，强大的管理架构；也由于尽管民主联盟党和其他势力施加压力，但其他深化危机的国家并没有采取新自由主义政策。塞浦路斯劳动人民进步党与以阶级为基础的工会运动一起是冲击新自由主义的最强大壁垒，也证明了党是服务于劳动人民和国家。

5. 塞浦路斯劳动人民进步党第二十一次代表大会欢迎赫里斯托菲亚斯政府以负责任的方式处理危机。他通过三项措施使国家经济增长到5.1亿欧元。正如欧洲委员会指出的这些措施很及时，并且方向正确。国际机构判断塞浦路斯经济比其他欧洲国家受到的影响程度轻，这是因为赫里斯托菲亚斯政府采取了措施。这些措施已经发挥的重要作用，我们已经看到了经济复苏的最初迹象。应该采取更多措施，例如，根据利润提高企业税和根据财产多少提高大型房产税，反对小党的狭隘利益和反对导致反对派和其他势力采取完全消极立场的选举前的权宜之计。

6. 危机主要影响劳动人民，尤其是那些失业者。塞浦路斯劳动人民进步党并没有因经济的复苏而自满，它将继续奋斗直到消除危机。继续决定党的政策的基本思想是：危机的负担不能强加在劳动人民身上。资本也必须承担相应的部分，实际上是大部分。我们将继续实现通过提交基于前面提到的思想的具体提案，对处理危机达成更为广泛的共识。

7. 塞浦路斯劳动人民进步党第二十一次代表大会欢迎政府对杜绝暴利做出的努力。显而易见，甚至在所谓的自由市场的框架内也必须实施保护消费者的措施。放宽市场理论与其他新自由主义理论已被现实本身所否定。大会欢迎政府对加强保护竞争委员会和消费者保障服务，以及在商务部建立观察台以监管价格所采取的措施。大会呼吁国家机关在打击暴利中更加果断地监管和调控市场，并及时地采取适当措施。塞浦路斯劳动人民进步党支持人民，组织消费者和工会运动反对暴利。

8. 塞浦路斯劳动人民进步党第二十一次代表大会对塞浦路斯社会滋生的腐败现象，交织的既得利益和有组织犯罪表示担忧。显然这些现象不仅与黑社会有关也与经济利益有关。大会呼吁国家和社会坚决消除腐败、交织的既得利益和与组织犯罪。作为塞浦路斯劳动人民进步党，我们将通过提交提案努力实现这一目标。

民主团结阵线

1. 赫里斯托菲亚斯成功选举为塞浦路斯共和国总统是民主达成广泛共识的结果，主角除了塞浦路斯劳动人民进步党还有民主党（DH-KO）和社会党（EDEK）。赫里斯托菲亚斯候选人、民主联盟、经济学家和生态学家的支持运动，中心重组阵线自由公民的倡议和社会主义者的倡议，这些都是非常重要的。塞浦路斯劳动人民进步党承认所有对2008年总统大选的成功做出的贡献，不管他们是否从一开始就支持赫里斯托菲亚斯，也不管他们是否会一直支持下去。

2. 塞浦路斯劳动人民进步党第二十一次代表大会遗憾的确定今天我们国内战线的处境令人沮丧，并产生了破坏性和毫无根据的批评，激烈的攻击总统和塞浦路斯劳动人民进步党关于处理塞浦路斯问题的政策。政府的国内治理正在减弱。这种处境削弱了解决塞浦路斯问题和实现国家统一的努力；对处理和消除经济危机造成了障碍；对实施亲民的治理和改革方案产生了许多问题。这些行动是损害塞浦路斯事业，反对劳动人民和非特权阶层的原因，也是损害塞浦路斯社会现代化和塞浦路斯及其社会制度化的原因。

3. 国内阵线令人沮丧的处境有以下几种原因：

塞浦路斯的政治力量拒绝接受左翼政党所设想的公民投票和国家管

理。他们正在寻求诋毁赫里斯托菲亚斯政府所做的一切事物，并否定人民的思想和重要工作，不会给赫里斯托菲亚斯总统和塞浦路斯劳动人民进步党带来任何积极因素。

政府实行的改革扭转错误的事务状态。这引起了那些自塞浦路斯共和国成立以来就在塞浦路斯社会存在特权的人们的反应。

为两区两族联邦解决方案付出的努力已经揭露了这些势力的反应，他们从来没有真正接受联邦解决方案，不管他们意识到还是没意识到他们更偏向于分裂而不是联邦。显然反对联邦在某种程度上是由于这些年分裂已经发展的经济利益和建立军队。

思想狭隘的小党和选举前的权宜之计仅仅为了党的利益和阴谋牺牲国家和人民的利益。

媒体实质上违反客观性和规范，并参加反政府和反塞浦路斯劳动人民进步党运动。

4. 塞浦路斯劳动人民进步党第二十一次代表大会重申了党的长期立场：民主阵线的团结是取得塞浦路斯成功平反的前提。所有这些政治力量能够集中到这一点，并在全国委员会的框架内一起努力，他们的工作在赫里斯托菲亚斯的治理下不断升级。也需要更广泛的团结促进解决影响塞浦路斯社会的问题，并实施进步政策和改革。支持有关社会经济问题的类似政策的力量能够理解这一点。团结基于一定的原则和共同目标，但团结并不意味着消除不同观点和方法。团结意味着不同政治力量实体的对话并尊重他们的不同意见；团结意味着努力寻求合作；团结意味着承担责任和反对煽动和民粹主义。

5. 塞浦路斯劳动人民进步党第二十一次代表大会声明、尽管存在许多困难，塞浦路斯劳动人民进步党将继续在上述原则的基础上为民主阵线团结而奋斗。我们将继续努力在政府的框架下维持和提高我们与民主党的合作。我们认为这种努力是有成效的，他必须是平等互利的。我们准备与民主党领导人讨论每一个提案以加强合作。然而，我们期望民主党以及领导人和领导干部也作为一个党参与政府，而不是作为一个反对党。不同的观点和批评是合法的，然而它必须排除。塞浦路斯劳动人民进步党第二十一次代表大会也表达了对过去的肯定，所以，在未来塞浦路斯劳动人民进步和民主党将成为斗争的堡垒。

6. 团结不仅存在于领导层，也要扎根于基层。尽管有些集团有组织的企图对民主阵线施加影响，但大部分人民支持并信任共和国总统。基于这种评价和塞浦路斯劳动人民进步党与其他力量长期的传统的合作，普通民众、地方自治政府、有组织的集团、组织和行使权力的委员会更广泛的合作一直存在可能性，必须继续加以利用。塞浦路斯劳动人民进步党的干部、党员和朋友的职责是利用这些可能性创造相互理解和信任的桥梁，并为共同利益而奋斗。尤其我们必须加强与来自新力量和各种运动中支持赫里斯托菲亚斯候选人的朋友的关系。

7. 塞浦路斯劳动人民进步党坚持历史和长期立场，并将继续在领导层和普通民众中为统一而坚定决心负责任的努力奋斗。然而，我们将继续以同样坚定的决心捍卫党的尊严和政策的正确性；我们也将继续维护共和国总统及其政策，并处理塞浦路斯问题。

8. 塞浦路斯劳动人民进步党第二十一次代表大会对极端右翼和法西斯主义组织的活动表示担忧。他们的言论和口号让我们想起了 EOKA 的卖国活动时期。他们的种族主义和仇外心理促进了塞浦路斯社会的不人道的心态，他们的组织结构是军事组织。所有那些势力和集团容忍或/和支持这些组织，因为他们反对联邦和总统赫里斯托菲亚斯担任巨大责任。塞浦路斯没有在爱国主义和民族主义情绪的名义下被拖进新的冒险中。对这些危险势力的政治鼓励保持高度警惕是非常必要的，因为它会误导年轻人。大会呼吁国家和社会坚决的处理这些法西斯主义组织。塞浦路斯劳动人民进步党将继续揭露和谴责法西斯主义组织，与 EDON 和更广泛的群众运动合作，以反对法西斯主义的价值观和榜样继续教育年轻人，继续采取措施动员塞浦路斯社会中反对法西斯主义、种族主义和仇外心理的力量采取共同行动。

2012 年欧盟轮值主席

1. 2012 年下半年塞浦路斯共和国担任欧盟的主席对塞浦路斯来说，是一种挑战。赫里斯托菲亚斯政府在政治上和组织上都勤奋工作，为六个月的轮值主席做好充分的准备。塞浦路斯劳动人民进步党已经提交了有关塞浦路斯总统必须推动的优先事项的观点和想法，以及致力于政府的社会优先事项的计划。塞浦路斯可以在更广泛的地区和平事业发挥核心作用，以及在国家和欧盟团结中发挥核心作用。

2. 大会呼吁政党和塞浦路斯人民支持政府成功的行使总统权力，并将其作为塞浦路斯的整体事业。大会厌恶欧盟轮值主席产生于小党，也厌恶选举前的对抗。

议会选举

1. 2011 年 5 月的议会选举将是塞浦路斯劳动人民进步党—左翼政党—新力量在二十一大之后被呼吁的第一次选举斗争。我们承认这次选举斗争的重要意义。我们将以党的名义承诺我们不会服从这次选举对抗所需要的一切。即将到来的议会选举与任何其他议会选举都不同，主要是因为今天掌管国家的塞浦路斯劳动人民进步党领导人，塞浦路斯劳动人民进步党是执政党，并在努力解决塞浦路斯问题，然而国内方面却令人失望。

2. 基于之前的结论和鉴于作为一个政党的议会选举，我们必须：(a) 制定有效的战略战术，开展创新的和富有想象的竞选活动。(b) 准备最大可能的选举名单，代表塞浦路斯劳动人民进步党和左翼政党的力量和声誉。(c) 重申扩大新力量的政策，通过纳入更广泛阶层的更有价值和能力的男性和女性，也包括来自政治领域的有能力的年轻人。(d) 大会之后，我们应该立即充分投入到所有左翼力量和人民运动的选举斗争。同时及时的计划我们竞选运动的政治、组织、财政和技术方面。(e) 加紧努力促进解决人民问题。

地方自治政府选举

1. 我们希望地方自治政府选举在赫里斯托菲亚斯政府推行的和塞浦路斯劳动人民进步党支持的修订的制度的新框架内举行。

2. 鉴于 2011 年地方自治政府选举即将举行，必须制订选举前的计划，阐明明确的目标，消除市民的担忧，并满足他们的当代需求。应特别强调健康和公共卫生、环境和生态、社会福利、体育和文化。

3. 我们的目标仍然是选举有能力的干部到地方自治政府，可以是党员也可以是其他人士。我们在这次选举中也寻求制定扩大的选举名单，使他们能够代表更广泛塞浦路斯劳动人民进步党—左翼政党—新力量的阶层。合作与联盟政策必须处于这些选举的核心，尤其是有关市长和社区委员会主席的选举。

4. 社会交织着既得利益和腐败，塞浦路斯劳动人民进步党的各级候选人尤其是地方自治政府的候选人必须诚实，并决心打击和制止我们社会中不可接受的想象。

5. 同样的基本原则适用于学校董事会选举，学校的繁荣应该成为我们关注的中心。

政党

1. 塞浦路斯劳动人民进步党第二十一次代表大会指出，塞浦路斯劳动人民进步党充分履行其作为执政党的职责。塞浦路斯劳动人民进步党最主要的职责是协助实施统治计划和赫里斯托菲亚斯的成功管理。塞浦路斯劳动人民进步党必须继续坚定不移地给予共和国总统政治上和道义上的支持，继续阐述有助于实施政府计划中的具体规范和确定优先事项的意见和建议，继续解决生活问题尤其是经济危机带来的问题。

2. 在日常的政治互动，尤其是媒体，塞浦路斯劳动人民进步党的作用需要加强。所有出现在媒体的干部必须更加坚定其立场，并坚定地对抗其他党干部。他们的干预应该更加具体，并侧重于党要表达的信息。我们应该相信新干部，甚至毫不犹豫地分配职责，协助他们成功地完成其任务。

3. 塞浦路斯劳动人民进步党一直代表广泛的群众阶层的利益和愿望，尤其是劳动人民。在这个意义上说，党仍然是捍卫这些利益的力量：是捍卫和扩大人民利益的力量。政府维护人民的利益，但不坚持新自由主义的思想和实践，这为成功发展社会斗争创造了有利环境。塞浦路斯劳动人民进步党将永远支持和帮助社会各阶层以及团体的正当社会经济要求，尤其是劳动人民的要求。塞浦路斯劳动人民进步党及其干部将继续在合法和任人唯贤的条件下帮助解决人民面临的正当和合理需求。同时，塞浦路斯劳动人民进步党将继续指出关于"使用正当关系"的腐败心理去获得不当职位，偏袒和特权，并教精英文化中的人民。

4. 人民是塞浦路斯劳动人民进步党的力量源泉。与人民活跃的互动关系，党与人民的关系，与领导人、干部、议员以及地方自治政府的塞浦路斯劳动人民进步党代表有组织的接触，都是日常活动的中心。

5. 党是一个自愿组织通过集体行动和斗争提供自己的服务。党员干部既有权利又有义务。党员干部的主要职责是通过具体行动和每个党员的政治工作执行党的决定。时代的变迁和环境不仅不能否定这一义务，相反，更为迫切的是尽最大可能地去宣传和操纵资本主义政党具有的人民的意识。

6. 党的组织是政治成功和选举成功的坚实基础。塞浦路斯劳动人民进步党的组织的不断发展是永无止境的责任。我们的组织工作存在不足，需要与消极现象作斗争，所以在 2008 年 12 月召开了组织大会。在实施组织大会决定的过程中，已经做出积极的步骤以改善组织现状，提高党的能力和效率。然而，严重的缺点与不足仍然存在，侵蚀着党的肌体、党的基层组织和每个党员。

7. 扎根于我们意识中的是组织工作高于一切思想政治工作，仅仅把组织工作限制到实际工作，甚至更糟糕的是把它看作是一个官僚程序，只是为了实施党的行动计划的一些目标，这直接关系到塞浦路斯劳动人民进步党员的思想水平和我们呼吁履行的政治责任，所以必须从每个党员意识连根拔起。不能低估和贬低组织工作和其中的干部。党员干部同时是组织和政治干部。每个干部履行的职责都有政治意义。

8. 组织努力必须集中在：

从中央委员会到党的基层组织党的机构更好的和实质性的运作。

提高中央委员会咨询局和地区委员会的作用和活动。

改善党的基层组织的运作，高度重视他们的会议和政治活动。

发展党的干部和组织新党员。

打击自满现象和促进自我激励。鉴于之前的选举斗争的成功，党将坚定地遵守党的宪法原则和党的行为规则。任何违反这些原则和规则都是不可接受的。

9. 《黎明报》是人民运动的重要成就，自从 1965 年以来就是我们日常斗争的武器。即使在非常困难和艰难时期我们仍然坚持《黎明报》。我们的职责是在今天的环境下保持活跃性和战斗力。尽管电子和印刷媒体不断滋生，也没有任何东西能够代替每个党员日常学习《黎明报》的价值和重要性。在现代媒体中缺乏客观性，反政府和反对塞浦路斯劳动人民进步党的宣传盛行。《黎明报》的工作人员被赋予正确传达党的信息的责任，不断提高报纸质量和内容，使其能够对每一位读者保持吸引力。从中央委员会到党的基层组织的党的领导机构，党的基层组织必须不断讨论并为《黎明报》的流通工作。每一位党员都应该购买并阅读《黎明报》。

10. 塞浦路斯劳动人民进步党—左翼政党—新力量的议会团体的主要政治责任是努力解决塞浦路斯问题，实现国家统一，同时参与政府的工作、决定和创新政策。同时，我们必须击退 DHSY 党和其他反对派的攻击，以合理的论据回击批评。此外，议会党团日常工作的一个基本方面是议员和人民的实质性接触，以及解决问题的方案对他们的影响。议会党团在促进国内阵线的团结中发挥重要作用。众议院发展国际活动，我们的团体必须继续积极参与其中。

11. 塞浦路斯劳动人民进步党—左翼政党—新力量的议会党团必须在议会工作的立法方面和行使议会控制中继续采取措施，并将国家和人民的利益作为我们的关注核心。

12. 为了实现这一职责，应该更好地协调政府并共同努力。此外，在第四章的指导下更好地利用一切可能性去讨论问题。我们必须坚决反对众议院中寻求破坏政府和我党的反对派的合作，以及反对侵犯众议院原则的不可接受的现象和滥用议会委员会主席的权力。

13. 议会是政策和观点每天发生激烈对抗和施加严厉批评的舞台。因此，我们团体的所有党员的职责是时刻警惕，使我们党始终是社会、政治和经济生活中的进步和开拓者。它作为最有责任和最有决心的力量必须根植于民族意识。

14. 今天群众团体和组织在当代塞浦路斯社会的各个方面发挥多方面和重要的作用。数百名干部和党员甚至是党的朋友在许多广泛的和专业的群众团体中非常活跃。作为一个政党，我们有责任确保一个更加有组织和有条理的立场并干预这些机构。为重大工作做出更大贡献，群众组织是非常必要的。

15. 在过去几年有组织的党派、专业团体、工会已经大大增加，并取得了巨大成功。然而，他们的活动仍然存在进一步发展的空间。同时，由于不断增长的需求和可能性，需要在新领域建立派别和团体。到目前为止的经验表明各种有组织团体和派别的运作依赖咨询局的运作。党的咨询局存在和运作的地方，群众组织中有组织团体和派别运作得更好，并取得了显著成果。有组织团体和党派不把他们的活动仅仅限制在选举活动，并不能变成选举机器。他们需要进行持续的行动、倡议和定期会议，并不断提升自己的工作。

16. 在现代世界，非政府组织在处理具体问题和行动中发挥更大的作用。欧盟和其他国家的统治集团试图将非政府组织作为有组织社会和阶级斗争的平衡力量，是党和欧盟活动的抗衡力量。作为塞浦路斯劳动人民进步党我们赞成这种做法。我们不会把非政府组织看作有组织的社会斗争的抗衡力量，而是作为一个补充元素。塞浦路斯劳动人民进步党敦促党员和党的朋友在非政府组织中活跃起来，并将向它们传播左翼政党的进步的社会政治思想。

17. 思想斗争，作为更广泛的阶级斗争的组成部分，正在继续。今天，资本主义统治思想有意地培养反共，中伤马克思列宁主义，反对组织斗争。今天反共浪潮在许多国家有上升之势。最不可接受的反共形式是试图将共产主义等同于法西斯主义。事实上，在欧洲的许多国家，共产主义左翼政党的活动正在推动立法。作为塞浦路斯劳动人民进步党，我们强烈谴责这些行动。

18. 资本主义统治思想不可避免地也影响着人民运动。消极现象，如自满，不能完成党的任务，减少自愿工作，冷漠和自我激励都是由于资本主义统治思想引起的；我们不能妥协的现象引起了环境变化，但我们必须不断斗争。加强我们的思想政治工作是成功战胜这些消极现象的根本因素。

19. 马克思列宁主义世界观的基本原则，社会主义，国际主义，国际进步运动的当代反思，必须成为我们思想工作的中心。坚持党的组织原则能够确保思想政治的坚定性和更有效地干预塞浦路斯社会事务，也必须成为我们关注的中心。同时，捍卫我们的思想，揭露僵局，资产阶级的矛盾和幻想，实质性的解释和揭露新自由主义反人民的实质，反对民族沙文主义，反对塞浦路斯特定环境的亚文化和大同思想，不仅具有意识形态意义，也具有巨大的政治意义。

20. 塞浦路斯劳动人民进步党第二十一次代表大会指出，我们的思想工作在党内和党外都存在不足。为此，我们必须加强党在思想和政治领域的工作。实行建立党校的决定，促进建立研究所应成为党努力提高思想工作的核心。

21. 塞浦路斯正在经历的关键时期需要政治警惕，以便通过我们自己的贡献保障政治生活的民主。接着大会呼吁党员，每一个人，提高我们的政治警惕。

22. 国际关系是我党工作的重要组成部分，尤其是在当前世界和塞浦路斯的政治背景。基于我们的国际主义思想，通过国际关系我们寻求遭受帝国主义战争，干涉或国内压迫以及被侵犯权利和自由的人民的团结。塞浦路斯人民一直坚定地支持塞浦路斯劳动人民进步党和我们人民的左翼政党获得的支持与援助是非常宝贵的。塞浦路斯劳动人民进步党第二十一次代表大会呼吁发展更广泛的国际关系，进一步巩固各个政党之间的友好关系，并扩大我们与特殊利益地区的关系，如拉丁美洲。

群众运动和社会生活领域

1. 在当前的决议序言中，塞浦路斯劳动人民进步党第二十一次代表大会批准"中央委员会有关大会的报告"。"中央委员会报告"规定的评价、立场、目标、行动和措施将指导塞浦路斯劳动人民进步党在接下来的五年任期中塞浦路斯社会生活的各个方面的活动。

2. 塞浦路斯劳动人民进步党作为劳动人民的政党，其政策和行动将继续捍卫劳动人民的利益，争取劳动人民的权利，将继续为劳动人民和泛塞浦路斯劳工联合会领导的为扩大他们的利益的工会运动而奋斗。

3. 塞浦路斯劳动人民进步党将继续支持农民，发展农村经济，发展乡村和保障农业收入。塞浦路斯劳动人民进步党将继续作为农民运动的盟友，其先锋是塞浦路斯农民联盟。

4. 重申了劳动人民和中间阶层的共同利益，塞浦路斯劳动人民进步党将继续支持中间阶层，维护他们的利益。

5. 左翼政党具有青年一代向往保障教育和工作的权利的正义世界和确保年轻人在未来利用自己的能力而没有打碎他们的梦想和尊严的社会。塞浦路斯劳动人民进步党将继续支持青年斗争和塞浦路斯共产主义青年团领导的有组织的青年运动。

6. 左翼政党对妇女解放事业做出了重要作用。工人运动和妇女运动性质是相同的。塞浦路斯劳动人民进步党将继续支持泛塞浦路斯妇女联合会领导的争取妇女的平等权利的妇女运动。

塞浦路斯劳动人民进步党支持难民，并从他们成为难民时起就为争取他们的权利而斗争。塞浦路斯劳动人民进步党将继续支持难民运动，特别是泛塞浦路斯难民委员会解决难民问题和捍卫难民回归祖国的权利和财产权的斗争。

占领地区的飞地人民，失踪人员的亲属和饱受战争的人民将继续接受塞浦路斯劳动人民进步党解决他们问题的实际利益。更具体地说，关于失踪人口的问题，塞浦路斯劳动人民进步党要求核实每一个失踪者。

塞浦路斯劳动人民进步党向塞浦路斯合作社运动 100 周年致敬。在过去，成千上万的塞浦路斯劳动人民进步党员干部为运动工作，并将一直工作下去，合作社运动也全力支持党阻止任何破坏党的企图。

和平与团结运动的理想与左翼政党的理想是一致的。因此，塞浦路斯劳动人民进步党与和平运动在当代世界帝国主义"新秩序"的背景下将继续前进。

塞浦路斯劳动人民进步党与地方自治政府的密切关系可追溯到殖民主义时期。在今天的条件下，塞浦路斯劳动人民进步党将领导实施赫里斯托菲亚斯政府推行的地方自治政府机构的渐进改革。

关于教育，塞浦路斯劳动人民进步党从一开始就积极参与教育改革，我们将继续与赫里斯托菲亚斯政府为实现民主、现代和以人为本的学校而奋斗。

左翼政党一直并将继续作为一个文化机构和文化的创造者，左翼政党在塞浦路斯的历史证明了这一点。塞浦路斯劳动人民进步党将继续与艺术和文学人士一起提高文化基础设施，提高塞浦路斯人民的文化水平，并为保护世界文化遗产做出贡献。

在卫生领域尽管已经采取一些措施，但我们仍然面临严重问题。人民的生活质量在很大程度上依赖于国家提供的卫生质量。塞浦路斯劳动人民进步党将继续在卫生领域作斗争，并以卫生是社会应提供给公民的权利为原则。

塞浦路斯劳动人民进步党坚决参与反对吸毒成瘾的斗争。为全面处理这一问题，我们集中努力解决社会问题。

在体育领域，塞浦路斯劳动人民进步党将继续处理这一领域的消极现象，发展大众体育并将其作为一个健康社会的前提。

破坏环境就是牺牲人类的未来。塞浦路斯劳动人民进步党将继续保护环境和培养环境意识，并指出环境破坏的主要原因是无情的利益驱使。

海外塞浦路斯人民构成了塞浦路斯巨大的财富。塞浦路斯劳动人民进步党认为，塞浦路斯国家和社会有责任继续关注海外塞浦路斯人民，也关注我们的遣返同胞。海外遣返塞浦路斯人民将会发现塞浦路斯劳动人民进步党是一个坚强的战士。塞浦路斯劳动人民进步党将制定全面的移民政策。

在赫里斯托菲亚斯的领导下，已经制定了有关移民的全面政策。塞浦路斯劳动人民进步党作为国际政党将始终作为反对种族主义和仇外心理的堡垒，将通过捍卫移民尊严和权利促进阶级兄弟情谊。我们将坚持移民在塞浦路斯工人的同等条件下就业的基本原则。

# 附录三　塞浦路斯劳动人民进步党第二十二次代表大会政治决议

塞浦路斯劳动人民进步党第二十二次代表大会上关于塞浦路斯问题的宣言

同胞们，

土族，希族，马龙派教徒，亚美尼亚人和拉丁人，

塞劳进党第 22 次代表大会于 2015 年 6 月 4—7 日在尼科西亚举行，在会上，向那些在解决塞浦路斯问题过程中建立起来的友谊，合作和进行的共同的斗争表示了衷心的问候。在解决塞浦路斯问题上坚持以联合国决议和高水平决议为基础。

1. 在一段长时期的停滞之后，到 2013 年 4 月，塞浦路斯问题再一次开始了复苏的时期。穆斯塔法·阿金领导土族，使人民重新看到了希望。最终将会讨论所有的问题。

2. 土耳其对于塞浦路斯问题负最大责任，因为它在岛上有主要的占领军队。在解决塞浦路斯问题上，安卡拉根本地改变了它的立场与合作，这在关于塞浦路斯的欧盟决议和高水平协议上也起到了重要作用。

3. 我们创造了新的有希望的条件，并且希望实行一个双方可接受的，现实可行的解决方案，并且以国际和欧洲法，以及相关的欧盟解决方法和高水平协议等为基础。

4. 塞劳进党没有那种自我的特征，不会远离任何小党派，也没有复仇的倾向，会始终致力于承担起解决塞浦路斯问题的责任。我们将为

人民实现尽可能地广泛的团结而努力，同时我们也呼吁其他的政治力量也这样做。

5. 解决方案的基础应该是单一的国家，具有唯一的主权，单一的国际人格和单一的公民权，以政治平等为前提，在双边双区域的国家结构内，以及根据联合国安理会的相关决议来解决。

6. 谈判的程序必须基于所有已在谈判中通过的和已取得的显著的成效，以及与赫里斯托菲亚斯塔拉特通过的关于塞浦路斯问题的三章内容协议。

7. 我们正在寻求一种能满足双方的善意关注的双方都可以接受的妥协，尊重个人和共同的权利，并为国家和人民创造一个美好的未来；实现一个进步发展的和民主现代化的未来，实现经济发展，和平共处，把塞浦路斯人民的所有利益放在第一和最重要的位置。

8. 考虑岛上的移民问题，以最快的速度尽可能地解决那些影响土族的生存和发展等的塞浦路斯问题。

9. 实行的措施不能偏离整体的解决方案，要尽快地给出解决方案，并进行快速而有效地贯彻，这是我们在正确方向上迈出的一步。这些措施有助于我们为实现成功的谈判结果创造良好的环境，实现国家和人民的团结。

10. 实现新的两族之间的进一步和睦的任务落在了那些进步的，爱好和平的力量上。塞劳进党仍然致力于实现土族和塞族之间的和睦，解决塞浦路斯问题，实现塞浦路斯的和平和充满希望的未来。

11. 在两区中的进步力量必须做到：

12. 坚持一致的原则和共同商定解决方案。

13. 加强反对那些由外部势力发展起来的民族主义和沙文主义的斗争，否则会给国家和人民带来无法估量的悲剧。

14. 利用由土族区领导所实行的新的机遇，继续谈判程序。加强信任措施，加强双边合作。

15. 发挥共同发展的作用，主要以人民运动以及机构组织为基础，直接表达广大人民群众的心愿。

16. 塞劳进党长期以来的战斗的，民主的和爱国的历史过程，是为了我们工人和人民的利益服务的。我们将继续坚持不懈地反对分裂主义者，始终高举友谊的旗帜，共同合作，为实现自由团结的塞浦路斯，所有人民共同的家园而斗争。

**塞浦路斯劳动人民进步党第二十二次代表大会关于世界环境日的决议**

在世界环境日之际，塞浦路斯劳动人民进步党第二十二次代表大会中所做的记录如下：

尽管有许多全球论坛，他们组织并采取行动保护环境，在行动上做的却远远不够。无休止地开采自然资源时，环境被当作了一个巨大的储藏器，当作一个垃圾场，当作一个有利可图的投资领域，最终导致地球出现了重大环境问题的加剧。

塞劳进党明白个人的富有不能凌驾于集体富裕之上，也不能自私地对自然和其他人进行剥削。对我们来说，环境问题和生态危机主要是一个政治问题，也与在经济和社会领域的严重影响有关。这个问题与人民争取和平和安全的斗争相关，在资本主义体制的框架内，对有限的自然资源的控制成为他们竞争和冲突的领域。

　　塞劳进党认为，环境政策应该主要包括实行新的经济和社会发展政策，旨在维持生态系统和自然资源的可持续发展战略的整体能力。经济发展是必要的，但是应该着眼于社会的利益，而不是为了富有和政治考虑去无节制地破坏环境。环境政策的一个重要组成部分就是加紧国际和平和裁军的斗争，结束摧毁自然资源的战争和冲突。

　　我们和所有的塞浦路斯人民，土族和希族人，以及区域内的所有人民，共同反对土耳其核力量在阿库尤 Akkuyu 地区的建设和运作，因为该地区是高强度地震区，距离塞浦路斯仅 60 公里。

　　塞浦路斯独立后的发展模式与国际趋势是一致的。由于土耳其的入侵和持续占领，塞浦路斯的环境问题在近 40 年来进一步恶化，他们对塞浦路斯的生态系统进行变态的划分，不受控制和发展，缺乏一个正确的全面的国家环境政策。在塞浦路斯的环境污染和破坏，无论在乡村还是城市都带来了巨大的影响。广大人民和工人阶级相比于拥有个人和家庭保护的富裕阶层来说，正遭受着前所未有的环境恶化。因此，解决环境问题的斗争与实现公平的人类社会的政治斗争有直接的联系。

　　实施一个可持续发展的模式是我们的目标，实现经济、社会和环境的协调发展。塞劳进党的建议是，从我国的国情出发，在实现公平的持续的生产过程和生产关系中，要考虑到社会经济的改变。为此，国家改变不平衡的环境发展政策，快速实现国家和平和人民生活的富裕。因此，要解决我们的政治问题，结束占领，实现国家的统一，有利于我国的自然环境，为实现有效的环境政策创造机会。

# 参考文献

（一）研究文献资料

1. 马克思、恩格斯：《马克思恩格斯选集》，人民出版社 1995 年版。

2. 列宁：《列宁全集》，人民出版社 1995 年版。

3. 毛泽东：《毛泽东选集》第 1—4 卷，人民出版社 1992 年版。

4. 邓小平：《邓小平文选》第 1—3 卷，人民出版社 1993—1994 年版。

5. 江泽民：《论党的建设》，中央文献出版社 2001 年版。

6. 江泽民：《江泽民文选》，人民出版社 2006—2008 年版。

7. 《十五大以来重要文献选编》（上、中、下），人民出版社 1999 年版。

8. 《十六大以来重要文献选编》（上、中、下），人民出版社 2006 年版。

9. 《中国共产党第十七次全国代表大会文件》，人民出版社 2007 年版。

10. 江流主编：《当代国外社会主义的理论和实践》，中共中央党校出版社 1987 年版。

11. 吴江：《社会主义前途与马克思主义的命运》，中国社会科学出版社 2001 年版。

12. 高放主编：《当代世界社会主义新论》，云南人民出版社 2002 年版。

13. 赵曜等主编：《当代社会主义若干问题》，中共中央党校出版社 1990 年版。

14. 靳辉明主编：《社会主义历史、理论与现实》，安徽人民出版社 2000 年版。

15. 阎志民等主编：《邓小平理论与当代中国科学社会主义》，北京大学出版社 2003 年版。

16. 肖枫主编：《社会主义向何处去》，当代世界出版社 1999 年版。

17. 李其庆主编：《全球化与新自由主义》，广西师范大学出版社 2003 年版。

18. 李兴耕等主编：《前车之鉴——俄罗斯关于苏东剧变问题的各种观点综述》，人民出版社 2003 年版。

19. 黄宗良等主编：《冷战后的世界社会主义运动》，北京大学出版社 2003 年版。

20. 杨宏禹主编：《社会主义理论·实践·历史命运》，广西师范大学出版社 1997 年版。

21. 李会滨主编：《社会主义：20 世纪的回顾与前瞻》，华中师范大学出版社 1999 年版。

22. 聂运麟等：《历史的丰碑与艰难的探索——20 世纪社会主义发展的历史进程》，福建人民出版社 2006 年版。

23. 聂运麟：《变革与转型时期的社会主义研究》，社会科学文献出版社 2008 年版。

24. 俞良早：《东方视域中的列宁学说》，中共中央党校出版社 2001 年版。

25. 段瑞华：《科学技术革命与社会主义的历史演进》，华中理工大学出版社 1996 年版。

26. 李慎明主编：《社会主义：理论与实践》，社会科学文献出版社 2001 年版。

27. 陈新明：《苏东演变与社会主义改革》，中共中央党校出版社 2002 年版。

28. 俞可平主编：《全球化时代的马克思主义》，中央编译局出版社 1998 年版。

29. 李景治等：《社会主义发展历程》，辽宁人民出版社 2001 年版。

30. 蒲国良：《当代国外社会主义概论》，中国人民大学出版社 2006 年版。

31. 许征帆：《时代风云变幻中的马克思主义》，中国人民大学出版社 1996 年版。

32. 赵明义主编：《社会主义的历史命运》，人民出版社 1997 年版。

33. 徐觉哉：《社会主义流派史》，上海人民出版社 2007 年版。

34. 王庆五：《社会主义：从过去走向未来》，天津人民出版社 1999 年版。

35. 邓裁虎等：《社会主义的历史前提与历史命运》，四川大学出版社 2002 年版。

36. 何捷一：《社会主义思潮和社会主义发展模式评述》中国财政经济出版社 2003 年版。

37. 殷叙彝：《民主社会主义论》，中央编译出版社 2006 年版。

38. 靳辉明、罗文东主编：《当代资本主义新论》，四川人民出版社 2005 年版。

39. 徐崇温：《当代资本主义新变化》，重庆出版社 2004 年版。

40. 李惠斌、叶汝贤：《当代西方资本主义研究》，社会科学文献出版社 2006 年版。

41. 聂运麟等：《当代资本主义国家共产党：低潮中的奋进、变革与转型》，社会科学文献出版社 2007 年版。

42. 聂运麟主编：《当代资本主义国家共产党研究丛书（日、法、美、英、印)》五卷本，中国社会科学出版社 2004—2008 年版。

43. 肖枫：《两个主义一百年（社会主义资本主义)》，当代世界出版社 2000 年版。

44. 黄宗良、孔寒冰：《社会主义与资本主义的关系：理论、历史和评价》，北京大学出版社 2002 年版。

45. 吴江：《社会主义资本主义沟通论》，中国社会科学出版社 2003 年版。

46. 刘金质：《冷战史》（上、中、下)，世界知识出版社 2002 年版。

47. 张荣臣：《马克思恩格斯政党理论研究》，中央编译出版社 2001 年版。

48. 中国社会科学院《列国志》编辑委员会编著：《列国志》系列丛书（英、美、日、法、俄、印度、塞浦路斯、巴西、西班牙、澳大利亚、尼泊尔等)，社会科学文献出版社 2003—2008 年版。

49. 许介鳞：《政党政治的秩序与伦理》，财团法人张荣发基金会国家政策研究资料中心出版社 1989 年版。

　50. 吴江、牛旭光：《民主与政党》，中共中央党校出版社 1991
年版。

　51. 万福义等编：《政党的组织形式和组织制度》，华夏出版社
1994 年版。

　52. 吴文程：《政党与选举概论》，五南图书出版有限公司出版社
1996 年版。

　53. 梁琴、钟德涛：《中外政党制度比较》，商务印书馆 2000 年版。

　54. 刘开寿主编：《现代世界政党和政党制度比较研究》，重庆出版
社 2001 年版。

　55. 李建中、黄福寿：《政党衰败根源析》，学林出版社 2003 年版。

　56. 王长江主编：《世界政党比较概论》，中共中央党校出版社
2003 年版。

　57. 徐湘林主编：《渐进政治改革中的政党、政府与社会》，中信出
版社 2004 年版。

　58. 吴兴唐：《政党外交和国际关系》，当代世界出版社 2004 年版。

　59. 刘建军等主编：《执政的逻辑：政党、国家与社会》，上海辞书
出版社 2005 年版。

　60. 伍装：《权力经济的发展逻辑》，上海财经大学出版社 2005
年版。

　61. 李金河编著：《中国政党政治研究》，中央编译出版社 2006
年版。

　62. 万福义：《党鉴》，山东人民出版社 2003 年版。

　63. 张友渔：《世界议会辞典》，中国广播电视出版社 1987 年版。

　64. 孙耀文：《共产党情报局》，社会科学文献出版社 2000 年版。

　65. 中共中央对外联络部编：《各国共产党总览》，当代世界出版社
2000 年版。

　66. 帅能应主编：《发达资本主义国家共产党的历史与现状》，中国
人民大学出版社 1990 年版。

　67. 王坚红：《冷战后的世界共产党》，中央党史出版社 1996 年版。

　68. 郭建平等：《在低谷中奋斗——80 年代以来资本主义各国共产

党变化评介》，黑龙江教育出版社 1995 年版。

69. 黄宗良、林勋健主编：《共产党和社会党百年关系史》，北京大学出版社 2002 年版。

70. 贾仕武：《全球化与共产党》，中国人民大学出版社 2005 年版。

71. 吴彬康等编：《八十年代世界共产党代表大会重要文件选编》（上下卷），中国广播电视出版社 1989 年版。

72. 顾俊礼主编：《欧洲政党执政经验研究》，经济管理出版社 2005 年版。

73. 崔桂田：《越老朝古社会主义模式比较研究》，山东人民出版社 2005 年版。

74. 姜辉：《欧洲发达国家共产党的变革》，学习出版社 2004 年版。

75. 杨祖功、顾俊礼等：《西方政治制度比较》，世界知识出版社 1992 年版。

76. 李景治、张小劲等：《政党政治视角下的欧洲一体化》，法律出版社 2003 年版。

77. 张敬亭：《转轨与入盟：中东欧政党政治研究》，中国文史出版社 2005 年版。

78. 陆庭恩等：《非洲民族主义政党和政党制度》，华东师范大学出版社 1997 年版。

79. 周敬青主编：《中德政党理论与实践比较研究》，中共中央党校出版社 2006 年版。

80. 中共中央对外联络部拉丁美洲研究所编：《拉丁美洲各国政党》，上海人民出版社 1980 年版。

81. 杨元恪等主编：《1989 年以来东欧、中亚政党嬗变》，中共中央党校出版社 1993 年版。

82. 黄绍湘：《美国通史简编》，人民出版社 1979 年版。

83. 镜生：《美国社会主义运动史》，天津人民出版社 1986 年版。

84. 丁淑杰：《美国共产党的社会主义理论与实践》，中国社会科学出版社 2006 年版。

85. 刘建飞：《英国政党制度与主要政党研究》，中国审计出版社 1995 年版。

86. 阎照祥：《英国政党政治史》，中国社会科学出版社 1993 年版。

87. 高兰等：《英国共产党三十年》，人民出版社 1953 年版。

88. 商文斌：《战后英国共产党对社会主义发展道路的探索》，中国社会科学出版社 2006 年版。

89. 日共中央委员会编写：《日本共产党六十年》，人民出版社 1985 年版。

90. 刘小林：《当代日本政党政治：20 世纪 90 年代以来的日本政局变动》，中国社会出版社 2004 年版。

91. 王振锁：《战后日本政党政治》，人民出版社 2004 年版。

92. 曹天禄：《日本共产党的"日本式社会主义"理论与实践》，中国社会科学出版社 2004 年版。

93. 吴国庆：《战后法国政治史》，社会科学文献出版社 1990 年版。

94. 侯玉兰：《法国左翼联盟的兴衰》，中央编译出版社 1995 年版。

95. 李周：《法国共产党的"新共产主义"理论与实践》，中国社会科学出版社 2006 年版。

96. 高鲲等编著：《印度政党》，中国社会科学院南亚研究所北京大学南亚研究所 1981 年版。

97. 人民出版社编辑：《印度共产党纲领》，人民出版社 1953 年版。

98. 中共中央对外联络部一局编：《印度共产党（马列）几个派别的文件和文章》，中共中央对外联络部内部资料，1977 年。

99. 世界知识出版社编：《印度共产党在喀拉拉邦的胜利》，世界知识出版社 1958 年版。

100. 苗光新：《印度共产党（马）"人民民主革命"理论与实践研究》，中国社会科学出版社 2008 年版。

101. 胡瑾主编：《意大利社会主义运动》，山东大学出版社 1993 年版。

102. 史志钦：《意共的转型与意大利政治变革》，中央编译出版社 2006 年版。

103. 倪力亚、李景治：《意大利共产党人对社会主义道路的探索》，学林出版社 1990 年版。

104. 刘淑春等：《当代俄罗斯政党》，中央编译出版社 2006 年版。

105. 中共中央对外联络部五局编：《为争取巴西的共产党的合法地位而斗争》，中共中央对外联络部五局，1981 年。

106. 俞可平主编：《当代各国政治体制南非》，兰州大学出版社1998 年版。

107. 中共中央对外联络部八局编：《西班牙共产党第十一次全国代表大会文件集》，中共中央对外联络部八局，1986 年。

108.《西班牙共产党第十次全国代表大会文件集》，人民出版社1983 年版。

109.《澳大利亚马克思列宁主义者宣言》，世界知识出版社 1964年版。

110.《澳大利亚走向社会主义的道路》，人民出版社 1953 年版。

111. 中共中央对外联络部一局编：《尼泊尔共产党（马列）文件》，中共中央对外联络部一局，1982 年。

112.《走向民主复兴和社会主义的塞浦路斯道路》，中共中央对外联络部八局，1983 年。

113.《塞浦路斯劳动人民进步党第 11 次代表大会文件》，中共中央对外联络部八局，1983 年。

114.《塞浦路斯劳动人民进步党（国内派）第三次代表大会的政治决议》，中共中央对外联络部八局，1983 年。

115.［苏］Б. 符龙斯基：《美国政党内幕》，中原新华书店 1949年版。

116.［苏］切尔特柯夫，В. П.：《社会主义制度下的非对抗性矛盾》，汝信、杨宇译，三联书店 1959 年版。

117.［印］赫·德·马拉维亚：《喀拉拉邦关于印度共产党执政情况的报道》，世界知识出版社 1960 年版。

118.［英］庇古：《社会主义和资本主义的比较》，商务印书馆1963 年版。

119.［法］博雷拉：《今日法国政党》，上海人民出版社 1977年版。

120.［英］麦金尼斯：《西欧共产党》，上海译文出版社 1978年版。

121. 〔法〕比布：《意大利政党》，上海译文出版社 1980 年版。

122. 〔美〕奥尔布赖特编：《西欧共产主义和政治体系》，商务印书馆 1983 年版。

123. 〔美〕G. 戴维·加尔森汇编：《神话与现实：西欧国家工人参与管理概况》，中国工人出版社 1985 年版。

124. 〔英〕欧文：《西欧基督教民主党》，上海译文出版社 1987 年版。

125. 〔西班牙〕费德里科·马约尔：《冷战之后》，上海译文出版社 1987 年版。

126. 〔美〕塞缪尔·亨廷顿：《变化社会中的政治秩序》，三联书店 1988 年版。

127. 〔南〕米洛斯·尼科利奇：《处在 21 世纪前夜的社会主义》，重庆出版社 1989 年版。

128. 〔英〕梅尼等主编：《西欧国家中央与地方的关系》，春秋出版社 1989 年版。

129. 〔苏〕扎格拉金娜等编：《现代世界政党》，求实出版社 1989 年版。

130. 〔苏〕И. Л. 法明斯基：《科技革命和资本主义国家经济结构的变化》，上海译文出版社 1989 年版。

131. 〔美〕约翰·K. 加尔布雷思、（苏）C. M. 梅尼希科夫：《东西方对话：社会主义、资本主义、共处》，外文出版社 1989 年版。

132. 〔意〕索拉罗：《塞浦路斯劳动人民进步党历史》，人民出版社 1990 年版。

133. 〔日〕冈泽宪芙：《政党》，经济日报出版社 1991 年版。

134. 〔美〕史蒂文·克雷默：《西欧社会主义：一代人的经历》，东方出版社 1992 年版。

135. 〔俄〕戈尔巴乔夫等：《未来的社会主义》，中央编译出版社 1994 年版。

136. 〔美〕塞缪尔·亨廷顿：《第三波——20 世纪后期民主化浪潮》，三联书店 1998 年版。

137. 艾瑞克·伊凡斯：《英国的政党 1783—1867》，麦田出版社

2001 年版。

138. ［加拿大］艾伦·伍德:《新社会主义》，江苏人民出版社 2001 年版。

139. ［南非］海因·马雷:《南非: 变革的局限性》，社会科学文献出版社 2003 年版。

140. ［意］萨托利:《政党与政党体制》，商务印书馆 2004 年版。

141. ［德］米歇尔斯:《现代民主国家中的政党的社会学》，商务印书馆 2004 年版。

142. ［美］弗兰:《技术年代的政党》，商务印书馆 2004 年版。

143. ［瑞士］汉斯彼得·克里西等:《西欧新社会运动比较分析》，重庆出版社 2006 年版。

144. Draft Programme of Communist Party of Brazil ［S. l.: s. n.］, 1953.

145. Harry Pollitt: The Communist Party and the Labour Party, London: Communist Party, 1955.

146. George Pagoulatos, Greece's New Political Economy, Palgrave Macmillan, New York, 2003.

147. The Australian Communist. Melbourne: Challenge Press Pyt. Ltd. , 1970.

148. Gavin Kitching: Rethinking Socialism: A Theory for a Better Practice, London; Methuen, 1983.

149. Timmermann, Heinz. The Decline of the World Communist Movement. Boulder and London: Westview Press, 1987.

150. Waller, Michael and Meindert Fennema. Communist Parties in Western Europe: Decline or Adaptation? Oxford, UK: B. Blackwell, 1988.

151. Weinberg, Leonard. The Transformation of Italian Communism. New Brunswick U. S. A. and London: Transaction Publishers, 1995.

152. Bemard K. Johnpoll ( ed. ), A Documentary History of the Communist Party of the United States. Volume1 - 8, Greenwood Press, 1994.

153. Becheit, Francis. Enemy Within: The Rise and Fall of the British Communist Party, London: John Murray, 1995.

154. Gordon Wightman, Party Formation in East - Central Europe: Post - Communist Politics in Czechoslovakia, Hungary, Polandand Bulgaria, Edward Elgar Publishing Ltd. , 1995.

155. Donald Sassoon, One Hundred Years of Socialism: the West European Left in the Twentieth Century, London: I. B. Tauris Publishers, 1996.

156. Lucjan Orlowski: Transition and Growth in Post - communist Coutries: Theten - year Experience, Cheltenjam, UK; Edward Elgar, 2001.

157. Andras Bozoki, John T. Ishiyama (ed. ), The Communist Successor Parties of Central and Eastern Europe, Armonk, NY; M. E. Sharpe, 2002.

158. Robert Ross: A Concise History of South Africa, Shanghai Foreign Language Education Press, 2006.

159. Robert Strayer: The Communist Experiment Revolution, Socialism and Global Conflict in the Twentieth Century, Boston, Mass. : McGraw - Hill, c2007.

160. Harvey Klehr and John Earl Haynes, The American Commnist Movement Storming Heaven Itself, Twayne Publishers, New York, 1992.

161. John Patrick Diggins, The Rise and Fall of the American Left, New York, 1992.

162. Joseph Starobin, American Communist in Crisis, 1943 - 1957, Harvard Univ. Press, USA, 1972.

163. Stone J. Mandelbaum, The Social Setting of Intolerance, Glenview, IIIi, 1964.

164. David Saposs, Communism in American Politics, Washington D. C. , 1960.

165. John Gates, The Story of An American Communist, New York, Thomes Nolson and Sons, 1958.

166. Bull, Martin (ed. ), West European Communist Party after the Revolution of 1989, St. Martin Press, 1993.

167. Cairncross, Alec, Years of Recovery: British Economic Policy

1945 - 1951, London: Routledge, 1985.

168. Corsland, Anthony, The Future of Socialism, London: Jonathan Cape, 1956.

169. Harrison, Brian, The Transformation of British Politics 1860 - 1995, London: Oxford University Press, 1996.

170. Hudson, Kate, European Communism since 1989: Towards a New European Left? London: Macmillan Press LTD, 2000.

171. Ken, Roberts, Class in Modern Britain, New York: Palgrave, 2001.

172. Pelling, Henry, Labour Governments 1945 - 1951, London: Macmillan, 1984.

173. DeGrand, Alexander. The Italian left in the Twentieth Century. Boomington, IN: Indiana University Press, 1989.

174. Di Scala, Spencer. Renewing Italian Socials: Nenni to Craxi, New York: Oxford University Press, 1988.

175. Di Scala, Spencer. Italian Socialism: Between Politics and History. Amherst, USA: University of Massachusetts Press, 1996.

176. Jyoti, Sailen Dasgupta, Buddhadev Bhattacharya, Anil Biswas and Shanti Shekhar Bose, Document of the Communist Movement in India [VOL. I - VOL. XXVI (1917 - 1998)], National Book Agency Private Limited, Calcutta, 1997 - 1999.

177. Documents of the 17th Congress of the Communist Party of India (Marxist) (Hyderrabad, March 19 - 24, 2002), A. K. Gopalan Bhawan, New Delhi, 2002.

178. Communist Party of India (Marxist), Programme, Published by Hari Singh Kang on Behalf of the Communist Party of India (Marxist), New Delhi, 2001.

179. Harkishan Singh Surjeet, An Outline History of the Communist Movement in India, National Book Centre, New Delhi, 1993.

180. The 18th Party Congress Documents of the Communist Party of India (Thiruvananthapuram, March 26 - 31, 2002), Communist Party Publica-

tion, Nem Delhi, 2002.

181. Chandrika Singh, Communist and Socialist Movement in India (a Critical Account), Mittal Publications, New Delhi, 1987.

182. Ross Mallich, Development Policy of a Communist Government: West Bengal since 1977, Cambridge University Press, Cambridge, England, 1993.

183. E. M. S. Nanboodiripad, Reminiscences of an Indian Communist, National Book Center, New Delhi, 1987.

184. T. J. Nossiter, Marxist State Government in India: Politics, Economics and Society, Printer Publishers, London and New York, 1988.

185. Byrne, Paul. Social Movements in Britain, London & New York: Routledge, 1997.

**(二) 相关研究网站**

塞浦路斯劳动人民进步党网站，http：//www. akel. org. cy。

团结网，http：//www. solidnet. org/l。

今日马克思列宁主义网站，http：//www. mltoday. com/。

# 后　记

《塞浦路斯劳动人民进步党革新社会主义的理论与实践》一书能够得以出版，需要感谢我身边的很多良师益友的关怀和有关单位的帮助。

感谢我的博士导师聂运麟教授、博士后合作导师黄泰岩教授的扶佑之情。我的研究方向是在我攻读博士学位的三年时间里确定的，恩师以其博大的胸襟、渊博的学识、严谨的态度、长者的风范，训我以治学之理，授我以做人之义。本书还得到了导师的出版基金资助，在此特别感谢。本书是我在跟随原辽宁大学校长，现中央民族大学校长、长江学者黄泰岩教授从事博士后研究期间的阶段性研究报告之一，也是中国博士后特别资助项目的成果。黄泰岩教授虽然有繁重的校务工作，但在我课题的申报、选题立意、谋篇布局等方面提供了无微不至的指导，使我受益匪浅。在此，向两位恩师表示由衷的感谢。

感谢教育部高校辅导员培训和研修基地（辽宁大学）、辽宁大学马克思主义学院在本书出版中的慷慨解囊。本书的出版还得到了国家社会基金以及中国博士后基金的资助、辽宁省社会科学规划基金办公室的资助。除了这些慷慨解囊之外，辽宁大学的许多良师对本书的写作与出版都给予了很多的帮助。对于辽宁大学马克思主义学院房广顺院长、谢晓娟书记、王晓红副院长、王音主任、王斌主任、倪娜老师、赵湘雯老师、卢明老师、罗英姬老师、程铁娥老师、赵华琛老师、宋波老师、李轶楠老师、崔秋梅老师，王建老师、张磊老师，以及辽宁大学社科处的时云老师，教育部高校辅导员培训和研修基地（辽宁大学）的张波主任等帮助，再次表示诚挚的谢意！

感谢跟我合作的硕士王子凤、李长学、王晶晶（现在三人均为在读博士）的辛苦工作，尤其是王子凤同学以塞浦路斯劳动人民进步党为主题的硕士论文虽经我指导并获得校级优秀论文，省级优秀论文提名奖，但其本人付出的努力是一般同学难以做到的。还要感谢我本人的硕士生，如李可昕、谷宇、陈震、张瑜、王芳、华玉龙、冯瑞华、张晓曼等给我做了大量的翻译和初步写作工作，可以说，没有他们的辛苦，本书绝不会这么快与大家见面。尤其是王芳同学还对本书做了校对工作。我以能够有如此热情、可爱的学生而高兴。

感谢我的父母的吐哺之恩。在我攻读博士期间和从事博士后研究时期，我的亲生父母、岳母以他们无私的爱的方式照顾着我的成长，在经济上与精神上给我以最大、最真、最亲的支持。我以今生有如此善良慈爱的父母而感到莫大的骄傲！

感谢我爱人侯晓静女士在我攻读从事博士后研究的相依相伴和默默支持。她始终是我奋发向上、不断继续学习的积极支持者。她的牺牲精神让我铭记此生！

在读博士后期间，我的第一个女儿王泓锦出生了，因为繁重的科研任务，我很少陪她玩、陪她笑，更谈不上照顾她，作为一个父亲，我感到十分内疚。但每当看到她的笑容，我就倍感欣慰。在即将付梓之际我的小女儿王泓茵也面世了，谨以此书送给我的两个女儿。希望她们将来能够爱书、向上。

感谢中国社会科学出版社的成全之德。特别感谢任明老师在本书的出版过程中付出的很多努力。

在本书的写作过程中，借鉴了国内外很多前辈的研究成果。在此也向他们表示感谢。不过，由于自己学术水平以及资料上的限制，书中肯定存在着许多不足和疏漏之处，敬请诸位专家、同人批评指正。

王喜满
2016 年 4 月于沈阳